清陽湖孫氏本周易集解

清　孫星衍撰

清嘉慶三年蘭陵孫氏兗州刻本（《岱南閣叢書》之一）

第一册

山東人民出版社·濟南

圖書在版編目（CIP）數據

清陽湖孫氏本周易集解 /（清）孫星衍撰 .— 濟南：山東人民出版社，2024.3
（儒典）
ISBN 978-7-209-14292-2

Ⅰ.①清… Ⅱ.①孫… Ⅲ.①《周易》-注釋 Ⅳ.① B221.2

中國國家版本館 CIP 數據核字（2024）第 035838 號

項目統籌：胡長青
責任編輯：趙　非
裝幀設計：武　斌
項目完成：文化藝術編輯室

清陽湖孫氏本周易集解
〔清〕孫星衍撰

主管單位　山東出版傳媒股份有限公司
出版發行　山東人民出版社
出 版 人　胡長青
社　　址　濟南市市中區舜耕路517號
郵　　編　250003
電　　話　總編室（0531）82098914
　　　　　市場部（0531）82098027
網　　址　http://www.sd-book.com.cn
印　　裝　山東華立印務有限公司
經　　銷　新華書店

規　　格　16開（160mm×240mm）
印　　張　69
字　　數　552千字
版　　次　2024年3月第1版
印　　次　2024年3月第1次
ISBN　978-7-209-14292-2
定　　價　166.00圓（全四册）

《儒典》選刊工作團隊

學術顧問　杜澤遜　李振聚　徐　泳

項目統籌　胡長青

責任編輯　劉　晨　劉嬌嬌　張艷艷

呂士遠　趙　菲　劉一星

前言

中國是一個文明古國、文化大國，中華文化源遠流長，博大精深。在中國歷史上影響較大的是孔子創立的儒家思想，因此整理儒家經典、注解儒家經典，爲儒家經典的現代化闡釋提供权威、典范、精粹的典籍文本，是推進中華優秀傳統文化創造性轉化、創新性發展的奠基性工作和重要任務。

中國經學史是中國學術史的核心，歷史上創造的文本方面和經解方面的輝煌成果，大量失傳了。西漢是經學的第一個興盛期，除了當時非主流的《詩經》毛傳以外，其他經師的注釋後來全部失傳了。東漢的經解祇有鄭玄、何休等少數人的著作留存下來，其餘也大都失傳了。南北朝至隋朝興盛的義疏之學，其成果僅有皇侃《論語疏》幸存於日本。五代時期精心校刻的《九經》、北宋時期國子監重刻的《九經》以及校刻的單疏本，也全部失傳。南宋國子監刻的單疏本，我國僅存《周易正義》、《爾雅疏》、《春秋公羊疏》（三十卷殘存七卷）、《春秋穀梁疏》（十二卷殘存七卷），日本保存了《尚書正義》、《毛詩正義》、《禮記正義》（七十卷殘存八卷）、《周禮疏》（日本傳抄本）、《春秋公羊疏》（日本傳抄本）、《春秋正義》（日本傳抄本）。南宋兩浙東路茶鹽司刻八行本，我國保存下來的有《周禮疏》、《禮記正義》、《春秋左傳正義》（紹興府刻）、《論語注疏解經》（二十卷殘存十卷）、《孟子注疏解經》（存臺北『故宫』），日本保存有《周易注疏》《尚書正義》（凡兩部，其中一部被清楊守敬購歸）。南宋福建刻十行本，我國僅存《春秋穀梁注疏》、《春秋左傳注疏》（六十卷，一半在大陸，一半在臺灣），日本保存有《毛詩注疏》《春秋左傳注疏》。從這些情況可以看出，經書代表性的早期注釋和早期版本國内失傳嚴重，有的僅保存在東鄰日本。

鑒於這樣的現實，一百多年來我國學術界、出版界努力搜集影印了多種珍貴版本，但是在系統性、全面性和準確性方面都還存在一定的差距。例如唐代開成石經共十二部經典，石碑在明代嘉靖年間地震中受到損害，明代萬曆初年西安府學等學校師生曾把損失的文字補刻在另外的小石上，立於唐碑之旁。近年影印出版唐石經拓本多次，都是以唐代石刻與明代補刻割裂配補的裱本爲底本。由於明代補刻采用的是唐碑的字形，這種配補本難以區分唐刻與明代補刻，不便使用，亟需單獨影印唐碑拓本。

爲把幸存於世的、具有代表性的早期經解成果以及早期經典文本收集起來，系統地影印出版，我們規劃了《儒典》編纂出版項目。

《儒典》出版後受到文化學術界廣泛關注和好評，爲了滿足廣大讀者的需求，現陸續出版平裝單行本。共收録一百十一種元典，共計三百九十七册，收録底本大體可分爲八個系列：經注本（以開成石經、宋刊本爲主。開成石經僅有經文，無注，但它是用經注本删去注文形成的）、經注附釋文本、纂圖互注本、單疏本、八行本、十行本、宋元人經注系列、明清人經注系列。

《儒典》是王志民、杜澤遜先生主編的。本次出版單行本，特請杜澤遜、李振聚、徐泳先生幫助酌定選目。

特此説明。

二〇二四年二月二十八日

目録

第一册	
周易集解序并注	三
周易集解卷一	三五
周易集解卷二	一二一
周易集解卷三	二一三
第二册	
周易集解卷四	三〇九
周易集解卷五	四一七
第三册	
周易集解卷六	五四三

周易集解卷七　六八七

第四册

周易集解卷八　七九一
周易集解卷九　八九七
周易集解卷十　九九三

嘉慶三年夏刊于沅州

周易集解

蘭陵孫氏藏版

周易集解序并注

岱南閣叢書

易者出于河圖河圖者八卦也

易繫辭河出圖聖人則之

尚書顧命河圖在東序

論語河不出圖孔安國注河圖八卦是也

易乾坤鑿度曰河圖八文

按孔安國以河圖為八卦則西漢相傳之學

班固五行志及王充論衡用其義也又見禮

記正義引中候握河紀古者名圖蓋無文字

名洛書則有文字故班固以爲洪範初一曰五行之文也

又按乾坤等八卦及六十四卦之名皆文王所加說文序倉頡之初作書葢依類象形故謂之文其後形聲相益卽謂之字字者言孳乳而浸多也是伏羲時無文字且乾坤等字並非象形之文則爲倉頡後所益之字故知爲文王名之至繫辭所稱包犧神農取離取益之言亦謂取卦象非字也

重之爲六十四者伏羲

淮南要畧訓八卦可以識吉凶知禍福矣然

而伏羲爲之六十四變

按周禮春官三易一曰連山經卦皆八別皆

六十有四則夏已前已重矣

或以爲神農或以爲夏禹或以爲文王皆非也

魏志易傳士淳于俊曰包羲因燧皇之圖而

制八卦神農演之爲六十四

史記日者傳司馬季主曰文王演三百八十

四爻

論衡正說篇說易者皆謂伏羲作八卦文王演爲六十四

鄭元之徒以爲神農孫盛以爲夏禹史遷等以爲文王易正義序

按鄭康成謂神農重卦者以神農有重卦經也孫盛以爲夏禹者以周官連山別卦六十四也史遷以爲文王者以名周易此褚少孫曰者傳文非太史公書孔穎達誤也且司馬

季主言演爻不言重卦
卦之始有彖無字文王名之又爲之卦辭曰周
易
周官三易三曰周易
春秋左傳周史有以周易見陳侯者
易緯云因代以題周易正義
漢書楊雄傳宓犧氏經以八卦文王附六爻
論衡正說篇周人曰周易其經卦皆六十四
文王周公因彖十八章究六爻

易曰伏羲作十言之教曰乾坤震巽坎離艮兌消息春秋傳正義

按前文出易緯伏羲八卦有象無字旣有消息知已重爲六十四卦也禮記禮運觀殷道得坤乾殷易以坤爲首亦卦象非卦名也知卦名及卦辭是文王所名者易元亨利貞孔子引文言曰元者亨者利者貞者又引文言曰坤而釋其文是元亨利貞四字坤之一字皆文王之言以此推之卦名卦辭皆文言矣

其下云善之長也又至柔而動也剛皆孔子之釋文也前儒未及辯此

分上下二篇

易乾鑿度孔子曰陽三陰四位之正也故易卦六十四分而爲上下象陰陽也夫陽道純而奇故上篇三十所以象陽也陰道純而偶故下篇三十四所以法陰也

子夏傳云分爲上下二篇易正義序

周公作爻辭

春秋傳晉韓宣子來聘觀書太史氏見易象曰吾乃知周公之德

淮南要略訓周室增以六爻

馬融陸績等說卦辭文王爻辭周公易正義序

按爻辭升卦王用亨于岐山明夷卦箕子之明夷皆文王後事故以周公作爻辭爲是

孔子作十翼

論語五十以學易

易乾鑿度仲尼五十究易作十翼明也明易

幾教

史記孔子世家孔子晚而喜易序彖繫象說卦文言

漢書楊雄傳孔子錯其象而彖其辭

鄭學之徒同說十翼云上彖一下彖二上象三下象四上繫五下繫六文言七說卦八序卦九雜卦十易正義序文六先儒更无異論

各經亦曰傳

禮記經解絜静精微易教也

易正義序子夏傳云雖分上下二篇未有經字前漢孟喜易本云分上下二經是孟喜之前已題經字

按禮經解有易則易題經字在子夏前矣史記易大傳曰天下一致而百慮同歸而殊塗張晏注大傳謂易繫辭漢書儒林傳孔子晚而好易讀之韋編三絕而爲之傳

按此則十翼名爲傳也

易經文未火于秦獨爲全書

史記始皇本紀三十三年丞相臣斯言臣請史官非秦紀皆燒之非博士官所職天下敢有藏詩書百家語者悉詣守尉雜燒之所不去者醫藥卜筮之書

或傳漢宣帝時得佚篇益之其言不可信

論衡正說篇孝宣皇帝之時河內女子發老屋得逸易禮尚書各一篇奏之宣帝下示博士然後易禮尚書各益一篇

隋經籍志惟失說卦三篇後河內女子得之按論衡云逸易一篇隋志言三篇已誤而尚書序正義引別錄曰武帝末民有得泰誓書於壁內云云又引論衡及後漢史獻帝建安十四年黃門侍郎房宏等說云宣帝本始元年河內女子有壞老子屋得古文泰誓三篇按泰誓與逸易同得而或以爲武帝時或云老屋或云老子屋說俱乖異不足信且易本未逸或後又得藏篇書中仍有之非其益也

自商瞿受之孔子六傳至田何

史記儒林傳商瞿受易六世至齊人田何字子莊

漢書儒林傳自魯商瞿受易孔子以授魯橋庇子庸子庸授江東馯臂子弓子弓授燕周醜子家子家授東武孫虞子乘子乘授齊田何子裝

漢興易學本田楊

史記儒林傳漢興田何傳東武人王同子仲

子仲傳菑川人楊何齊人即墨成廣川人孟
但魯人周霸莒人衡胡臨菑人主父偃然要
言易者本於楊何之家

有施孟梁邱京氏之學列于學官

漢儒林傳丁寬從田何受易授田王孫王孫
授施讐孟喜梁邱賀

藝文志易經十二篇施孟梁邱三家顏師古
注上下經及十翼故十二篇

崇文總目田何之易卦象爻彖與文言說卦

等離爲十二篇而自爲章句易之本經也玉海

孟氏古文見于說文

說文序其偁易孟氏古文也

而三家經或脫字亡于晉代

漢藝文志章句施孟梁邱氏各二篇劉向以

中古文易經校施孟梁邱經或脫去無咎悔

亡唯費氏經與古文同

釋文序永嘉之亂施氏梁邱之易亡孟京費

之易人亡傳者

隋經籍志梁丘施氏高氏亡於西晉

釋文序孟喜章句十卷無上經七錄云又下經無旅至節無上繫

京房之學受自焦延壽云出孟喜後漢亦列于學官

漢儒林傳京房受易梁人焦延壽延壽云嘗從孟喜問易

藝文志孟氏京房十一篇災異孟氏京房六十六篇

後漢儒林傳施孟梁邱京氏四家皆立博士

七錄京房章句十卷目一卷釋文

按七錄所云即蓺文志之十一篇

費氏易者與古文同始以彖象繫辭十篇文言

解說上下經行於民間

漢儒林傳費直治易長於卦筮亡章句徒以

彖象系辭十篇文言解說上下經

後漢儒林傳費直傳易本以古字號古文易

七錄云直易章句四卷殘缺釋文

後漢馬融鄭康成諸人爲之傳注而費氏學興
後漢儒林傳鄭元鄭衆皆傳費氏易其後馬
融亦爲其傳融授鄭元元作易注荀爽又作
易傳自是費氏興而京氏遂衰
或云康成始合彖象於經
魏志高貴鄉公紀帝問曰孔子作彖象鄭元
作注雖聖賢不同其所釋經義一也今彖象
不與經文相連而注連之何也俊彖于俊對曰
鄭元合彖象於經者欲使學者尋省易了也

或云王弼始以文言附乾坤二卦又加乾傳泰傳字

玉海朱震曰王弼以文言附乾坤二卦自康成而後其本加彖曰象曰自弼而後加文言曰至于文辭進屬不可附卦爻則仍其舊篇又孔穎達曰輔嗣之意象本釋經宜相附近分爻之象辭各附當爻則費氏時猶若今乾卦彖象繫卦之末歟又云康成注本無乾傳泰傳字輔嗣加之以卷首之卦題曰傳離爲

六篇

自王弼以老莊之學注易而古學失其傳

隋經籍志周易十卷魏尚書郎王弼注六十四卦六卷晉太常韓康伯注繫辭以下三卷

弼又撰易略例一卷

孫盛曰雖有可觀恐泥大道玉海

王濟曰見弼易注所誤者多玉海

按王弼注雖爲當時所譏然既是注疏本行之既久不可偏廢且弼用道家之言解經疑

亦襲取古注是以兼存之

自唐用王弼本作正義而古注散佚鄭學遂微

釋文序江左中興唯置王氏博士太常荀崧

奏請置鄭易博士詔許值王敦亂不果立

易正義序魏世王輔嗣之注江左並傳其學

河北學者罕能及之其江南義疏十有餘家

皆辭尚虛元義多浮誕斯乃義涉於釋氏非

為教於孔門也既背其本又違於注今既奉

敕撰定爲之正義凡十有四卷

按序云十四卷唐經籍志作十八卷書錄解題作十三卷疑後人合併之異

惠棟易漢學序王輔嗣以假象說易根本黃老而漢經師之義蕩然無復有存者矣

著作郎李鼎祚撰集子夏已下傳注名曰集解凡有十卷行于今代其漢魏人易說時時見于古書傳注及史徵周易口訣義中

李鼎祚自序刊輔嗣之野文補康成之逸象

中興書目集解十卷唐著作郎李鼎祚集子

夏孟喜京房馬融荀爽鄭康成劉表何晏宋
衷虞翻陸績干寶王肅王弼姚信王廙張
璠向秀王凱沖侯果蜀才翟元韓康伯劉瓛
何妥崔憬沈驎士盧氏崔覲孔穎達等凡三
十餘家附以九家乾鑿度凡十七篇其所取
尙虞之說爲多取序卦冠之卦首下海
按朱睦㮮考增焦贛伏曼容朱彝尊考增姚
規朱仰之蔡景君共三十五家
蒙念學者病王弼之元虛慨古學之廢絕因以

李氏易解合于王注又采集書傳所載馬融鄭康成諸人之注及易口訣義中古注附于其後凡說文釋文所引經文異字異音附見本文命曰周易集解庶幾商瞿所傳漢人師說不墜于地俾學者覩其所聚循覽易明其稱解者李氏所輯楙注者王弼所注稱集解者蒙所採也先以李氏解者以其多引古注最後附集解者不敢掩前人也

易有子夏傳蓋出于韓嬰或云漢儒所爲其書

久亡世有僞本

劉向七畧有子夏易傳唐會要漢興韓嬰傳釋文序

中經簿錄子夏易傳四卷或云丁寬所作唐會要

阮氏七錄子夏易傳六卷或云韓嬰作或云丁寬作唐會要

釋文序張璠云或馯臂子弓所作薛虞記虞不詳何許人

按此子夏傳見釋文正義集解唯元始亨通及以井谷射鮒爲蝦蟇數條是古所傳也今有子夏易傳十一卷則唐張弧僞作也

京氏章句亦亡今陸績注者三卷或曰錯卦

漢藝文志孟氏京氏十一篇災異孟氏京房六十六篇

七錄十卷錄一卷目釋文

釋文序京房章句十二卷

按漢五行志及傳記所引京房易傳甚多七

錄之十卷錄一卷目卽藝文志之十二卷二
蓋一字誤也其書今佚今有京氏易傳三卷
晁公武疑爲隋唐志之錯卦是也本四卷又
佚雜占條例
及魏伯陽參同契僞關朗易傳宋陳摶所撫僞
子華子戴九履一河圖之學先天太極之說皆
無可採
子華子大道篇二與四抱九而上躋也六與
八蹈一而下沈也戴九而履一據三而持七

五居中宮數之所由成

按九宮之數出於易緯又見僞子華子俱不言河圖宋陳搏摭此說而妄言復有祕傳以九爲河圖十爲洛書其言不可信

易者聖人效天法地之書人與天地參則易與天地準通天地人之謂儒天大地大人亦大故易稱大人亦稱君子爾雅釋詁君大也君子卽大人大人者合于天地日月四時鬼神先奉時而後不違則自天祐之吉无不利大象必稱君

子以先王以者以用也卦有否泰道有消長君子用之皆吉道消斯用儉德也易不可以占險是以黃裳元吉不利小人易緯言易有三名其在人道乾爲積善坤爲積不善言善則應言不善則違言行所以動天地易知易能所謂易此易字與上二易字俱讀難易之易也知進退存亡得喪所謂變易也知而不失其正所謂不易也孔子曰五十學易又曰五十知天命又曰文王既沒文在茲皆謂易也古之學者八歲入小學學六甲五方書

討之事于易學蓋近而易明則孟氏之卦氣京氏之世應飛伏荀氏之升降漢魏已來象數之學不可嘗議也經師家法既絕于晉自六朝至唐諸儒悉守古經義不敢勝其臆說至宋而人人言易繁而寡要直以爲卜筮之書豈知言哉近世惠徵君棟作周易述易例易漢學諸書貫出于唐宋諸儒之上蒙爲此書無所發明竊比于信而好古網羅天下放失舊聞云爾此書之成左右採獲東海畢徵君以田之力爲多東吳

周孝廉雋瑕邱牛徵君鈞及其子廉夫互加校勘以助予之不及四君者皆好學深思之士尤不敢畧其美也如其疏釋以待能者時嘉慶三年六月丁未書成序于兗州巡使署中陽湖孫星衍撰

周易集解序終

周易集解卷一 陸德明釋文曰易虞翻注參同契云字從日下月

賜進士及第署山東提刑按察使分巡兗沂曹濟黃河兵備道孫星衍撰

上經乾傳第一 釋文第亦作弟

集解子夏傳云分爲上下二篇孔穎達八論云未有經字經字是後人所加孟喜易本云分上下二經八論京房引夫子曰神農重乎八純王應麟玉海馬融曰伏犧得河圖而作易八論王肅同又曰卦辭文王所作爻辭周公所作陸績同鄭康成易贊及易論曰夏曰連山殷曰歸藏周曰周易又曰連山者象山之出雲連連不絕歸藏者萬物莫不歸藏於其中周易者言易道周普无所不備又曰易一名而含三義易簡一也變易二也不易三也又曰神農重卦又曰卦辭爻辭并是文王所作又

曰十翼上彖一下彖二上象三下象四上繫五下繫六文言七說卦八序卦九雜卦十　王弼曰伏犧重卦　周簡子曰易者易也不易也變易也易者易代之名凡有无相代彼此相易皆是易義不易者常體之名有常有體无常无體是不易之義變易者相變改之名兩有相變此為變易并同　姚信曰連山氏得河圖夏人因之曰連山歸藏氏得河圖殷人因之曰歸藏伏羲氏得河圖周人因之曰周易玉海　皇甫謐曰夏人因炎帝曰連山殷人因黃帝曰歸藏同　又曰文王在羑里演六十四卦著七八九六之爻謂之周易八論　崔覲曰易者謂生生之德有易簡之義不易者言天地定位不可相易變易者謂生生之道變而相續　劉貞簡同　張氏门易者換代之名待奪之義　何氏同并同

䷀ 乾下乾上

乾元亨利貞

【解】子夏傳曰元始也亨通也利和也貞正也言乾禀純陽之性故能首出庶物各得元始開通和諧貞固不失其宜是以君子法乾而行四德故曰乾元亨利貞矣　案乾健也言天之體以健爲用運行不息應化無窮故聖人則之欲使人法天之用不法天之體故名乾不名天也

【注】文言備矣　【按】疏云其委曲條例備在文言即釋此注也原本誤於潛龍勿用下今改正

【集解】周氏曰元始也於時配春言萬物始生得其元始之序發育長養亨通也於時配夏夏以通暢合其嘉美之道利者義也於時配秋秋以成實得其利物之宜貞者正也

於時配冬冬以物之終納幹正之道 史徵周易口訣義 魏徵曰始萬物爲元遂萬物爲亨益萬物爲利不私萬物爲貞 李衡義海撮要

初九潛龍勿用

解 子夏傳曰龍所以象陽也 馬融曰物莫大於龍故借龍以喻天之陽氣也初九建子之月陽氣動於黄泉既未萌芽猶是潛伏故曰潛龍 沈驎士曰稱龍者假象也天地之氣有升降君子之德有行藏龍之爲物能飛能潛故借龍比君子之德也初九既尚潛伏故言勿用 干寶曰位始故稱初陽重故稱九陽在初九十一月之時自復來也初九甲子天正之位而乾元所始也陽處三泉之下聖德在愚俗之中此文王在羑里之爻也雖有聖明之德未被時用故曰勿用矣 崔憬曰九者老陽之數動之所占故陽稱爲潛

隱也龍下隱地潛德不彰是以君子韜光待時未成其行故曰勿用

集解 鄭康成曰周易以變者爲占故稱九稱六 孔穎達疏 陸績曰陽在初稱初九去初之二稱九二則初復七陰在初稱初六去初之二稱六二則初復八矣 朱震漢上傳 莊氏曰下言初則上有末義故大過彖曰棟橈本末弱是上有末義六言上則初當言下故小象曰潛龍勿用陽在下也則是初有下義 疏 張氏曰陽數有七有九陰數有八有六但七爲少陽八爲少陰質而不變爲爻之本體九爲老陽六爲老陰交而從變故爲爻之别名且七既爲陽爻其畫已長今有九之老陽不可復畫爲陽所以重體避少陽七數故稱九也八爲陰數而畫陰爻今六爲老陰不可復畫陰爻故交其體避八而稱六 張氏又曰以道未可行故稱勿用以誡之 并同

九二見龍在田利見大人

解 鄭康成曰二于三才爲地道上卽田故稱田也 干寶曰陽在九二十二月之時自臨來也二爲地上田在地之表而有人功者也陽氣將施聖人將顯此文王免于羑里之日也故曰利見大人

注 出潛離隱故曰見龍處於地上故曰在田德施周普居中不偏雖非君位君之德也初則不彰三則乾乾四則或躍上則過亢利見大人惟二五焉

集解 孟喜京房說易有周人五號帝天稱一也王美稱二也天子爵號三也大君者興盛行異四也大人者聖人德備五也 **禮記疏** 鄭康成曰九二利見九五之大人 褚氏張氏同 **并疏** 王肅曰大人聖人在位之目 **釋文** 向秀曰聖人在位謂之大人 **史記**

索隱　先儒云若夫子教於洙泗利益天下有人君之德故稱大人　疏　又云重卦之時重於上下兩體故初與四相應二與五相應三與上相應矣上下兩體論天地人各别但易含萬象爲例非一及其六位則一二爲地道三四爲人道五上爲天道二在一上是九二處其地上所由食之處唯在地上所以稱田也　又云言田之耕稼利益及於萬物盈滿有益於人猶若聖人益於萬物故稱田也　又云九二當太蔟之月　並同

九三君子終日乾乾夕惕若厲无咎　釋文　无易內皆作此字說文云奇字無也　按說文引夕惕若厲又引作夕惕若夤

解　荀爽曰日以喻君謂三居下體之終而爲之君承乾行乾故曰乾乾夕惕以喻臣謂三臣于五則疾修柔順危去惕行故曰无咎

鄭康成曰三于三才爲人道有乾德而在

人道君子之象。虞翻曰：謂陽息至三，二變成離，離爲日，坤爲夕。干寶曰：爻以氣表，繇以龍興，嫌其不關人事，故著君子焉。陽在九三，正月之時，自泰來也。陽氣始出地上，而接動物，人爲靈，故以人事成天地之功，在於此爻焉。故君子以之憂深思遠，朝夕匪懈，仰憂嘉會之不序，俯懼義和之不逮，反復天道，謀始反終，故曰終日乾乾。此蓋文王反國大釐其政之日也。凡无咎者，憂中之喜，補過者也。文恨早耀文明之德，以蒙大難，增修柔順，以懷多福，故曰无咎矣。

【注】處下體之極，居上體之下，在不中之位，履重剛之險。上不在天，未可以安其尊也；下不在田，未可以寧其居也。純脩下道，則居上之德廢；純脩上道，則處下之禮曠。故終日乾乾，至於夕惕，猶若厲也。居上不驕，在下不憂，因時而惕，不失其幾，雖危而勞，可以无咎。處

下卦之極愈於上九之亢故竭智力而後免於咎也乾三以處下卦之上故免亢龍之悔坤三以處下卦之上故免龍戰之災

集解 鄭康成曰惕懼也 釋文

九四或躍在淵无咎

解 下寶曰陽氣在四二月之時自大壯來也四虛中也躍者暫起之言既不安於地而未能飛於天也四以初爲應淵謂初九甲子龍之所由升也或之者疑之也此武王舉兵孟津觀釁而退之爻也守柔順則逆天之應通權道則違經常之教故聖人不得已而爲之故其辭疑矣 崔憬曰言君子進德修業欲及於時猶龍自試躍天而處淵上下進退非邪離羣故无咎

注 去下體之極居上體之下乾道革之時也上不在天下不在田中不在人履重剛之險而无定位所處斯誠進退无常之時也近乎尊位欲進其道迫乎在下非躍所及欲靜其居若非所安持疑猶豫未敢決志用心存公進不在私疑以爲慮不謬於果故无咎也

九五飛龍在天利見大人

解 鄭康成曰五于三才爲天道天者清明無形而龍在焉飛之象也　虞翻曰謂四已變則五體離離爲飛五在天故飛龍在天利見大人也謂若庖犧觀象於天造作八卦備物致用以利天下故曰飛龍在天天下之所利見也　干寶曰陽在九五三月之時自夬來也五在天位故曰飛龍此武王克紂正位之爻也聖功既就萬物既覩故曰利見大人

爻

注　不行不躍而在乎天非飛而何故曰飛龍也龍德在天則大人之路亨也夫位以德興德以位敘以至德而處盛位萬物之覩不亦宜乎

上九亢龍有悔　校　說文亢作忼

解　王肅曰窮高曰亢知進忘退故悔也　干寶曰陽在上九四月之時也亢過也乾體既備上位既終天之鼓物寒暑相報聖人之治世威德相濟武功既成義在止戈盈而不反必陷於悔　案以人事言之若放桀於南巢湯有慙德斯類是也

集解　子夏傳曰亢極也　釋文　鄭康成曰堯之末年四凶在朝是以有悔未大凶也

疏　先儒云但九五之位亦有大聖而居者亦有非大聖而居者非大聖而居者不能免其亢悔

口訣義

用九見羣龍无首吉

【解】劉瓛曰總六爻純陽之義故曰用九也【注】九天之德也能用天德乃見羣龍之義焉夫以剛健而居人之首則物之所以不與也以柔順而爲不正佞邪之道也故乾吉在无首坤利在永貞矣

【集解】鄭康成曰爻皆體乾羣龍之象舜既受禪禹與稷契咎繇之屬並在朝【後漢書】【注】陸績曰見象聖人無自尊之意則可以統御羣才矣【撮要】

彖曰

【解】劉瓛曰彖斷也斷一卦之才也

【集解】王弼曰彖者何也統論一卦之體明其所繇之主【疏】褚氏曰彖斷也斷定一

卦之義所以名爲彖也　莊氏同　莊氏又
曰夫子爲彖凡有一十二體發首則歎美卦
者則此乾彖云大哉乾元坤卦彖云至哉坤
元以乾坤德大故先歎美之乃後詳說其義
或有先疊文解義而後歎者則豫卦歎云豫
之時義大矣哉之類是也或有先釋卦名之
義後以卦名結之者則同人彖云柔得位得
中而應乎乾曰同人大有彖云柔得尊位大
中而上下應之曰大有之例是也或有特疊
卦名而稱其卦者則同人彖云同人曰同人
於野亨

【音同】

大哉乾元

【解】九家易曰陽稱大六爻純陽故曰大乾純
陽衆卦所生天之象也觀乾之始以知天
德惟天爲大惟乾則之故
曰大哉元者氣之始也

集解莊氏曰大哉乾元萬物資始乃統天者
此三句總釋乾與元也乾是卦名元是
乾德之首故以元德配乾釋之陽氣昊大乾
體廣遠又以元大始生萬物故曰大哉乾元
疏

萬物資始

集解荀爽曰謂分爲六十四卦萬一千五百二
十策皆受始於乾也策取始于乾猶萬物
之生稟
於天

集解鄭康成曰資取也釋文莊氏曰萬物
資始者釋其乾元稱大之義以萬象之
物皆資取乾元而各得始生
不失其宜所以稱大也疏

乃統天

解 九家易曰乾之爲德乃統繼天道與天合化也

注 天也者形之名也健也者用形者也夫形也者物之累也有天之形而能永保无虧爲物之首統之者豈非至健哉

集解 鄭康成曰統本也 釋文 莊氏曰乃統天者以其至健而爲物始以此乃能統領於天天是有形之物以其至健能總統有形是乾元之德也 疏

雲行雨施品物流形

解 虞翻曰已成既濟上坎爲雲下坎爲雨故雲行雨施乾以雲雨流坤之形萬物化成故曰品物流形也

集解 莊氏曰此二句釋亨之德也言乾能用天之德使雲氣流行雨澤施布故品類

之物流布成形各得亨通无所壅蔽是其亨也【疏】

大明終始

【解】荀爽曰乾起坎而終於離坤起於離而終於坎離坎者乾坤之家而陰陽之府故曰大明終始也

六位時成

【解】荀爽曰六爻隨時而成乾

【注】大明乎終始之道故六位不失其時而成

【集解】莊氏曰此二句總結乾卦之德也以乾之爲德大明曉乎萬物終始之道始則潛伏終則飛躍可潛則潛可飛則飛是明達乎終始之道故六爻之位依時而成若其不

明終始之道應潛而飛應飛而潛應生而殺應殺而生六位不以時而成也【疏】

時乘六龍以御天

【解】侯果曰大明日也六位天地四時也六爻效彼而作也大明以晝夜爲終始六位以相揭爲時成言乾乘六氣而陶冶變化運四時而統御天也故曰時乘六龍以御天也故乾鑿度曰日月終始萬物是其義也

【注】升降无常隨時而用處則乘潛龍出則乘飛龍故曰時乘六龍也

【集解】荀爽曰天子駕六【詩疏】莊氏曰此二句申明乾元乃統天之義言乾之爲德以依時乘駕六爻之陽氣以控御於天體六龍卽六位之龍也以所居上下言之謂之六位也陽氣升降謂之六龍也上文以至健元始總明乾德故云乃統天也此名乘駕六龍

各分其事故云以御天也【疏】

乾道變化各正性命

【注】乘變化而御大器靜專動直不失太和豈非正性命之情者耶

【集解】莊氏曰此二句更申明乾元資始之義道體無形自然使物開通謂之爲道言乾卦之德自然通物故云乾道也變謂後來改前以漸移改謂之變也化謂一有一无忽然而改謂之爲化言乾之爲道使物漸變者使物卒化者各能正定物之性命性者天生之質若剛柔遲速之別命者人所稟受若貴賤夭壽之屬是也【疏】

保合太和乃利貞

【注】不和而剛暴

首出庶物萬國咸寧

解 劉瓛曰陽氣爲萬物之所始故曰首出庶物立君而天下皆寧故曰萬國咸寧也

注 萬國所以寧各以有君也

象曰

解 彖象者像也取其法象卦爻之德

天行健

解 何妥曰天體不健能行之德健也猶如地體不順承弱之勢順也所以乾卦獨變名爲健者宋衷云晝夜不懈以健詳其名餘卦當名不假於詳矣

集解 劉表曰詳其名也 **疏** 先儒云象辭或有實象或有假象 **同**

君子以自强不息

解　虞翻曰君子謂三乾健故强天一日一夜過周一度故自强不息老子曰自勝者强　干寶曰言君子通之於賢也凡勉强以德不必須在位也故堯舜一日萬機文王日昃不暇食仲尼終夜不寢顏子欲罷不能自此以下莫敢淫心舍力故曰自强不息矣

潛龍勿用陽在下也

解　荀爽曰氣微位卑雖有陽德潛藏在下故曰勿用也

見龍在田德施普也

解　荀爽曰見者見居其位田謂坤也二當升坤五故曰見龍在田大人謂天子見據尊位臨長羣陰德施於下故曰德施普也

終日乾乾反復道也【釋文】復本亦作覆

【解】虞翻曰至三體復故反復道謂否泰反其類也

【注】以上言之則不驕以下言之則不憂反復皆道也

或躍在淵進无咎也

【解】荀爽曰乾者君卦四者陰位故上躍居五者欲下居坤初求陽之正地下稱淵也陽道樂進故曰進无咎也

飛龍在天大人造也【釋文】造鄭徂早反王肅七到反劉歆父子作聚

【解】荀爽曰飛者喻無所拘天者首事造制大人造法見居天位聖人作而萬物覩是其義也

集解　鄭康成曰造爲也　王肅曰造就也至也　并釋文　姚信曰造至也　陸績同

并疏

亢龍有悔盈不可久也

解　九家易曰陽當居五今乃居上故曰盈也亢極失位當下之坤三故曰盈不可久也若太上皇者也下之坤三屈爲諸侯故曰悔者也

用九天德不可爲首也

解　宋衷曰用九六位皆九故曰見羣龍純陽則天德也萬物之始莫能先之不可爲首先之者凶隨之者吉故曰无首吉

文言曰

解 姚信曰乾坤爲門戶文說乾坤六十二卦皆放焉　劉瓛曰依文而言其理故曰文言

集解 梁武帝曰文言是文王所制 釋文 莊氏曰文謂文飾以乾坤德大故特文飾以爲文言 疏

元者善之長也

解 九家易曰乾者君卦也六爻皆當爲君始而大通君德會合故元爲善之長也

集解 莊氏曰謂天之體性生養萬物善之大者莫善施生元爲施生之宗故言元者善之長也 疏

亨者嘉之會也

解 九家易曰：通者爲陽，合而爲乾，衆善相繼，故曰嘉之會也。

集解 莊氏曰：嘉，美也。言天能通暢萬物，使物嘉美之聚會，故云嘉之會也。疏

利者，義之和也。

解 荀爽曰：陰陽相和，各得其宜，然後利矣。

集解 莊氏曰：言天能利益庶物，使物各得其宜而和同也。疏

貞者，事之幹也。

解 荀爽曰：陰陽正而位當，則可以幹舉萬事。

集解 莊氏曰：言天能以中正之氣成就萬物，使物皆得幹濟。疏

君子體仁足以長人，釋文 京房、荀爽、董遇本作「體信」。

【解】何妥曰此明聖人則天合五常也仁爲木木主春故配元爲四德之首君子體仁故有長人之義也【集解】鄭康成曰體生也【文選注】

嘉會足以合禮【解】何妥曰禮是交接會通之道故以配通五禮有吉凶賓軍嘉故以嘉合於禮也

利物足以和義【釋文】孟喜京荀陸績作利之【解】何妥曰利者裁成也君子體此利以利物足以合於五常之義

貞固足以幹事【解】何妥曰貞信也君子貞正可以委任於事故論語曰敬事而信故幹事而配信也

案此釋非也夫在天成象者乾元亨利貞也言天運四時以生成萬物在地成形者仁義禮智信也言君法五常以教化於人元爲善長故能體仁仁主春生東方木也亨爲嘉會足以合禮禮主夏養南方火也利爲物宜足以和義義主秋成西方金也貞爲事幹以配於智智主冬藏北方水也故孔子曰仁者樂山智者樂水則智之明證矣不言信者信王土而統屬於君故中孚卦云信及豚魚是其義也若首出庶物而四時不忒者乾之象也厚德載物而五行相生者土之功也土居中宫分王四季亦由人君无爲皇極而奄有天下水火金木非土不載仁義禮智非君不宏信既統屬於君故先言乾而後不言信明矣

君子行此四德者故曰乾元亨利貞

解干寶曰夫純陽天之精氣四行君子懿德是故乾冠卦首辭表篇目明道義之門在

於此也猶春秋之備五始也故夫子留意焉然則體仁正已所以化物觀運知時所以順天氣用隨宜所以利民守正一業所以定俗也亂則敗禮其教淫逆則拂時其功否錯則妨用其事廢忘則失正其官敗四德者文王所由興四德者商紂所由亡

初九曰潛龍勿用何謂也

解何妥曰夫子假設疑問也後五爻皆倣此也

子曰龍德而隱者也

解何妥曰此直答言聖人有隱顯之龍德今居初九窮下之地隱而不見故云勿用矣

不易乎世

解崔憬曰言據當潛之時不易乎世而行者龍之德也

注　不爲世俗所移易也

不成乎名　釋文　不成名一本作不成乎名

解　鄭康成曰當隱之時以從世俗不自殊異無所成名也

遯世无悶

解　崔憬曰道雖不行達理无悶也

不見是而无悶

解　崔憬曰世人雖不已是而已知不違道故无悶

樂則行之憂則違之

解　虞翻曰陰出初震爲樂爲行故樂則行之坤死稱憂隱在坤中遯世无悶故憂則違

之也

確乎其不可拔潛龍也

【解】虞翻曰確剛貌也乾剛潛初坤亂於上君子弗用隱在下位確乎難拔潛龍之志也

【集解】鄭康成曰確堅高之貌拔移也【釋文】

九二曰見龍在田利見大人何謂也子曰龍德而正中者也

【解】虞翻曰中下之中二非陽位故明言能正中也

庸言之信

【解】荀爽曰處和應坤故曰信

庸行之謹

解 九家易曰以陽居陰位故曰謹也庸常也謂言常以信行常以謹矣

閑邪存其誠 按 晁氏云鄭本作閑邪以存其誠

解 宋衷曰閑防也防其邪而存誠焉二在非其位故以閑邪言之能處中和故以存誠言之

善世而不伐

解 九家易曰陽升居五處中居上始以美利利天下不言所利即是不伐故老子曰上德不德是以有德此之謂也

德博而化

解 荀爽曰處五據坤故德
博羣陰順從故能化也
易曰見龍在田利見大人君德也
解 虞翻曰陽始觸陰當升五爲君時舍於二
宜利天下直方而大德无不利明言君德
地數始二
故稱易曰
九三君子終日乾乾夕惕若厲无咎何謂也子
曰君子進德脩業
解 宋衷曰業事也三爲三公君子處公位所
以進德脩業也　虞翻曰乾爲德坤爲業
以乾通坤謂
爲進德脩業
忠信所以進德也

解 翟元曰忠於五所以修德也 崔憬曰推忠於人以信待物故其德日新也

脩辭立其誠所以居業也

解 荀爽曰脩辭謂終日乾乾立誠謂夕惕若厲居業謂居三也 翟元曰居三脩其教令立其誠信民敬而從之

知至至之可與幾也

解 翟元曰知五可至而至之故可與行幾微之事也

集解 劉瓛曰至極也 文選注 莊氏曰極即至也三在下卦之上是至極 褚氏曰一體之極是至者是下卦已極將至上卦之下至謂上卦也 并疏

知終終之可與存義也

解姚信曰知終者可以知始終終謂三也義者宜也知存知亡君子之宜矣　崔憬曰君子喻文王也言文王進德脩業所以貽厥武王至於九五口可與進脩意合故言知至至之可與言徵也知天下歸周三分有二以服事殷終於臣道可與進脩意合故言知終終之可與存義

注處一體之極是至也居一卦之盡是終也處事之至而不犯咎知至者也故可與成務矣處終而能全其終知終者也夫進物之速者義不若利存物之終者利不及義故靡不有初鮮克有終夫可與存義者其唯知終者乎

是故居上位而不驕

解虞翻曰天道三才一乾而以至三乾成故終上夕惕若厲故不驕也

在下位而不憂

【解】虞翻曰下位謂初隱於初憂則違之故不憂

【注】居下體之上在上體之下明夫終敝故不驕也知夫至至故不憂也

故乾乾因其時而惕雖危无咎矣

【注】惕怵惕之謂也處事之極失時則廢懈怠則曠故因其時而惕雖危无咎

九四曰或躍在淵无咎何謂也子曰上下无常非爲邪也【釋文】上下并如字王肅上音時掌反

【解】荀爽曰乾者君卦四者臣位也故欲進躍居五下者當下居坤初得陽正位故曰上下无常非爲邪也

【集解】何氏曰：言上下者據位也。【疏】

進退无恆，非離羣也。

【纂疏】荀爽曰：進謂居五，退謂居三，故進退无恆，非離羣也。【集解】何氏曰：進退者據爻也。又曰：所以進退无恆者，時使之然，非苟欲離羣也。【并】【疏】

君子進德脩業，欲及時也，故无咎。【按】晁氏云：鄭本「君子進德脩業及時故无咎」。

【解】崔憬曰：至公欲及時濟人，故无咎也。

九五曰：飛龍在天，利見大人，何謂也？子曰：同聲

相應

解 虞翻曰謂震巽也庖犧觀變而作八卦雷風相薄故相應也　張璠曰天者陽也君者陽也雷風者天之聲號令者君之聲明君與天地相應合德同化動靜不違也

同氣相求

解 虞翻曰謂艮兌山澤通氣故相求也　崔憬曰方諸與月同有陰氣相感則水生陽燧與日同有陽氣相感則火生也

水流濕

解 荀爽曰陽動之坤而爲坎坤純陰故曰濕也

集解 王肅曰水之性潤萬物而退下 **尚書疏**

火就燥【釋文】就燥蘇皁先皁二反

【解】荀爽曰陰動之乾而成離乾純陽故曰燥也 虞翻曰離上而坎下水火不相射

崔憬曰決水先流溼□火先就燥

【集解】王肅曰火之性炎盛而升上【尚書疏】

雲從龍

【解】荀爽曰龍喻王者謂乾二之坤五爲坎也 虞翻曰乾爲龍雲生天故從龍也

風從虎

【解】荀爽曰虎喻國君謂坤五之乾二爲巽而從三也三者下體之君故以喻國君 虞翻曰坤爲虎風生地故從虎也

【集解】王肅曰龍舉而景雲屬虎嘯而谷風興張璠曰猶言龍從雲虎從風也【并裴駰史記注】

聖人作而萬物覩【釋文】作馬融作起

【解】虞翻曰覩見也聖人則庖犧合德乾五造作八卦以通神明之德以類萬物之情五動成離日出照物皆相見故曰聖人作而萬物覩也　陸績曰陽氣至五萬物茂盛故譬以聖人在天子之位功成制作萬物咸見之矣

【集解】鄭康成曰作起也【釋文】

本乎天者親上

【解】荀爽曰謂乾九二本出乎乾故曰本乎天而居坤五故曰親上

本乎地者親下

【解】荀爽曰謂坤六五本出乎坤故曰本乎地降居乾二故曰親下也　崔憬曰謂動物親於天之動植物親於地之靜

【集解】莊氏曰天地絪縕和合二氣共生萬物然萬物之體有感於天氣偏多者有感於地氣偏多者故周禮大宗伯有天產地產大司徒云動物植物本受氣於天者是動物含靈之屬天體運動含靈之物亦運動是親附於上也本受氣於地者是植物無識之屬地體凝滯植物亦不移動是親附於下也【疏】

則各從其類也

【解】虞翻曰方以類聚物以羣分乾道變化各正性命觸類而長故各從其類

上九曰亢龍有悔何謂也子曰貴而无位

解 荀爽曰在上故貴失正故无位

高而无民

解 何妥曰既不處九五帝王之位故无民也夫率土之濱莫非王臣既非王位則民不隸屬

注 下无陰也

賢人在下位而无輔

解 荀爽曰謂上應三三陽德正故曰賢人別體在下故曰在下位兩陽无應故无輔

注 賢人雖在下而當位不爲之助

是以動而有悔也

解荀爽曰升極當降故有悔

注處上卦之極而不當位故盡陳其闕也獨立而動物莫之與矣乾文言首不論乾而先說元下乃曰乾何也夫乾者統行四事者也君子以自強不息行此四者故首不論乾而下曰乾元亨利貞餘爻皆說龍至於九三獨以君子爲目何也夫易者象也象之所生生於義也有斯義然後明之以其物故以龍敘乾以馬明坤隨其事義而取象焉是故初九九二龍德皆應其義故可論龍以明之也至於九三乾乾夕惕非龍德也明以君子當其象矣統而舉之乾體皆龍別而敘之各隨其義

潛龍勿用下也

解何妥曰此第二章以人事明之當帝舜耕漁之日卑賤處下未爲時用故云下

見龍在田時舍也

解 虞翻曰二非王位時暫舍也 何晏曰此夫子洙泗之日開張業藝教授門徒自非通舍孰能如此

終日乾乾行事也

解 何晏曰此當文王爲西伯之時處人臣之極必須事上接下故言行事也

或躍在淵自試也

解 何晏曰欲進其道猶復疑惑此當武王觀兵之日欲以試觀物情也

飛龍在天上治也

解 何晏曰此當堯舜冕旒之日以聖德而居高位在上而治民也

亢龍有悔窮之災也【按】晁氏云鄭作窮志災也

【解】案此桀紂失位之時亢極驕盈故致悔恨窮斃之災禍也

乾元用九天下治也

【解】案此當三皇五帝禮讓之時垂拱無爲而天下治矣

【注】此一章全以人事明之也九陽也陽剛直之物也夫能全用剛直放遠善柔非天下至理未之能也故乾元用九則天下治也夫識物之動則其所以然之理皆可知也龍之爲德不爲妄者也潛龍勿用何乎必窮處於下也見而在田必以時之通舍也以爻爲人以位爲時人不妄動則時皆可知矣文王明夷則主可知矣仲尼旅人則國可知矣

【集解】張氏曰識物之動謂龍之動也【疏】

潛龍勿用陽氣潛藏

解　何妥曰此第三章以天道明之當十一月陽氣雖動猶在地中故云潛龍也

見龍在田天下文明

解　案陽氣上達於地故曰見龍在田百草萌芽孚甲故曰文明

終日乾乾與時偕行

解　何妥曰此當三月陽氣浸長萬物將盛與天之運俱行不息也

注　與天時俱不息

集解　先儒云建辰之月萬物生長不有止息與天時而俱行　疏

或躍在淵乾道乃革

解 何妥曰此當五月微陰初起陽將改變故云乃革也

飛龍在天乃位乎天德

解 何妥曰此當七月萬物盛長天功大成故曰天德也

亢龍有悔與時偕極

解 何妥曰此當九月陽氣大衰向將極盡故云偕極也

注 與時運俱終極

乾元用九乃見天則

解 何妥曰陽消天氣之常天象法則自然可見

注 此一章全說天氣以明之也九剛直之物唯乾體能用之用純剛以觀天天則可見

矣

乾元者始而亨者也

解　虞翻曰乾始開通以陽通陰故始通

利貞者性情也　按　晁氏曰鄭作情性也

解　干寶曰以施化利萬物之性以純一正萬物之情

注　不爲乾元何能通物之始不性其情何能久行其正是故始而亨者必乾元也利而正者必性情也

乾始能以美利利天下　按　晁氏云鄭作乾始而以美利利天下

解　虞翻曰美利謂雲行雨施品物流形故利天下

不言所利大矣哉

【解】虞翻曰：天何言哉，四時行焉，百物生焉。故利者大也。

大哉乾乎，剛健中正，純粹精也。

【解】崔覲曰：不雜曰純，不變曰粹。言乾是純粹之精，故有剛健中正之四德也。

六爻發揮，旁通情也。【釋文】揮本亦作輝，義取光輝。

【解】陸績曰：乾六爻發揮變動，旁通于坤，坤來入乾，以成六十四卦，故曰旁通情也。

【解】王肅曰：揮，散也。【釋文】王弼曰：爻者，言乎變者也。故合散屈伸，與體相乖，形躁好靜，質柔愛剛，體與情反，質與願違。是爻者所以明情，故六爻發散，旁通萬物之情。

【集解】又曰：陽之所求者陰也，陰之所求者陽也。一與四，二與五，三與上，若一陰一陽爲相應，若一俱

陰俱陽爲无應【并疏】

時乘六龍以御天也

【解】九家易曰謂時之元氣以王而行履涉衆爻是乘六龍也　荀爽曰御者行也陽升陽降天道行也

雲行雨施天下平也

【解】荀爽曰乾升于坤曰雲行坤降于乾曰雨施乾坤二卦成兩既濟陰陽和均而得其正故曰天下平

君子以成德爲行

【解】干寶曰君子之行動靜可觀進退可度動以成德无所苟行也

【集解】周氏曰：上第六節"乾元者始而亨者也"，是廣明乾與四德之義；此"君子以成德爲行"，亦是第六節明六爻之義，總屬第六節，不更爲第七節。又曰：德出於已，在身內之物，故云成；行被於人，在外之事，故云爲行。【并疏】

日可見之行也。

【解】虞翻曰：謂初。乾稱君子，陽出成爲上德；雲行雨施，則成離，日新之謂上德，故曰"可見之行"。

潛之爲言也，隱而未見，行而未成，是以君子弗用也。

【解】荀爽曰：隱而未見，謂居初也；行而未成，謂行之坤四。陽居陰位，未成爲君。乾者，君卦

也不成爲君故不用也【集解】褚氏曰以初上居无位之地故稱言也其餘四爻是有位故不云言【疏】

君子學以聚之問以辯之【釋文】辯如字徐扶免反

【解】虞翻曰謂二陽在二兌爲口震爲言爲講論坤爲文故學以聚之問以辯之兌象君子以朋友講習

【注】以君德而處下體資納於物者也

寬以居之仁以行之

【解】虞翻曰震爲寬仁爲行謂居寬行德博而化也

易曰見龍在田利見大人君德也

解 虞翻曰重言君德者大人善世不伐信有君德後天而奉天時故詳言之

九三重剛而不中

解 虞翻曰以乾接乾故重剛位非二五故不中也

上不在天下不在田

解 何妥曰上不及五故云不在天下已過二故云不在田處此之時實爲危厄也

故乾乾因其時而惕雖危无咎矣

解 何妥曰處危懼之地而能乾乾懷厲至夕猶惕乃得无咎矣

九四重剛而不中

解 案三居下卦之上四處上卦之下俱非得中故曰重剛而不中

上不在天下不在田中不在人

解 侯果曰案下繫易有天道有地道有人道兼三才而兩之謂兩爻爲一才也初兼二地也三兼四人也五兼六天也四是兼才非正故言不在人也

故或之或之者疑之也故无咎

解 虞翻曰非其位故疑之也

夫大人者與天地合其德

解 荀爽曰與天合德謂居五也與地合德謂居二也　案謂撫育无私同天地之覆載也

集解 莊氏曰謂覆載也 **疏**

與日月合其明

解 荀爽曰謂坤五之乾二成離離爲日乾二之坤五爲坎坎爲月　案威恩之遠被若日月之照臨也

集解 莊氏曰謂照臨也 疏

與四時合其序

解 翟元曰乾坤有消息從四時來也　案賞罰嚴明順四時之序也

集解 莊氏曰若賞以春夏刑以秋冬之類也 疏

與鬼神合其吉凶

解 虞翻曰謂乾神合吉坤鬼合凶以乾之坤故與鬼神合其吉凶　案禍淫福善叶鬼

神之吉凶

【集解】莊氏曰若福善禍淫也【疏】

先天而天弗違

【解】虞翻曰乾爲天爲先大人在乾五之坤五天象在先故先天而天弗違　崔憬曰行人事合天心也

【集解】莊氏曰若在天時之先行事天乃在後不違是天合大人也【疏】

後天而奉天時

【解】虞翻曰奉承行乾四之坤初成震震爲後也震春兌秋坎冬離夏四時象具故後天而奉天時謂承天時行順也　崔憬曰奉天時布政聖政也

集解莊氏曰若在天時之後行事能奉順上天是大人合天也疏

天且弗違而況於人乎

解荀爽曰人謂三

況於鬼神乎

解荀爽曰神謂天鬼謂地也　案大人惟德動天无遠不屆鬼神饗德夷狄來賓人神叶從猶風偃草豈有違忤哉

集解莊氏曰夫子以天且不違遂明大人之德言尊而遠者尚不違況小而近者可有違乎疏

亢之爲言也知進而不知退

【解】荀爽曰陽位在五今乃居上故曰知進而不知退也

【集解】莊氏曰進退據心【疏】

知存而不知亡

【解】荀爽曰在上當陰今反爲陽故曰知存而不知亡也

【集解】莊氏曰存亡據身【疏】

知得而不知喪

【解】荀爽曰得謂陽喪謂陰　案此論人君驕盈過亢必有喪亡若殷紂招牧野之災太康遺洛水之怨即其類矣

【集解】莊氏曰得喪據位【疏】

其唯聖人乎知進退存亡而不失其正者其唯聖人乎

【釋文】王肅本作愚人後結始作聖人

【解】荀爽曰進謂居五退謂居二存謂五爲陽位亡謂上爲陰位也再稱聖人者上聖人謂五下聖人謂二也案此則乾元用九天下治也言大寶聖君若能用九天德者垂拱无爲芻狗萬物生而不有功成不居百姓日用而不知豈荷生成之德者也此則三皇五帝乃聖乃神保合太和而天下自治矣今夫子文言再稱聖人者歎美用九之君能知進退存亡而不失其正故得大明終始萬國咸寧時乘六龍以御天也斯即有始有卒者其惟聖人乎是其義也崔憬曰謂失其正者若燕噲讓位於子之之類是也案三王五伯揖讓風頹專恃干戈遞相征伐失正忘退其徒實繁略舉宏綱斷可知矣

☷ 坤下
坤上

坤元亨利牝馬之貞【釋文】巛本又作坤坤今字也利牝頻忍反徐邈扶忍反又扶允反

【解】虞翻曰謂陰極陽生乾流坤形坤含光大凝乾之元終於坤亥出乾初子品物咸亨故元亨也坤爲牝震爲馬初動得正故利牝馬之貞矣　干寶曰陰氣之始婦德之常故稱元與乾合德故稱亨行天者莫若龍行地者莫若馬故乾以龍繇坤以馬象也坤陰類故稱利牝馬之貞矣

【注】坤貞之所利利於牝馬也馬在下而行者也而又牝焉順之至也至順而後乃亨故唯利於牝馬之貞

集解 先儒云在天爲龍在地爲馬 口訣義

君子有攸往先迷後得主利

解 九家易曰坤爲牝爲迷 盧氏曰坤臣道也妻道也後而不先先則迷失道矣故曰先迷陰以陽爲主當後而順之則利故曰後得主利

集解 莊氏云先迷後得主利者唯據臣事君也 疏

西南得朋東北喪朋安貞吉

解 崔憬曰妻道也西方坤兌南方巽離二方皆陰與坤同類故曰西南得朋東方艮震北方乾坎二方皆陽與坤非類故曰東北喪朋以喻在室得朋猶迷於失道出嫁喪朋乃順而得常安於承天之正故言安貞吉也

【注】西南致養之地與坤同道者也故曰得朋東北反西南者也故曰喪朋陰之爲物必離其黨之於非類而後獲安貞吉

【集解】馬融曰喪失也【釋文】王肅曰西南陰類故得朋東北陽類故喪朋【漢上叢說】荀氏曰得朋喪朋唯據婦適夫也【疏】

彖曰至哉坤元

【解】九家易曰謂乾氣之坤萬物資受而以生也坤者純陰配乾生物亦善之始地之象也故又歎言至美

萬物資生

【解】九家易曰謂萬一千五百二十策皆受始於乾由坤而生也策生於坤猶萬物成形

出乎地也

【集解注】劉瓛曰生得性之始也【文選】又曰自無出有曰生【同】

乃順承天

【解】劉瓛曰萬物資生於地故地承天而生也

坤厚載物

【解】蜀才曰坤以廣厚之德載含萬物无有窮竟也

德合无疆【釋文】疆或作壃同

【解】蜀才曰天有无疆之德而坤合之故云德合无疆也

含宏光大

解 荀爽曰：乾二居坤五爲含，坤五居乾二爲宏，坤初居乾四爲光，乾四居坤初爲大也。

品物咸亨。

解 荀爽曰：天地交，萬物生，故咸亨。崔憬曰：含育萬物爲宏，光華萬物爲大，動植各遂其性，故言品物咸亨也。

牝馬地類，行地无疆。

解 侯果曰：地之所以含宏物者，以其順而承天也。馬之所以行地遠者，以其柔而伏人也。而又牝焉，順之至也。誠臣子當至順，而作易者取象焉。

注 地之所以得无疆者，以卑順行之故也。乾以龍御天，坤以馬行地。

柔順利貞，君子攸行。

解九家易曰謂坤爻本在柔順陰位則利貞之乾則陽爻來據之故曰君子攸行

先迷失道後順得常

解何妥曰陰道惡先故先致迷失後順於主則保其常慶也

西南得朋乃與類行

解虞翻曰謂陽得其類月朔至望從震至乾與時偕行故乃與類行

東北喪朋乃終有慶

解虞翻曰陽喪滅坤坤終復生謂月三日震象出庚故乃終有慶此指說易道陰陽消息之大要也謂陽月三日變而成震出庚至月八日成兌見丁庚西丁南故西南得朋謂二陽爲朋故兌君子以朋友講習之文言曰敬義立而德不孤彖曰乃與類行二十九日

消乙入坤滅藏於癸乙東癸北故東北喪朋謂之以坤滅乾坤爲喪故也馬君云孟秋之月陰氣始著而坤之位同類相得故西南得朋孟春之月陽氣始著陰始從陽失其黨類故東北喪朋失之甚矣而荀君以爲陰起於午至申三陰得坤一體故曰西南得明陽起於子至寅三陽喪坤一體故曰東北喪朋就如荀說從午至申經當言南西得朋子至寅當言北東喪朋以乾變坤而言喪朋經以乾坤爲喪耶此何異於馬也

安貞之吉

解 虞翻曰坤道至靜故安復初得正故貞吉

應地无疆

解 虞翻曰震爲應陽正於初以承坤陰地道應故應地无疆

【注】地也者形之名也坤也者用地者也夫兩雄必爭二主必危有地之形與剛健爲耦而以永保无疆用之者不亦至順乎若夫行之不以牝馬利之不以永貞方而又剛柔而又圓求安難矣

象曰地勢坤

【解】宋衷曰地有上下九等之差故以形勢言其性也

【注】地形不順其勢順

君子以厚德載物

【解】虞翻曰勢力也君子謂乾陽爲德動在坤下君子之德車故厚德載物老子曰勝人者有力也

初六履霜堅冰至【釋文】霜如字履

【解】干寶曰重陰故稱六剛柔相推故生變占變故有爻繫曰爻者言乎變者也故易繫辭皆稱九六也陽數奇陰數耦是以乾用一也坤用二也陰氣在初五月之時自姤來也陰氣始動乎三泉之下言陰氣動矣則必至於履霜履霜則必至於堅冰言有漸也藏器於身貴其俟時故陽在潛龍戒以勿用防禍之原欲其先幾故陰在三泉而顯以履霜也

【注】始於履霜至于堅冰所謂至柔而動也剛陰之爲道本於卑弱而後積著者也故取履霜以明其始陽之爲物非基於始以至於著者也故以出處明之則以初爲潛

【集解】鄭康成曰履讀爲禮【釋文】

象曰履霜堅冰陰始凝也馴致其道至堅冰也

【釋文】馴似遵反徐音訓此依鄭義

【解】九家易曰霜者乾之命也堅冰者陰功成也謂坤初六之於乾四履乾命令而成堅冰也此卦本乾陰始消陽起於此爻故履霜也馴猶順也言陽順陰之性成堅冰矣初六始姤姤爲五月盛夏而言堅冰五月陰氣始生地中言始於微霜終至堅冰以明漸至也

【集解】向秀云馴從也【釋文】褚氏曰履霜者

【疏】從初六至六三堅冰者從六四至上六

六二直方大

【解】荀爽曰大者陽也二應五五下動之則應陽出直布陽於四方

【集解】鄭康成曰直也方也地之性此爻得中氣而在地上自然之性廣生萬物故生

動正而且方【禮記疏】

不習无不利

【解】荀爽曰：物唱乃和，不敢先有所習，陽之所唱，從而和之，无不利也。干寶曰：陰氣在二，六月之時，自遯來也。陰出地上，佐陽成物，臣道也，妻道也。臣之事君，妻之事夫，義成者也。臣貴其直，妻貴其方，地體其大，故曰直方大。士該九德，然後可以從王事；女躬四教，然後可以配君子。道成於我而用之於彼，不妨以仕學爲政，不妨以嫁學爲婦，故曰不習无不利也。

【注】居中得正，極於地質，任其自然而物自生，不假脩營而功自成，故不習焉而无不利。

象曰：六二之動，直以方也。

【解】九家易曰謂陽下動應之則直而行布陽氣於四方也

【注】動而直方任其質也

不習无不利地道光也

【解】干寶曰女德光於夫士德光於國也

六三含章可貞

【解】虞翻曰貞正也以陰包陽故含章三失位發得正故可貞也

【注】三處下卦之極而不疑於陽應斯義者也不爲事始須唱乃應待命乃發含美而可正者也故曰含章可貞

或從王事无成有終

解　虞翻曰：謂三已發成泰，乾爲王，坤爲事，震爲從，故或從王事。地道无成而有終，故无成有終。干寶曰：陰氣在三，七月之時，自否來也。陽降在四，三公位也；陰升在三，三公事也。上失其權，位在諸侯，坤體既具，陰黨成羣，君弱臣强，戒在二國。惟文德之臣，然後可以遭之運而不失其柔順之正。坤爲文，坤象既成，故曰含章可貞。此蓋平襄之王，垂拱以賴晉鄭之輔也。苟利社稷，專之則可，故曰或從王事。遷都誅親，疑於專命，故亦或之。失後順之節，故曰无成。終於濟國安民，故曰有終。

象曰：含章可貞，以時發也。

注　有事則從，不敢爲首，故曰或從王事也。不爲事王順命而終，故曰无成有終也。

解　崔憬曰：陽命則發，非時則含也。

或從王事知光大也

解 干寶曰位彌高德彌廣也

注 知慮光大故不擅其美

六四括囊无咎无譽 釋文 譽音餘又音預

解 虞翻曰括結也謂泰反成否坤爲囊艮爲手巽爲繩故括囊在外多咎也得位承五繫于包桑故无咎陰在二多譽而遠在四故无譽 干寶曰陰氣在四八月之時自觀來也天地將閉賢人必隱懷智苟容以觀時釁此蓋甯戚蘧瑗與時卷舒之爻也不艱其身則无咎功業不建故无譽也

注 處陰之卦以陰居陰履非中位无直方之質不造陽事无含章之美括結否閉賢人

乃隱處慎則可非泰之道

象曰括囊无咎慎不害也

解 盧氏曰慎言則无咎也

六五黃裳元吉

解 干寶曰陰氣在五九月之時自剝來也剝者反常道也黃中之色裳下之飾元善之長也中美能黃上美爲元下美則裳陰登於五柔居尊位若成昭之主周霍之臣也百官總已專斷萬機雖情體信順而貌近僭疑周公其猶病諸言必忠信行必篤敬然後可以取信於神明无尤於四海也故曰黃裳元吉也

注 黃中之色也裳下之飾也坤爲臣道美盡於下夫體無剛健而能極物之情通理者

也以柔順之德處於盛位任夫文理者也垂黃裳以獲元吉非用武者也極陰之盛不至疑陽以文在中美之至也

象曰黃裳元吉文在中也

集解 鄭康成曰如舜試天子周公攝政 隋書

解 王肅曰坤爲文五在中故曰文在中也干寶曰當總已之任處疑僭之間而能終元吉之福者由文德在中也

注 用黃裳而獲元吉以文在中也

上六龍戰于野

解 荀爽曰消息之位坤在於亥下有伏乾爲其兼于陽故稱龍也

注 陰之爲道卑順不盈乃全其美盛而不已固陽之地陽所不堪故戰于野

集解 鄭康成曰聖人喻龍君子喻蛇 儀禮疏

其血元黄

解 九家易曰實本坤體未離其類故稱血焉血以喻陰也元黄天地之雜言乾坤合居也 侯果曰坤十月卦也乾位西北又當十月陰窮於亥窮陰薄陽所以戰也故說卦云戰乎乾是也六稱龍者陰盛似龍故稱龍也 干寶曰陰在上六十月之時也爻終于酉而卦成於乾乾體純剛不堪陰盛故曰龍戰戌亥乾之都也故稱龍焉陰德過度以逼乾戰郭外曰郊郊外曰野坤位未申之維而氣溢酉戌之間故曰于野未離陰類故曰血陰陽色雜故曰元黄言陰陽離則異氣合則同功君臣夫妻其義一也故文王之忠於殷抑

参二之強以事獨夫之紂蓋欲彌縫其闕而匡救其惡以祈殷命以濟生民也紂遂長惡不悛天命殛之是以至於武王遂有牧野之事是其義也

象曰龍戰于野其道窮也

解 干寶曰天道窮至於陰陽相薄也君德窮至於攻戰受誅也柔順窮至於用權變矣

用六利永貞

解 干寶曰陰體其順臣守其柔所以秉義之和履貞之幹唯有推變終歸于正是周公始于負扆南面以先王道卒于復子明辟以終臣節故曰利永貞也

注 用六之利利永貞也

象曰用六永貞以大終也

解 侯果曰用六妻道也臣道也利在長正矣不長正則不能大終陽事也

注 能以永貞大終者也

文言曰

釋文 坤至柔本或有文言曰者

解 何妥曰坤文言惟一章者以一心奉順於主也

坤至柔而動也剛

解 荀爽曰純陰至順故柔也 九家易曰坤一變而成震陰動生陽故動也剛

至靜而德方

解 荀爽曰坤性至靜得陽而動布於四方也

注 動之方直不爲邪也柔而又圓消之道也其德至靜德必方也

後得主而有常

解 虞翻曰坤陰先迷後順得常陽出初震爲主爲常也

含萬物而化光

解 干寶曰光大也謂坤含藏萬物順承天施然後化光也

坤道其順乎承天而時行

解 荀爽曰承天之施因四時而行之也

積善之家必有餘慶

解 虞翻曰謂乾初爲積善以坤牝陽滅出復震爲餘慶謂東北喪朋乃終有慶也

積不善之家必有餘殃

解 虞翻曰坤積不善以臣弒君以乾通坤極姤生巽為餘殃也 案聖人設教理貴隨宜故夫子先論人事則不語怪力亂神絕四毋必今于易象闡揚天道故曰積善之家必有餘慶積不善之家必有餘殃者以明陽生陰殺天道必然理國修身積善為本故於坤爻初六陰始生時著此微言永為深誡欲使防萌杜漸災害不生開國承家君臣同德者也故繫辭云善不積不足以成名惡不積不足以滅身是其義也

集解 鄭康成曰殃禍惡也 釋文

臣弒其君子弒其父 釋文 弒本又作殺音同

解 虞翻曰坤消至二艮子弒父至三成否坤臣弒君上下不交天下無邦故子弒父臣弒君也

非一朝一夕之故其所繇來者漸矣

【解】虞翻曰剛爻爲朝柔爻爲夕乾爲寒坤爲暑相推而成歲焉故非一朝一夕所由來漸矣

繇辯之不早辯也【釋文】由辯如字荀作變

【集解】馬融曰辯別也【釋文】

易曰履霜堅冰至蓋言順也

【解】荀爽曰霜者乾之命令坤下有伏乾履霜堅冰蓋言順也乾氣加之性而堅象臣順君命而成之

直其正也方其義也

解虞翻曰謂二陽稱直乾其靜也專其動也直故直其正方謂闢陽開爲方坤其靜也翕其動也闢故方其義也

君子敬以直內義以方外敬義立而德不孤

解虞翻曰陽息在二故敬以直內坤位在外故義以方外謂陽見兌丁西南得朋乃與類行故德不孤孔子曰必有鄰也

直方大不習无不利則不疑其所行也

釋文張璠本此上有易曰衆家本無

解荀爽曰直方大乾之唱也不習无不利坤之和也陽唱陰和而无所不利故不疑其所行也

陰雖有美含之以從王事弗敢成也

解 荀爽曰六三陽位下有伏陽坤陰卦也雖有伏陽含藏不顯以從王事要待乾命不敢自成也

地道也妻道也臣道也

解 翟元曰坤有此三者道也

地道无成而代有終也

解 宋衷曰臣子雖有才美含藏以從其上不敢有所成名也地得終天功臣得終君事婦得終夫業故曰而代有終也

天地變化草木蕃

【解】虞翻曰謂陽息坤成泰天地反以乾變坤坤化升乾萬物出震故天地變化草木蕃矣

天地閉賢人隱

【解】虞翻曰謂四泰反成否乾稱賢人隱藏坤中以儉德避難不榮以祿故賢人隱矣

易曰括囊无咎无譽蓋言謹也

【解】荀爽曰六四陰位迫近于五雖有成德當括而囊之謹慎畏敬也

君子黃中通理正位居體

【解】虞翻曰謂五坤息體觀地色黃坤爲理以乾通坤故稱通理五正陽位故曰正位艮爲居體謂四支也艮爲兩肱巽爲兩股故曰黃中通理正位居體

美在其中而暢於四支

解 虞翻曰陽稱美在五中四支謂股肱

發於事業

解 九家易曰天地交而萬物生也謂陽德潛藏變則發見若五動爲比乃事業之盛

美之至也

解 侯果曰六五以中和通理之德居體于正位故能美充于中而旁暢於萬物形於事業无不得宜是美之至也

陰疑於陽必戰爲其嫌於无陽也故稱龍焉 釋文 疑荀虞姚信蜀才作凝嫌鄭作溓荀虞陸董作嗛

【解】孟喜曰陰乃上薄疑似于陽必與陽戰也
九家易曰陰陽合居故曰嫌陽謂上六
坤行至亥下有伏乾
陽者變化以喻龍焉

【注】辯之不早疑盛乃動故必
戰爲其嫌於非陽而戰

【集解】鄭康成曰溓讀如羣公慊之慊古書傳
作立心與水相近讀者失之故作溓溓
雜也陰謂此上六也陽謂今消息用事
乾也上六爲蛇得乾氣雜似龍【詩疏】

猶未離其類也故稱血焉

【解】荀爽曰實本坤卦故曰未離其類也血以
喻陰順陽也　崔憬曰乾坤交會乾爲大
赤伏陰柔之
故稱血焉

【注】猶未失其陰類爲陽所滅
猶與陽戰而相傷故稱血

夫元黄者天地之雜也

【解】荀爽曰消息之卦坤位在亥下有伏乾陰陽相和故言天地之雜也

【集解】莊氏曰上六之爻兼有天地雜氣所以上六被傷其血元黄也【疏】

天元而地黄

【解】荀爽曰天者陽始於東北故色元也地者陰始於西南故色黄也　王凱沖曰陰陽交戰故血元黄

周易集解卷一終

周易集解卷二　　岱南閣叢書

賜進士及第署山東提刑按察使分巡兖沂曹濟黃河兵備道孫星衍撰

上經屯傳第三

䷂ 震下坎上

屯元亨利貞

【解】虞翻曰剛柔交震故元亨之初得正故利貞矣

【注】剛柔始交是以屯也不交則否故屯乃大亨也大亨則无險故利貞

勿用有攸往

【解】虞翻曰之外稱往初震得正起之欲應動而失位故勿用有攸往

【注】往益屯也

利建侯

【解】虞翻曰：震爲侯，初剛難拔，故利以建侯。老子曰：善建者不拔也。

【注】得主則定

彖曰：屯，剛柔始交而難生，

【解】虞翻曰：乾剛坤柔，坎二始交初，故始交。確乎難拔，故難生也。　崔憬曰：十二月陽始浸長而交于陰，故曰剛柔始交。萬物萌牙生於地中，有寒冰之難，故言難生。於人事則是運季業初之際也。

動乎險中，大亨貞，

【解】荀爽曰：物難在始生，此本坎卦也。案：初六升二，九二降初，是剛柔始交也。交則成震，震爲動也。上有坎，是動乎險中也。動則物通而得正，故曰動乎險中，大亨貞也。

【注】始於險難，至於大亨，而後全正，故曰屯元亨利貞。

雷雨之動滿盈，

【解】荀爽曰：雷震雨潤，則萬物滿盈而生也。虞翻曰：震雷坎雨，坎爲形也。謂三巳反正，成既濟，坎水流坤，故滿盈。謂雷動雨施，品物流形也。

【注】雷雨之動，乃得滿盈，皆剛柔始交之所爲。

【集解】周氏云：此一句覆釋亨也。萬物盈滿則亨通也。褚氏同。【疏】

天造草昧，

經解 荀爽曰謂陽動在下造物於冥昧之中也

集解 鄭康成曰造成也草草創昧昧爽也

文選注 董遇曰草昧微物 釋文

宜建侯而不寧

解 荀爽曰天地初開世尚屯難震位承乾故宜建侯動而遇險故不寧也　虞翻曰造造生也草草創物也坤冥爲昧故天造草昧成既濟定故曰不寧言寧也　干寶曰水運將終木德將始殷周際也百姓盈盈匪君子不寧天下既遭屯險之難後王宜蕩之以雷雨之政故封諸侯以寧之也

注 屯體不寧故利建侯也屯者天地造始之時也造物之始始於冥昧故曰草昧也處造始之時所宜之眞善建侯也

【集解】鄭康成曰而讀曰能能猶安也【釋文】

象曰雲雷屯

【解】九家易曰雷雨者興養萬物今言屯者十二月雷伏藏地中未得動出雖有雲雨非時長育故言屯也

君子以經綸【釋文】論音倫鄭如字本亦作綸

【解】荀爽曰屯難之代萬事失正經者常也綸者理也君子以經綸不失常道也　姚信曰經緯也時在屯難是天地經綸之日故君子法之須經綸艱難也

【注】君子經綸之時

【集解】鄭康成曰謂論撰書禮樂施政事【釋文】姚信曰綸謂綱也【疏】　黄穎曰經論

匡濟也【釋文】李氏曰：雲陰也，雷陽也，陰陽二氣相激薄而未通，感情不相得，故難生也。君子處屯難之時，不得安然无事，經營綸理以輔屯難也。【口訣義】

初九：磐桓，利居貞，利建侯。【釋文】磐本亦作盤，又作槃。

【解】虞翻曰：震起艮止，動乎險中，故盤桓。得正得民，故利居貞。謂君子居其室，愼密而不出也。

【注】處屯之初，動則難生，不可以進，故磐桓也。處此時也，其利安在？不唯居貞建侯乎？夫息亂以靜，守靜以侯，安民在正，宏正在謙。屯難之世，陰求於陽，弱求於強，民思其主之時也。初處其首而又下焉，爻備斯義，宜其得民也。

【集解】馬融曰：盤桓，旋也。【釋文】

象曰雖磐桓志行正也

解 荀爽曰盤桓者動而退也謂陽從二動而退居初雖盤桓得其正也

注 不可以進故磐桓也非爲晏安棄成務也故雖磐桓志行正也

以貴下賤大得民也

解 荀爽曰陽貴而陰賤陽從二來是以貴下賤所以得民也

注 陽貴而陰賤也

六二屯如邅如

解 荀爽曰陽動而止故屯如也陰乘於陽故邅如也

注 志在乎五不從於初屯難之時正道未行與初相近而不相得困於侵害故屯邅也

集解 子夏傳曰如辭也　馬融曰邅如難行不進之貌 并釋文

乘馬班如 釋文 乘繩證反子夏傳音繩班如鄭本作般 案 說文引易曰乘馬驙如

解 虞翻曰屯邅盤桓謂初也震爲馬作足二乘初故乘馬班躓也馬不進故班如也

注 將方屯難正道未通涉遠而行難可以進故曰乘馬班如也

集解 子夏傳曰班如相牽不進貌 釋文 馬融曰班班旋不進也 疏 鄭康成曰馬牝牡曰乘 釋文

匪寇婚媾女子貞不字十年乃字 釋文 媾本作冓本或作構者非

解 虞翻曰匪非也寇謂五坎爲寇盜應在坎故匪寇陰陽德正故婚媾字妊娠也三失

位變復體離離爲女子爲大腹故稱字今失
位爲坤離象不見故女子貞不字坤數十三
動反正離女大腹故十年
反常乃字謂成既濟定也

【注】寇謂初也无初之難則與五婚矣故曰匪寇婚媾也志在於五不從於初故曰女子貞不字也屯難之世勢不過十年者也十年則反常反常則本志斯獲矣故曰十年乃字

【集解】馬融曰重婚曰媾 鄭康成曰冓猶會也【并釋文】

象曰六二之難乘剛也

【解】崔憬曰下乘初九故爲之難也

十年乃字反常也

【解】九家易曰陰出於坤今還爲坤故曰反常也陰出於坤謂乾再索而得坎今變成震

中有坤體，故言陰出於坤，今還於坤，謂二從初即逆，應五順也。去逆就順，陰陽道正，乃能長養，故曰十年乃字。

六三：即鹿无虞，惟入於林中。【釋文】即鹿，王肅作麓。

【解】虞翻曰：即，就也。虞謂虞人，掌禽獸者。艮爲山，山足稱麓，麓，林也。三變體坎，坎爲藂木，山下，故稱林中。坤爲兕虎，震爲麋鹿，又爲驚走，艮爲狐狼。三變禽走入於林中，故曰即鹿无虞，惟入林中矣。

【注】三既近五而無寇難，四雖比五，其志在初，不妨已路，可以進而无屯邅也。見路之易，不揆其志，五應在二，往必不納，何異无虞以從禽乎？雖見其禽而无其虞，徒入於林中，其可獲乎？

【集解】王肅曰麓山足也【釋文】

君子幾不如舍往吝【釋文】幾徐音祈辭也又音機近也速也鄭作機舍式夜反徐音捨吝力刃反又力慎反

【集解】虞翻曰君子謂陽已正位幾近舍置吝疵也三應於上之應歷險不可以往動如失位故不如舍之往必吝窮矣

【案】幾辭也夫君子之動豈取恨辱哉故不如舍往吝窮也

【集解并釋文】馬融曰吝恨也　鄭康成曰機弩牙也　王弼曰見情者獲直往即違

【口訣義】

象曰即鹿无虞以從禽也【釋文】以從如字鄭黄子用反

解 案曰虎通云禽者何鳥獸之總名爲人所禽制也即比卦九五爻辭王用三驅失前禽是其義也

君子舍之往吝窮也

解 崔憬曰君子見動之微逆知无虞則不如舍勿往往必吝窮也

六四乘馬班如

解 虞翻曰謂三已變坎爲馬故曰乘馬馬在險中故班如也或說乘初初爲建侯安得乘之也

求婚媾往吉无不利

解 崔憬曰屯難之時勿用攸往初雖作應班如不進既比於五來求婚男求女生吉无

不利

注二雖比初執貞不從不害巳志者也求與合好往必見納矣故曰往吉无不利

象曰求而往明也

解虞翻曰之外稱往體離故明也

注見彼之情狀也

九五屯其膏

解虞翻曰坎雨稱膏詩云陰雨膏之是其義也

小貞吉大貞凶

解崔憬曰得屯難之宜有膏澤之惠謂與四爲婚媾施雖未光小貞之道也故吉至於

遠求嘉偶以行大正赴二之應冒難攸往固宜且猶病諸凶故曰大貞凶也

注 處屯難之時居尊位之上不能恢宏博施无物不與拯濟微滯亨于羣小而繫應在二屯難其膏非能光其施者也固志同好不容他間小貞之吉大貞之凶

象曰屯其膏施未光也

解 虞翻曰陽陷陰中故未光也

上六乘馬班如

解 虞翻曰乘五坎爲馬震爲行艮爲止馬行而止故班如也

泣血漣如 案漣說文引作㦁

解 九家易曰上六乘陽故班如也下二四爻雖亦乘陽皆更得承五憂解難除今上无

所復承憂難不解故泣血漣如也體坎爲血伏離爲目巽艮爲手掩目流血泣之象也

注 處險難之極下无應援進无所適雖比於五五屯其膏不與相得居不獲安行无所適窮困闉厄无所委仰故泣血漣如

象曰泣血漣如何可長也

解 虞翻曰謂三變時離爲目坎爲血震爲出血流出目故泣血漣如柔乘於剛故不可長也

䷃ 坎下艮上

蒙亨

解 虞翻曰艮三之二亨爲二震剛柔接故亨蒙以亨通行時中也 干寶曰蒙者離宮

陰也世在四八月之時降陽布德薺麥並生而息來在寅故蒙於世爲八月於消息爲正月卦也正月之時陽氣上達故屯爲物之始生蒙爲物之穉也施之於人則童蒙也苟得其運雖蒙必亨故曰蒙亨此蓋以寄成王之遇周公也

【集解】蒙者蒙蒙物初生形是其未開著之名也人幼稚曰童未冠之稱亨者陽也【公】

【疏】

匪我求童蒙童蒙求我【釋文】童字書作僮

【集解】虞翻曰童蒙謂五艮爲童蒙我謂二也震爲動起嫌求之五故曰匪我求童蒙五陰求陽故童蒙求我志應也艮爲求二體師象坎爲經謂禮有來學無往教　陸績曰六五陰爻在蒙暗蒙又體艮少男故曰童蒙

【集解】鄭康成曰互體震而得中嘉會禮通陽自動其中德於地道之上萬物應之而萌芽生教授之師取象焉修道藝于其宗而童蒙者求爲之弟子非已乎求之也【公羊疏】又曰童未冠之稱【釋文】

初筮告再三瀆瀆則不告【釋文】三息暫反又如字【案】說文引作再三黷

【解】崔憬曰初筮謂六五求決於九二二則告之而三瀆謂三應于上四隔于二與二爲瀆故二不告也瀆古黷字也

【注】筮者決疑之物也童蒙之來求我欲決所疑也決之不一不知所從則復惑也故初筮則告再三則瀆瀆蒙也能爲初筮其惟二乎以剛處中能斷夫疑者也

【集解】鄭康成曰：筮，問也。瀆，褻也。弟子初問則告之以事義，不思其三隅相況以反解而筮者，此勤師而功寡，學者之災也。瀆筮則不復告，欲令思而得之，亦所以利義而幹事也。【公羊疏】

利貞、

【解】虞翻曰：二五失位，利變之正，故利貞。

【注】蒙之所利，乃利正也。夫明莫若聖，昧莫若蒙，蒙以養正，乃聖功也。然則養正以明，失其道矣。

彖曰：蒙，山下有險，險而止，蒙。

【解】侯果曰：艮爲山，坎爲險，是山下有險。險被山止，止則未通，蒙昧之象也。

注退則困險進則閡山不知所適蒙之義也

集解楊乂曰險而止山也險而動泉也動靜皆蒙險御覽

彖曰：蒙以亨行時中也釋文時中張仲反又如字和也

解荀爽曰此本艮卦也案二進居三三降居二剛柔得中故能通發蒙時令得時中矣故曰蒙亨以亨行時中也

注時之所願惟願亨也以亨行之得時中也

匪我求童蒙童蒙求我志應也釋文求我一本來求我

解荀爽曰二與五志相應也

注我謂非童蒙者也非童蒙者即陽也凡不識者求問識者不求所告闇者求明明者

不諮於闇，故蒙之爲義，匪我求童蒙，童蒙求我也。童蒙之來求我，志應故也。

初筮告，以剛中也。

【解】崔憬曰：以二剛中能發於蒙也。

【注】謂二也。二爲衆陰之主也。无剛失中，何繇得初筮之告乎。

再三瀆，瀆則不告，瀆蒙也。

【解】荀爽曰：再三謂三與四也，皆乘陽不敬，故曰瀆。瀆不能尊陽，蒙氣不除，故曰瀆蒙也。

蒙以養正，聖功也。

【解】虞翻曰：體頤，故養。五多功，聖謂二，二志應五，變得正而亡其蒙，故聖功也。干寶曰：武王之崩，年九十三矣，而成王八歲，言天後成王之年，將以養公正之道，而成三聖之功

象曰山下出泉蒙

解虞翻曰艮爲山震爲出坎象流出故山下出泉

注山下出泉未知所適蒙之象也

君子以果行育德

解虞翻曰君子爲二艮爲果震爲行育養也二至上有頤養象故以果行育德也

注果行者初筮之義也育德者養正之功也

初六發蒙利用刑人用說桎梏以往吝**釋文**說吐活反徐又音稅**案**說文引作以往遴遴行難也凡易內往吝往見吝以往吝皆當從此非悔吝之字也說文又引作以往吝者意後人所增

解 虞翻曰：發蒙之正，初爲蒙始而失其位，發蒙之正以成兌，兌爲刑人，坤爲用，故曰利用刑人矣。坎爲穿木，震足艮手，互與坎連，故稱桎梏。初發成兌，兌爲說，坎象毀壞，故曰用說桎梏。之應歷險，故以往吝。吝，小疵也。干寶曰：初六戊寅，平明之時，天光照，故曰發蒙。此成王始覺周公至誠之象也。坎爲法律，寅爲貞廉，以貞用刑，故利用刑人矣。此成王將正四國之象也。說，解也。正四國之罪，宜釋周公之黨，故曰用說桎梏。旣感金縢之文，追恨昭德之晚，故曰以往吝。初二失位，吝之由也。

注 處蒙之初，二照其上，故蒙發也。蒙發疑明，刑說當也。以往吝，刑不可長。

集解 鄭康成曰：木在足有桎，在手曰梏。**周禮疏**

象曰：利用刑人，以正法也。

【疏】虞翻曰坎爲法初發之正故正法也

【注】刑人之道道所惡也以正法制故刑人也

九二包蒙吉納婦吉子克家

【解】虞翻曰坤爲包應五據初一與三四同體包養四陰故包蒙吉震剛爲夫伏巽爲婦二以剛接柔故納婦吉二稱家震長子主器者納婦成初故有子克家也

【注】以剛居中童蒙所歸包而不距則遠近咸至故包蒙吉也婦者配己而成德者也體陽而能包蒙以剛而能居中以此納配物莫不應故納婦吉也處於卦內以剛接柔親而得中能幹其任施之於子克家之義

【集解】鄭康成曰苞當作彪彪文也【釋文】

象曰子克家剛柔接也

六三勿用取女見金夫不有躬无攸利 **釋文** 取本又作娶

解 虞翻曰謂三誠上也金夫謂二初發成兌故三稱女兌爲見陽稱金震爲夫三逆乘二陽所行不順爲二所淫上來之三陟陰故曰勿用取女見金夫矣坤身稱躬三爲二所乘兌澤動下不得之應故不有躬失位多凶故无攸利也

注 童蒙之時陰求於陽晦求於明各求發其昧者也六三在下卦之上上九在上卦之上男女之義也上不求三而三求上女先求男者也女之爲體正行以待命者也見剛夫而求之故曰不有躬也施之於女行在不順故无用取女而无攸利

象曰勿用取女行不順也

解 虞翻曰失位乘剛故行不順也

六四困蒙吝

注 獨遠於陽處兩陰之中闇莫之發故曰困蒙也困於蒙昧不能比賢以發其志亦以鄙矣故曰吝也

象曰困蒙之吝獨遠實也

注 陽稱實也

六五童蒙吉

解 虞翻曰艮爲童蒙處貴承上有應於二動而成巽故吉也

注　以夫陰質居於尊位不自任察而委於二付物以能不勞聰明功斯克矣故曰童蒙吉

象曰童蒙之吉順以巽也

解　荀爽曰順以上巽於二有似成王任用周召也

注　委物以能不先不爲順以巽也

集解　鄭康成曰巽當作遜　釋文　褚氏曰順者心不違也巽者外迹相卑下也　疏

上九擊蒙不利爲寇利禦寇　釋文　擊馬鄭作繫

解　虞翻曰體艮爲手故擊謂五已變上動成坎稱寇而逆乘陽故不利爲寇矣禦止也此寇謂二坎爲寇巽爲高艮爲山登山備下順有師象故利禦寇也

注 處蒙之終以剛居上能擊去童蒙以發其昧者也故曰擊蒙也童蒙願發而已能擊去之合上下之願故莫不順也爲之扞禦則物咸附之若欲取之則物咸叛矣故不利爲寇利禦寇也

集解 王肅曰擊治也

象曰利用禦寇上下順也

解 虞翻曰自上禦下故順也

䷄ 乾下坎上

需有孚光亨貞吉 **釋文** 需字從雨重而者非有孚徐音敷信也又作旉光師讀絕句亨貞吉一句何馬鄭總爲一句

解 虞翻曰大壯四之五孚謂五離日爲光四之五得位正中故光亨貞吉謂壯于大輿之輹也

集解 鄭康成曰需讀爲秀陽氣秀而不直前者畏上坎也 釋文

利涉大川

解 何妥曰大川者大難也須之待時本欲涉難既能以信而待故可利涉大川矣

彖曰需須也險在前也

解 何妥曰此明得名由於坎也坎爲險也有險在前不可妄涉故須待時然後動也

剛健而不陷其義不困窮矣

解 侯果曰乾體剛健遇險能通險不能險義不窮也

需有孚光亨貞吉位乎天位以正中也【釋文】位乎如字鄭音涖【案】唐石經乎作于

【解】蜀才曰此本大壯卦案六五降四有孚光亨貞吉九四升五位乎天位以正中也

【注】謂五也位乎天位用其中正以此待物需道畢矣故光亨貞吉

利涉大川往有功也

【解】虞翻曰謂二失位變而涉坎坎爲大川得位應五故利涉大川五多功故往有功也

【注】乾德獲進往輒亨也

象曰雲上於天需【釋文】王肅本作雲在天上【案】李鼎祚本及史氏口訣義皆於作于

解　宋衷曰雲上於天須時而降也

集解　干寶曰上升也　釋文

君子以飲食宴樂　釋文　宴烏練反徐烏殄反安也李軌烏衍反

解　虞翻曰君子謂乾坎水兌口水流入口爲飲二失位變體噬嗑爲食故以飲食陽在內稱宴大壯震爲樂故宴樂也

注　童蒙已發盛德光亨飲食宴樂其在茲乎

集解　鄭康成曰宴享宴也干寶曰宴安也　并釋文

初九需于郊利用恒无咎

解　干寶曰郊乾坎之際也既已受命進道北郊未可以進故曰需于郊處不避污出不

辭難臣之常節也得位有應故曰利用恒雖小稽留終于必達故曰无咎

【注】居需之時最遠於難能抑其進以遠險待時雖不應幾可以保常也

象曰需於郊不犯難行也利用恒无咎未失常也【釋文】利用恒本亦有无咎者

九二需于沙小有言終吉【釋文】于沙鄭作沚

【疏】虞翻曰沙謂五水中之陽稱沙也二變之險稱小大壯震爲言兌爲口四之五震象半見故小有言五二變應之故終吉

【注】轉近于難故曰需於沙也未至致寇故曰小有言也近不逼難遠不後時履健居中以待其會雖小有言以吉終也

【集解】鄭康成曰沙接水者【詩疏】【案】沙當作沚【釋文】作沚沚者字之譌也

象曰需于沙衍在中也【釋文】衍以善反徐怡戰反

【解】荀爽曰二應于五水中之剛故曰沙知前有沙漠而不進也體乾處和美德優衍在中而不進也　虞翻曰曰衍流也中謂五也

雖小有言以吉終也

【解】荀爽曰二與四同功而三據之故小有言乾雖在下終當升上二當居五故終吉也

九三需于泥致寇至【釋文】寇鄭王肅本作戎

【解】荀爽曰親與坎接故稱泥須止不進不取于四不致寇害

【注】以剛逼難欲進其道所以招寇而致敵也猶有須焉不陷其剛寇之來也自我所招

敬慎防備
可以不敗

象曰需於泥災在外也【案】宋石經災作灾

【解】崔憬曰泥近乎外者也三逼於坎坎爲險盜故致寇乎是災在外也

自我致寇敬慎不敗也

【解】虞翻曰離爲戎乾爲敬陰消至五遁臣將弑君四上壯坤故敬慎不敗也

六四需于血出自穴

【解】九家易曰雲從地出上升于天自地出者莫不由穴故曰需於血出自穴也　案六四體坎坎爲雲又爲血卦血以喻陰陰體卑弱宜順從陽故曰需於血

【注】凡稱血者陰陽相傷者也陰陽相近而不相得陽欲進而陰塞之則相害也穴者陰

之路也處坎之始居穴者也九三剛進四不能距見侵則辟順以聽命者也故曰需於血出自穴也

象曰需於血順以聽也

解 九家易曰雲欲升天須時當降順以聽五五爲天也

九五需於酒食貞吉

解 荀爽曰五互離坎水在火上酒食之象需者飲食之道故坎在需家爲酒食也雲須時欲降乾須時當升五有剛德處中居正能帥羣陰舉坎以降陽能正居其所則吉故曰需於酒食也

注 需之所須以待達也已得天位暢其中正无所復須故酒食而已獲貞吉也

象曰酒食貞吉以中正也

解 九家易曰謂乾二當升五正位者也

盧氏曰沉酒則凶中正則吉也

上六入於穴

解 荀爽曰須道已終雲當下入穴也雲上升極則降而爲雨故詩云朝隮於西崇朝其雨則還入地故曰入於穴雲雨入地則下三陽動而自至者也

注 六四所以出自穴者以不與三相得而塞其路不辟則害故不得不出自穴而辟之也至於上六處卦之終非塞路者也與三爲應三來之已乃爲已援故无畏害之辟而乃有入穴之固也

有不速之客三人來敬之終吉

【解】荀爽曰：三人謂下三陽也須時當升非有召者故曰不速之客焉乾升在上君位以定坎降居下當循臣職故敬之終吉也

【注】三陽所以不敢進者須難之終也難終則至不待召也已居難終故自來也居无位之地以一陰而爲三陽之主故必敬之而後終吉

【集解】馬融曰速召也【釋文】

象曰不速之客來敬之終吉雖不當位未大失也

【解】荀爽曰上降居三雖不當位承陽有實故終吉无大失矣

【注】處无位之地不當位者也敬之則得終吉雖不當位未大失也

䷅ 坎下乾上

訟有孚

解 荀爽曰陽來居二而孚于初故曰訟有孚矣 干寶曰訟離之遊魂也離爲戈兵此天氣將刑殺聖人將用師之卦也訟不親也兆民未識天命不同之意

集解 鄭康成曰辯財曰訟 釋文

窒惕中吉 釋文 窒張栗反徐得悉反又得失反馬作咥惕王注或在惕字上或在下皆通在中吉下者非也如字馬丁仲反有孚窒爲一句惕中吉爲一句

解 虞翻曰遁三之二也孚謂二窒塞止也惕懼二也二失位故不言貞遁將成否則子弑父臣弑君三來之二得中弑不得行故中吉也

【注】窒謂塞也能惕然後可以獲中吉

【集解】馬融曰咥讀爲躓猶止也【釋文】鄭康成曰咥覺悔貌【同】

終凶

【解】虞翻曰二失位終止不變則入于淵故終凶也

利見大人不利涉大川

【解】侯果曰大人謂五也斷決必中故利見也訟是陰事以險涉險故不利涉大川

【集解】周氏云與相爭必決襲謀當見墜於深泉也【口訣義】

彖曰訟上剛下險險而健訟

【解】盧氏曰險而健者恒好爭訟也

訟有孚窒惕中吉剛來而得中也

解蜀才曰此本遯卦按二進居三三降居二是剛來而得中也

終凶訟不可成也按李氏本于此條王肅注後引王弼注凡不和而訟至應其任矣此已見後文注中故不復錄

解王肅曰以訟成功者終必凶也案夫爲訟善聽之主者其在五焉何以明之案爻辭九五訟元吉王氏注云處得尊位爲訟之主用其中正以斷枉直卽彖云利見大人向中正是其義也九二象曰不克訟歸逋竄也自下訟上患至掇也九二居訟之時自救不暇訟旣不克懷懼逃歸僅得免其終凶禍豈能爲善聽之主哉年代綿流師資道喪恐傳寫字誤以五爲二後賢當審詳之也

利見大人尚中正也

解 荀爽曰二與四訟利見于五五以中正之道解其訟也

不利涉大川入於淵也

解 荀爽曰陽來居二坎在下爲淵

注 凡不和而訟无施而可涉難特甚焉唯有信而見塞懼者乃可以得吉也猶復不可終中乃吉也不塞其源使訟不至雖每不枉而訟至終竟此亦凶矣故雖復有信而見塞懼猶不可以爲終也故曰訟有孚窒惕中吉終凶也无善聽者雖有其實何由得明而令有信塞懼者得其中吉必有善聽之主焉其在二乎以剛而來正夫羣小斷不失中應斯在也

象曰天與水違行訟

【解】荀爽曰天自西轉水自東流上下違行成訟之象也

君子以作事謀始

【解】虞翻曰君子謂乾三來變坤爲作事坎爲謀乾知大始故以作事謀始　干寶曰省民之情以制作也武王故先觀兵孟津蓋以卜天下之心故曰作事謀始也

【注】聽訟吾猶人也必也使無訟乎无訟在於謀始謀始在於作制契之不明訟之所以生也物有其分起契之過職不相亂爭何由興訟之所以起契之過也故有德司契而不責於人

初六不永所事小有言終吉

解 虞翻曰：永，長也。坤爲事，初失位而爲訟始，故不永所事也。小有言，謂初四易位成震言，三食舊德，震象半見，故小有言。初變得正，故終吉也。

注 處訟之始，訟不可終，故不永所事，然後乃吉。凡陽唱陰和，陰非先唱者也，四召而應，見犯乃訟。處訟之始，不爲訟先，雖不能不訟，而了訟必辯明矣。

象曰：不永所事，訟不可長也。雖小有言，其辯明也。

解 盧氏曰：初欲應四而二據之，蹔爭事不至永，雖有小訟，訟必辯明，故終吉。

九二：不克訟，歸而逋。釋文 逋，補吳反，徐方吳反。

解 虞翻曰：謂與四訟，坎爲隱伏，故逋。逋，乾位，剛在上，坎濡失正，故不克也。

【集解】東鄉助曰坎爲隱伏逋逃之象【會通】

其邑人三百戶无眚

【解】荀爽曰三不克訟故逋而歸坤稱邑二者邑中之陽人逋逃也謂逃失邑中之陽人

虞翻曰眚災也坎爲眚謂二變應五乾爲百坤爲戶三爻故三百戶坎化爲坤故无眚

【注】以剛處訟不能下物自下訟上宜其不克若能以懼歸竄其邑乃可以免災邑過三百非爲竄也竄而據强災未免也

【集解】子夏傳曰妖祥曰眚【釋文】馬融曰眚災也　鄭康成曰眚過也【并同】又曰小國之下大夫采地方一成其定稅三百家故三百戶也【禮記疏】又曰不易之田歲種之一易之田休一歲乃種再易之田休二歲乃種言至薄也苟自藏隱不敢與五爲敵則无

災眚

疏

象曰不克訟歸逋竄也自下訟上患至掇也

解 荀爽曰下爭上與即取患害如拾掇小物而不失也坤有三爻故云三百戶无眚二者下體之君君不爭則百姓无害也

集解 王肅曰若手拾掇物然

六三食舊德貞厲終吉

解 虞翻曰乾爲舊德食謂初四二已變之正三動得位體噬嗑食四變食乾故食舊德三變在坎正危貞厲得位二故終吉也

注 體夫柔弱以順於上不爲九二自下訟上不見侵奪保全其有故得食其舊德而不

失也居爭訟之時處兩剛之間而皆近不相得故曰貞厲柔體不爭繫應於上衆莫能傾故曰

終吉

或從王事无成

[illegible]虞翻曰乾爲王二變否時坤爲事故或從王事道无成而代有終故曰无成坤三同義也

[illegible]上壯爭勝難可忤也故或從王事不敢成也

象曰食舊德從上吉也

[illegible]侯果曰雖失其位專心應上故能保全舊恩食舊德者也處兩剛之間而皆近不相得乘二負四正之危也剛不能侵故終吉

九四不克訟復即命渝安貞吉

【集解】虞翻曰失位故不克訟渝變也不克訟故復位變而成巽巽爲命令故復即命渝動而得位故安貞吉謂二已變坤安也

【注】初辯明也處上訟下可以改變者也故其咎不大若能反從本理變前之命安貞不犯不失其道爲仁由已故吉從之

【集解】馬融曰渝變也　鄭康成曰渝然也【并釋文】

象曰復即命渝安貞不失也

【集解】侯果曰初既辯明四訟妄也訟既不克當反就前理變其訟命則安靜貞吉而不失初也

九五訟元吉

注 處得尊位爲訟之主用其中正以斷枉直中則不過正則不邪剛无所溺公无所偏故訟元吉

象曰訟元吉以中正也

解 王肅曰以中正之德齊乖爭之俗元吉也

上九或錫之鞶帶 釋文 錫星歷反又星白反賜也鞶徐云王肅作槃帶音帶亦作帶

解 虞翻曰錫謂王之錫命鞶帶大帶男子鞶革初四已易位三二之正巽爲腰帶故鞶帶

集解 馬融曰鞶帶大帶衣也 口訣義 鄭
虞成曰鞶帶佩鞶之帶 周禮疏

終朝三褫之 釋文 三息暫反或如字褫徐敕紙反又直是反本又作搋音同鄭本作拕徒可反

解 荀爽曰二四爭三三本下體取之有緣或者疑之辭也以三錫二於義疑矣爭競之世分理未明故或以錫二終朝者君道明三者陽成功也君明道盛則奪二與四故曰終朝三褫之也鞶帶宗廟之服三應于上上爲宗廟故曰鞶帶也　虞翻曰位終乾上二變時坤爲終離爲日乾爲甲日出甲上故稱朝應在三三變時艮爲手故終朝三褫之使變應已則去其鞶帶體乾乘陽故象曰不足敬也　侯果曰褫解乾爲衣爲言故以訟受服

崔憬曰上以六三錫下三陽羣剛交爭以得不讓故終一朝之閒各一奪之爲三褫

【注】處訟之極以剛居上訟而得勝者也以訟受錫榮何可保故終朝之間褫帶者三也【集解】馬融曰旦至食時爲終朝【釋文】鄭康成曰三拕三加之也【項安世玩辭】王肅曰褫解也【釋文】

象曰以訟受服亦不足敬也

【解】九家易曰初二三四皆不正以不正相訟而得其服故不足敬也　虞翻曰服謂鞶帶終朝見褫乾象毁壞故不足敬

䷆ 坎下坤上

師貞丈人吉无咎【釋文】師貞　丈人絕句

【解】何晏曰師者軍旅之名故周禮云二千五百人爲師也　陸績曰丈人者聖人也師

師未必聖人若漢高祖光武應此義也崔
憬曰子夏傳作大人並王者之師也案此
彖曰師衆貞正也能以衆正可以王矣故老
子曰域中有四大而王居其一焉由是觀之
則知夫爲王者必大人也豈以丈人而爲王
哉故乾文言曰夫大人與天地合德與日月
合明先天而天不違後天而奉天時天且不
違而況於人乎況於行師乎以斯而論子夏
傳作大人是也今王氏曲解大人爲丈人臆
云嚴莊之稱學不師古匪說攸聞既誤違於
經旨輒改正作大人明矣

注 丈人嚴莊之稱也爲師之正丈人乃吉
也興役動衆无功則罪故吉乃无咎也

集解 馬融曰二千五百人爲師 **釋文** 鄭康
成曰軍二千五百人爲師多以軍以名
次以師爲名少以旅爲名師者舉中之言 **王**
氏 又曰丈之言長能御衆有正人之德以

法度爲人之長吉而无咎謂天子諸侯主軍者【周禮疏】陸績曰師爲衆首法長而行【口訣義】

彖曰師衆也貞正也能以衆正可以王矣【釋文】以王如字徐又往況反

【解】荀爽曰謂二有中和之德而據羣陰上居五位可以王矣　虞翻曰坤爲衆謂二失位變之五爲比故能以衆正乃可以王矣

剛中而應行險而順

【解】蜀才曰此本剝卦案上九降二六二升上是剛中而應行險而順也

以此毒天下而民從之吉又何咎矣

解 干寶曰坎爲險坤爲順兵革刑獄所以險民也毒民於險中而得順道者聖王之所難也毒荼苦也五刑之用斬刺肌體六軍之鋒殘破城邑皆所以荼毒姦宄之人使服王之法者也故曰以此毒天下而民從之毒以治民明不獲已而用之故於彖象六爻皆著戒懼之辭也　崔憬曰剛能進義中能正衆既順且應行險戡暴亭毒天下人皆歸往而以爲王吉又何咎矣

注 毒猶役也

集解 馬融曰毒治也 **釋文**

象曰地中有水師

解 陸績曰坎在坤内故曰地中有水師衆也坤中衆者莫過於水

君子以容民畜衆【釋文】畜敕六反聚也王肅許六反

【解】虞翻曰君子謂二容寬也坤爲民衆又畜養也陽在寬以居之五變執言時有頤養象故以容民畜衆也矣

【集解】王肅曰畜養也【釋文】

初六師出以律否臧凶【釋文】否音鄙惡也馬鄭王肅方有反

【解】九家易曰坎爲法律也

【注】爲師之始齊師者也齊衆以律失律則散故師出以律律不可失失律而臧何異於否失令有功法所不赦故師出不以律否臧皆凶

象曰師出以律失律凶也

解　象初六以陰居陽履失其位位既非正雖令不從以斯行師失律者也凡首率師出必以律若不以律雖臧亦凶故曰師出以律失律凶矣

九二在師中吉无咎王三錫命　釋文　錫星歷反徐音賜鄭本作賜

解　九家易曰雖當爲王尚在師中爲天所寵事克功成故吉无咎二非其位蓋謂武王受命而未即位也受命爲王定天下以師故曰在師中吉

注　以剛居中而應於上在師而得其中者也承天之寵爲師之主任大役重无功則凶故吉乃无咎也行師得吉莫善懷邦邦懷衆服錫莫重焉故乃得成命

象曰在師中吉承天寵也　釋文　寵王肅作能

集解鄭康成曰寵光耀也王肅曰龍寵也并釋文

王三錫命懷萬邦也

解荀爽曰王謂二也三者陽德成也德純道盛故能上居王位而行錫命羣陰歸之故曰王三錫命懷萬邦也　案二互體震震木數三王三錫命之象周禮云一命受職再命受服三命受位是其義也

六三師或輿尸凶

解盧氏曰坤爲師坎爲車多眚同人離爲戈兵馬折首失位乘剛无應尸在車上故輿尸凶矣

注以陰處陽以柔乘剛進則无應退无所守以此用師宜獲輿尸之凶

象曰師或輿尸大无功也

解 盧氏曰失位乘剛內外无應以此用師師必大敗故有輿尸之凶功業大喪也

六四師左次无咎

解 荀爽曰左謂二也陽稱左次舍也二與四同功四承五五无陽故呼二舍於五四得承之故无咎

注 得位而无應无應不可以行得位則可以處故左次之而无咎也行師之法欲右背高故左次之

象曰左次无咎未失常也

解 崔憬曰偏將軍居左左次常備師也師順用柔與險无應進取不可次舍无咎得位故

也

【注】雖不能有獲，足以不失其常也。

六五：田有禽，利執言，无咎。【釋文】有禽，徐本作擒。

【解】荀爽曰：田，獵也。謂二帥師禽五，五利度二之命，執行其言，故无咎也。 案：六五居尊失位，在師之時，蓋由殷紂而被武王擒於鹿臺之類是也。以臣伐君，假言田獵。六五離爻，體坤，離爲戈兵，田獵行師之象也。 虞翻曰：田爲二，陽稱禽，震爲言，五失位，變之正，艮爲執，故利執言无咎。

【注】處師之時，柔得尊位，陰不先唱，柔不犯物，犯而後應，往必得直，故田有禽也。物先犯己，故可以執言而无咎也。

長子帥師弟子輿尸貞凶

解 虞翻曰長子謂二震爲長子在師中故帥師也弟子謂三三體坎坎震之弟而乾之子失位乘陽逆故貞凶

集解 莊氏曰長子謂九二德長於人也弟子謂六三德劣於物也 口訣義

象曰長子帥師以中行也

解 虞翻曰長子謂九二也五處中應二二受任帥師當上升五故曰長子帥師以中行也

弟子輿尸使不當也

解 宋衷曰弟子謂六三也失位乘陽處非所據衆不聽從師人分北或敗績死亡輿尸

而還故曰弟子輿尸
謂使不當其職也

上六大君有命

解 虞翻曰同人乾爲大君巽爲有命干寶曰大君聖人也有命天命也五常爲王位至師之家而變其例者上爲郊也故易位以易武王親征與師人同處於野也離上九曰王用出征有嘉折首上六爲宗廟武王以文王行故正開國之辭於宗廟之爻明已之受命文王之德也故書泰誓曰予克紂非予武惟朕文考无罪受克予非朕文考有罪惟予小子无良開國封諸侯也承家立都邑也小人勿用非所能矣

集解 鄭康成曰命所受天命也 文選注

開國承家

解宋衷曰湯當之五處坤之中故曰開國陰下之二在二承五故曰承家開國謂析土地以封諸侯如武王封周公七百里地也承家立大夫為差次立大夫因采地名正其功勳行其賞祿

荀爽曰大君謂二師旅已弒既上居五當封賞有功立國命家也開國封諸侯承家立大夫

虞翻曰承受也坤為國二稱家謂變乾為坤欲令二上居五為比故開國承家

小人勿用

解虞翻曰陰稱小人坤虛無君體迷復因坤成乾滅以息君故小人勿用

注處師之極師之終也大君之命不失功也開國承家以寧邦也小人勿用非其道也

象曰大君有命以正功也

解虞翻曰謂五多功五動正位故正功也

干寶曰湯武之事

小人勿用必亂邦也

解 虞翻曰坤反君道故亂邦　干寶曰楚靈齊閔窮兵之禍也

䷇ 坤下坎上

比吉 **釋文** 比毗志反徐又補履反

解 子夏傳曰地得水而柔水得地而流比之象也夫凶者生乎乖爭今既親比故云比吉也　虞翻曰師二上之五得位衆陰順從比而輔之故吉與大有旁通

原筮元永貞无咎不寧方來後夫凶

解 虞翻曰水性流動故不寧坤陰爲方上下應之故方來也後謂上夫謂五也坎爲後艮爲背上位在背後無應乘陽故後夫凶也　干寶曰比者坤之歸魂也亦也於七月而

息來在已去陰居陽承乾之命義與師同也原卜也周禮三卜一曰原兆坤德變化反歸其所四方既同萬國既親故曰比吉考之蓍龜以謀王業大相東土卜惟洛食遂乃定鼎郟鄏卜世三十卜年七百德善長於兆民戩祿永於被業故曰原筮元永貞逆取順守居安如加危故曰无咎天下歸德不唯一方故曰不寧方來後服之夫違天失人必災其身故曰後夫凶也

彖曰比吉也比輔也下順從也

解 崔憬曰下比於上是下順也

原筮元永貞无咎以剛中也

解 蜀才曰此本師卦案六五降二九二升五剛往得中爲比之主故能原究筮道以求

長正而无咎矣

注 處比之時將原筮以求无咎其唯元永貞乎夫羣黨相比而不以元永貞則凶邪之道也若不遇其主則雖永貞而猶未足免於咎也使永貞而无咎者其唯九五乎

不寧方來上下應也

注 上下无陽以分其民五獨處尊莫不歸之上下應之既親且安安則不安者託焉故不寧方所以來上下應故也夫无者求有有者不求所與危者求安安者不求所保火有其炎寒者附之故已苟安焉則不寧方來矣

後夫凶其道窮也

解 荀爽曰後夫謂上六逆禮乘陽不比聖王其義當誅故其道窮凶也

【注】將合和親而獨在後親成則誅是以凶也

象曰地上有水比

【解】何妥曰水性順下今在地上更相浸潤比之義也

先王以建萬國親諸侯

【解】虞翻曰先王謂五初陽已復震爲建爲諸侯坤爲萬國爲腹坎謂心腹心親比故以建萬國親諸侯詩曰公侯腹心是其義也

【注】萬國以比建諸侯以比親

【集解】鄭康成曰維諸侯使諸侯相親遞相朝聘【周禮疏】

初六有孚比之无咎

解 荀爽曰初在應外以喻殊俗聖王之信光被四表絕域殊俗皆來親比故无咎也

虞翻曰孚爲五初失位變來得正故无咎也

注 處比之始爲比之首者也夫以不信爲比之首則禍莫大焉故必有孚盈缶然後乃得免比之咎故曰有孚比之无咎也

有孚盈缶終來有它吉 釋文 有它敕多反本亦作他

解 虞翻曰坤器爲缶坎水流坤初動成屯屯者盈也故盈缶終變得正故終來有它吉在內稱來也

注 處比之首應不在一心无私吝則莫不比之著信立誠盈溢乎質素之器則物終來无衰竭也親乎天下著信盈缶應者豈一道而來故必有他吉也

【集解】子夏傳曰非應稱他也【程迥古占法】鄭康成曰爻辰在未上值東井井之水人所汲用缶缶汲器也【詩疏】

象曰比之初六有它吉也

【解】荀爽曰缶者應內以喻中國孚既盈滿中國終來及初非應故曰它也象曰有它吉者謂信及非應然後吉也

六二比之自內貞吉

【解】干寶曰二在坤中坤國之象也得位應五而體寬大君樂民人自得之象也故曰比之自內貞吉矣

【注】處比之時居中得位而繫應在五不能來他故得其自內貞吉而已

象曰比之自內不自失也

解 崔憬曰自內而比不失已親也

六三比之匪人**釋文**王肅本作匪人凶

解 虞翻曰匪非也失位无應三又多凶體剝傷象弑父弑君故曰匪人四自外比二爲五應進近不相得遠則无

注 應所與比者皆非已親故曰比之匪人

集解 馬融曰匪非也**釋文**魏徵曰二四雖近而不相得又柔諂非已所親故曰匪人**提要**

象曰比之匪人不亦傷乎

解 干寶曰六三乙卯坤之鬼吏在比之家有土之君也周爲木德卯爲木辰同姓之國

也爻失其位辰體陰賊管蔡之象也比建萬國唯去此人故曰比之匪人不亦傷王政也

六四外比之貞吉

解 虞翻曰在外體故稱外得位比賢故貞吉也

注 外比於五履得其位比不失賢處不失位故貞吉也

集解 陸希聲曰內比之者以專其應爲比外比之者以非其應爲比 **撮要**

象曰外比於賢以從上也

集解 干寶曰四爲三公在比之象而得其位上比聖主下御列國方伯之象也能外親九服賢德之君務宣上志綏萬邦也故曰外比於賢以從上也

九五顯比

解虞翻曰五貴多功得位正中初三以變體重明故顯比謂顯諸仁也

注爲比之主而有應在二顯比者也比而顯之則所親者狹矣

王用三驅失前禽釋文驅徐云鄭作敺

解虞翻曰坎五稱王三驅謂驅下三陰不及於初故失前禽謂初已變成震震爲鹿爲驚走鹿之斯奔則失前禽也

注夫无私於物唯賢是與則去之與來皆无失也夫三驅之禮禽逆來趣已則舍之背已而走則射之愛於來而惡於去也故其所施常失前禽也以顯比而居下位用三驅之道者也故曰王用三驅失前禽也

集解馬融曰三驅者一曰乾豆二曰賓客三曰君庖釋文鄭康成曰王因天下顯

習兵於蒐狩焉【周禮疏】又曰王者習兵於蒐狩驅禽而射之三則已法軍禮也失前禽者謂禽在前者不逆而射之旁去又不射唯背走者順而射之不中則已是其所以失之用兵之法亦如之降者不殺奔者不禦皆爲敵不敵已加以仁恩養威之道【春秋疏】先儒曰三驅三度驅禽而射之也三度則已【疏】褚氏曰三面著人驅禽必知三面者禽唯有背已向已趣已故左右及於後皆有驅之【同】

邑人不誡吉

【解】虞翻曰坤爲邑師震爲人師時坤虛无君使師二上居五中故不誡吉也

【注】用其中正征討有常伐不加邑動必討叛邑人无虞故不誡也雖不得乎大人之吉是顯比之吉也此可以爲上之使非爲上道也

象曰顯比之吉位正中也

解 虞翻曰謂離象明正上中也

舍逆取順失前禽也

解 虞翻曰背上六故舍逆據三陰故取順不及初故失前禽

邑人不誡上使中也

解 虞翻曰謂二使師二上居五中

上六比之无首凶

解 荀爽曰陽欲无首陰以大終陰而无首不以大終故凶也 虞翻曰首始也陰道无成而代有終无首凶

注 无首後也處卦之終是後夫也親道已成无所與終爲時所棄宜其凶也

象曰比之无首无所終也

解 虞翻曰迷失道故无所終也

乾下
巽上

小畜亨 **釋文** 小畜本又作蓄同敕六反積也聚也鄭許六反養也

解 侯果曰四爲畜主體又稱小唯九三被畜下剛皆通是以小畜亨也

注 不能畜大止健剛志故行是以亨

集解 鄭康成曰畜養也 **釋文**

密雲不雨自我西郊

解 崔憬曰雲如不雨積我西邑之郊施澤未通以明小畜之義　案雲雨者陰之氣也今小畜五陽而一陰既微少纔作密雲故未能爲雨四互居兌西郊之象也

彖曰小畜柔得位而上下應之曰小畜

注 謂六四也成卦之義在此爻也體无二陰以分其應故上下應之也既得其位而上下應之三不能陵小畜之義

健而巽剛中而志行乃亨

解 虞翻曰需上變爲巽與豫旁通就四之坤初爲復小陽潛所畜者少故曰小畜二失位五剛中正二變應之故志行乃亨也

密雲不雨尚往也

解 虞翻曰：密，小也。兌爲密，需坎升天爲雲，墜地稱雨。上變爲陽，坎象半見，故密雲不雨，上往也。

自我西郊，施未行也。

解 荀爽曰：體兌位秋，故曰西郊也。時當收斂，臣不專賞，故施未行，喻文王也。虞翻曰：豫坤爲自我，兌爲西，乾爲郊，雨生於西，故自我西郊。九二未變，故施未行矣。

注 小畜之勢足作密雲，乃自我西郊，未足以爲雨也。何由知未能爲雨？夫能爲雨者，陽上薄陰，陰能固之，然後烝而爲雨。今不能制初九之復道，固九二之牽復，九三更以不能復爲劣也。下方尚往，施豈得行？故密雨而不能爲雨，尚往故也。何以明之？夫陰能固之然能乃雨，今上九獨能固九三之路，故九三不可以進而輿說輻也。能固其路而安於上，故得旣雨旣處若四五皆能若上九之善畜則能雨明矣故畢一卦而論之能爲小畜密雲而已陰苟不足以固陽則復至盛密雲自我西郊故不能雨也雨之未下卽施之未行也象全論一卦之體故曰密雲不雨象各言一爻之德故曰旣雨旣處也

象曰風行天上小畜

解 九家易曰風者天之命令也今行天上則是令未下行畜而未下小畜之象也

君子以懿文德

解 虞翻曰君子謂乾懿美也遜坤爲文乾爲德離爲明初至四體夬爲書契乾離照坤故懿文德也

注 未能行其施者故可以懿文德而已

初九復自道何其咎吉

解 虞翻曰謂從巽四之初成復卦故復自道出入无疾朋來无咎何其咎吉乾稱道也

注 處乾之始以升巽初四爲已應不距已者也以陽升陰復自其道順自其道順而无違何所犯咎得義之吉

象曰復自道其義吉也

九二牽復吉

解 崔憬曰四柔得位羣剛所應二以中和牽復自守不失於行也

注 處乾之中以升巽五五非畜極非固已者也雖不能若陰之不違可牽以獲復是以吉也

象曰牽復在中亦不自失也

【解】虞翻曰變應五故不自失與比二同義也

九三輿說輻【釋文】輻音福本亦作輹音服

【解】虞翻曰逸坤爲車爲輹至三成乾坤象不見故車說輻馬君及俗儒皆以乾爲車非也

【注】上爲畜盛不可牽征以斯而進故必說輻也

【集解】子夏傳曰輻車劇也【疏】馬融曰輻車下縛也【釋文】鄭康成曰輻伏菟也【疏】又曰謂輿下縛木與軸相連鉤心之木是也【疏】

夫妻反目

解 虞翻曰逸震爲夫爲反巽爲妻離爲目今夫妻共在四離火動上目象不正巽多白眼夫妻反目妻當在內夫當在外今妻乘夫而出在外象曰不能正室三體離需飲食之道飲食有訟故爭而反目也

注 已爲陽極上爲陰長畜於陰長不能自復方之夫妻反目之義也

象曰夫妻反目不能正室也

解 九家易曰四互體離離爲目也離既不正五引而上三引而下故反目也輿以輪成車夫以妻成室今以妻乘夫其道逆故不能正室

六四有孚血去惕出无咎

解 虞翻曰孚謂五逸坎爲血爲惕惕憂也震爲出變成小畜坎象不見故血去惕出得

位承五故无咎也

注 夫言血者陽犯陰也四乘於三近不相得三務於進而已隔之將懼侵克者也上亦惡三而能制焉志與上合共同斯誠三雖逼已而不能犯故得血去懼除保无咎也

集解 馬融曰血當作恤憂也 釋文

象曰有孚惕出上合志也

解 荀爽曰血以喻陰四陰臣象有信順五惕疾也四當去初疾出從五故曰上合志也

九五有孚攣如富以其鄰 釋文 攣力專反徐又力轉反子夏傳作戀

解 虞翻曰孚五謂二也攣引也巽爲繩逸艮爲手二失位五欲其變故曰攣如以及也五貴稱富鄰謂三兌西震東稱鄰二變承上故富以其鄰象曰不獨富二變爲既濟與東

西鄰同義

【注】處得尊位不疑於二來而不距二牽已攣不爲專固有孚攣如之謂也以陽居陽處實者也居盛處實而不專固富以其鄰者也

【集解】子夏傳曰攣戀思也【釋文】馬融曰攣連也【同】史徵曰五處尊位富貴昌盛不獨已有而與於鄰鄰謂二也

象曰有孚攣如不獨富也

【解】九家易曰有信下三爻也體巽故攣如如謂連接其鄰鄰謂四也五以四陰作財與下三陽共之故曰不獨富也

上九既雨既處尚德載婦貞厲

解 虞翻曰既已也應在三坎雩爲雨巽爲處謂二已變三體坎雨故既雨既處坎雲復天坎爲車積載在坎上故上得積載巽爲婦坎成巽壞故婦貞厲

注 處小畜之極能畜者也陽不獲亨故既雨也剛不能侵故既處也體巽處上剛不敢犯尚德者也爲陰之長能畜剛健德積載者也婦制其夫臣制其君雖貞近危故曰婦貞厲也

月幾望君子征凶 釋文 幾徐音祈又音機子夏傳作近

解 虞翻曰幾近也坎月離日上已正需時成坎與離相望兌西震東日月象對故月幾望上變陽消之坎爲疑故君子征有所疑矣與歸妹中孚月幾望義同也

注 陰之盈盛莫盛於此故曰月幾望也滿而又進必失其道陰疑於陽必見戰伐雖復

君子以征必凶

故曰君子征凶

象曰既雨既處德積載也

解虞翻曰巽消承坎故德積載坎習爲積也

君子征凶有所疑也

解虞翻曰變坎爲盜故有所疑也

注夫處下可以征而无咎者唯泰也則然坤本體下又順而弱不能敵剛故可以全其類征而吉也自此以往則其進各有難矣夫巽雖不能若艮之善畜猶不肯爲坤之順從也故可得少進不可盡陵也是以初九九五其復則可至於九三則輿說輻也夫大畜者畜之極也畜而不已畜極則通是以其畜之盛在於四五至於上九道乃大行小畜積極

而後乃能畜是以四五可
以進而上九說征之輻

䷉ 兌下
乾上

履虎尾不咥人亨【校】李氏本亨下有利貞

【解】虞翻曰謂變訟初爲兌也與謙旁通以坤履乾以柔履剛謙坤爲虎艮爲尾乾爲人乾兌乘謙震足蹈艮履虎尾兌悅而應虎口與上絶故不咥人剛當位故通俗儒皆以兌爲虎乾履兌非也兌剛鹵非柔也

【集解】馬融曰咥齕也【釋文】鄭康成曰噬齧也【文選注】楊方曰夫鳥遊曠澤之地而凡翮者萬群虎居叢林之藪而接豪者千數【御覽】先儒云統之於心曰禮踐而行之曰履□【訣義】

彖曰履柔履剛也

解　荀爽曰謂三履二也二五无應故无元以乾履兑故有通六三履二非和正故云利貞也　虞翻曰坤柔乾剛謙坤籍乾故柔履剛

注　凡彖者言乎一卦之所以爲主也成卦之體在六三也履虎尾者言其危也三爲履主以柔履剛履危者也

說而應乎乾

解　九家易曰動來爲兑而應上故曰說而應乎乾也以喻一國之君應天子命以臨下承上以巽據下以悅其正應天故虎爲之不咥人也　虞翻曰說兑也明兑不履乾故言應也

是以履虎尾不咥人亨

解 九家易曰虎尾謂二也三以悅道履五之應上順於天故不咥人亨也能巽說之道順應於五故雖踐虎不見咥噬也太平之代虎不食人亨謂於五也

注 履虎尾有不見咥者以其說而應乎乾也乾剛正之德者也不以說行夫佞邪而以說應乎乾宜其履虎尾不見咥而亨

剛中正履帝位而不疚光明也 釋文 疚陸本作疾

解 虞翻曰剛中正謂五謙震爲帝五帝位坎爲疾病乾爲大明五履帝位坎象不見故履帝位而不疚光明也

注 言五之德

【集解】馬融曰疚病也【釋文】

象曰上天下澤履君子以辯上下定民志

【解】虞翻曰君子謂乾辨別也乾天爲上兌澤爲下謙坤爲民坎爲志謙時坤在乾上變而爲履故辨上下定民志也

初九素履往无咎

【解】虞翻曰應在巽爲白故素履四失位變往得正故往无咎初已得正使四獨變在外稱往象曰獨行願也

【注】處履之初爲履之始履道惡華故素乃无咎處履以素何往不從必獨行其願物无犯也

象曰：素履之往，獨行願也。

【解】荀爽曰：初九者，潛位，隱而未見，行而未成。素履者，謂布衣之士，未得居位，獨行禮義，不失其正，故无咎也。

九二：履道坦坦，幽人貞吉。

【解】虞翻曰：二失位，變成震，爲道，爲大塗，故履道坦坦。訟時二在坎獄中，故稱幽人。之正得位，震出兑悅，幽人喜笑，故貞吉也。

【注】履道尚謙，不喜處盈，務在致誠，惡夫外飾者也。而二以陽處陰，履於謙也。居內履中，隱顯同也。履道之美，於斯爲盛，故履道坦坦，无險厄也。在幽而貞，宜其吉。

象曰：幽人貞吉，中不自亂也。

解　虞翻曰雖幽獄訟中終辯得正故不自亂

六三眇能視跛能履　釋文　跛依字作破

解　虞翻曰離目不正兌爲小故眇而視視上應也訟坎爲曳變震時爲足足曳故跛而履俗儒多以兌刑爲跛兌折震足爲刑人見刑斷足者非爲跛也

履虎尾咥人凶

解　虞翻曰艮爲尾在兌下故履虎尾位在虎口中故咥人凶既跛又眇視步不能爲虎所齧故咥人凶

象曰位不當也

武人爲於大君

解　虞翻曰乾象在上爲武人三失位變而得正成乾故曰武人爲於大君

注 居履之時以陽處陽猶曰不謙而況以陰居陽以柔乘剛者乎故以此爲明眇目者也以此爲行跛足者也以此履危見咥者也志在剛健不修所履欲以陵武於人爲於大君行未能免於凶而志存於五頑之甚也

象曰眇能視不足以有明也跛能履不足以與行也 校 李氏本四能字俱作而

解 侯果曰六三兌也互有離巽離爲目巽爲股體俱非正雖能視眇目者也雖能履跛足者也故曰眇能視不足以有明跛能履不足以與行是其義也

咥人之凶位不當也

解 案六三爲履之主體悅應乾下柔上剛尊卑合道是以履虎尾不咥人通今於當爻

以陰處陽履非其位互體離兌
水火相刑故唯三被咥凶矣

武人爲於大君志剛也

解 案以陰居陽武人者也三互離爻離爲胄明爲於大君南面之象與乾上應故曰志剛

九四履虎尾愬愬終吉 釋文 愬愬馬本作虩虩 案 說文引亦作虩虩

解 虞翻曰體與下絕四多懼故愬愬變體坎得位承五應初故終吉象曰志行也

注 逼近至尊以陽承陽處多懼之地故曰履虎尾愬愬也然以陽居陰以謙爲本雖處危懼終獲其志故終吉也

集解 訣義 子夏傳曰愬愬恐懼之皃也 尸 馬融曰虩虩恐懼也

象曰愬愬終吉志行也

解 侯果曰愬愬恐懼也履乎兌主履虎尾也逼近至尊故恐懼以其恐懼故終吉也執乎樞密故志行也

九五夬履貞厲

解 虞翻曰謂三上已變體夬象故夬履四變五在坎中也爲上所乘故貞厲象曰位正當也

注 得位處尊以剛決正故曰夬履貞厲也履道惡盈而五處尊是以危

象曰夬履貞厲位正當也

解 干寶曰夬決也居中履正爲履貴主萬方所履一決於前恐夬失正恆懼危厲故曰

夬履貞厲位正當也

上九視履考祥其旋元吉【釋文】祥本亦作詳

【解】虞翻曰應在三三先視上故上亦視三故曰視履考祥矣考稽祥善也乾爲積善故考祥三上易位故其旋元吉象曰大有慶也

【注】禍福之祥生乎所履處履之極履道成矣故可視履而考祥也居極應說高而不危是其旋也履道大成故元吉也

【集解】鄭康成曰履道之終考正詳備【晁氏】

象曰元吉在上大有慶也

【解】盧氏曰王者履禮於上則萬方有慶於下

周易集解卷二終

周易集解卷三　　岱南閣叢書

賜進士及第署山東提刑按察使分巡兗沂曹濟黃河兵備道孫星衍撰

上經泰傳第三

䷊ 乾下坤上

泰小往大來吉亨

【集解】虞翻曰陽息坤反否也坤陰詘外爲小往乾陽信內稱大來天地交萬物通故吉亨

【集解】馬融曰泰太也鄭康成曰泰通也【并釋文】

彖曰泰小往大來吉亨

【集解】蜀才曰此本坤卦小謂陰也大謂陽也天氣下地氣上陰陽交萬物通故吉亨

則是天地交而萬物通也

解　何妥曰：此明天道泰也。夫泰之爲道，本以通生萬物。若天氣上騰，地氣下降，各自閉塞，不能相交，則萬物无由得生。明萬物生由天地交也。

上下交而其志同也

解　何妥曰：此明人事泰也。上之與下，猶君之與臣，君臣相交感，乃可以濟養民也。天地以氣通，君臣以志同也。

內陽而外陰，內健而外順

解　何妥曰：此明天道也。陰陽之名，就爻爲語；健順之稱，指卦爲言。順而陰居外，故曰小往；健而陽在內，故曰大來。

內君子而外小人

【解】崔憬曰此明人事也陽爲君子在內健於行事陰爲小人在外順以聽命

君子道長小人道消也

【解】九家易曰謂陽息而升陰消而降也陽稱息者長也起復成巽萬物盛長也陰言消者起姤終乾萬物成熟成熟用給給用則分散故陰用特言消也

象曰天地交泰

【解】荀爽曰坤氣上升以成天道乾氣下降以成地道天地二氣若時不交則爲閉塞今既相交乃通泰

后以財成天地之道【釋文】財成音才徐才載反荀作裁

【疏】虞翻曰后君也陰升乾位坤女主故稱后坤富稱財守位以人聚人以財故曰成天地之道

輔相天地之宜以左右民

【疏】虞翻曰相贊左右助之震爲左兌爲右坤爲民謂以陰輔陽詩曰宜民宜人受祿于天鄭康成曰財節也輔相左右助也以者取其順陰陽之節爲出内之政春崇寬仁夏以長養秋教收斂冬勑盖藏皆可以成物助民也

【注】泰者物大通之時也上下大通則物失其節故財成而輔相以左右民也

初九拔茅茹以其彙征吉【釋文】茅卯交反鄭音苗茹汝據反牽引也鄒湛同王肅音如彙音胃類也李于鬼反古文作[艹胃]董作夤出也

【解】虞翻曰茅之爲物拔其根而相牽引也茹相牽引之貌也三陽同志俱志在外初爲類首已舉則從若茅茹也上順而應不爲違距進皆得志故以其類征吉也

【注】茅之爲物拔其根而相牽引者也茹相牽引之貌也三陽同志俱志在外初爲類首已舉則從若茅茹也上順而應不爲違距進皆得志故以其類征吉

【集解】鄭康成曰彙勤也【釋文】又曰彙類也茹牽引也茅喻君有絜白之德臣下引其類而仕之【尚書注】鄭湛曰茹牽引也【釋文】傳氏曰彙古偉字美也【同】

象曰拔茅征吉志在外也

【解】虞翻曰否泰反其類巽爲茅茹茅根艮爲手彙類也初應四故拔茅茹以彙震爲征得位應四征吉志在外外謂四也

九二包荒【釋文】包本又作苞必交反下卦同音薄交反荒本亦作巟音同【按】說文荒作巟【解】翟元曰荒虛也二五相應五虛无陽二上包之【集解】鄭康成曰荒讀爲康虛也【釋文】

用馮河不遐遺【解】荀爽曰河出于乾行于地中陽性欲升陰性欲承馮河而上不用舟航自地升天道雖遼遠三體俱上不能止之故曰不遐遺

朋亡得尚于中行【解】荀爽曰中謂五坤爲朋朋亡而下則二上居五而行中和矣

注體健居中而用乎泰能包含荒穢受納馮河者也用心宏大无所遐棄故曰不遐遺也无私无偏存乎光大故曰朋亡也如此乃可以得尚于中行尚猶配也中行謂五

象曰包荒得尚于中行以光大也

解虞翻曰在中稱包荒大川也馮河涉河遐遠遺亡也失位變得正體坎坎爲大川爲河震爲足故用馮河乾爲遠故不遐遺兌爲朋坤虛无君欲使二上故朋亡二與五易位故得上于中行震爲行故光大也

九三无平不陂无往不復釋文陂彼僞反徐甫寄反傾也又破河反偏也

解虞翻曰陂傾謂否上也平謂三天地分故平天成地平謂危者使平易者使傾往謂

消外復謂息內從三上體復象終曰乾乾反復道故无平陂无往不復也

注：乾本上也坤本下也而得泰者降與升也而三處天地之際將復其所處復其所處則上守其尊下守其卑是故无往而不復也无平而不陂也

艱貞无咎勿恤其孚于食有福　按：說文勿恤作勿卹

疏：虞翻曰艱險貞正恤憂孚信也二之五得正在坎中故艱貞坎爲憂故勿恤陽在五孚險坎爲孚故有孚體噬嗑食也二上之五據四則三乘二故于食有福也

注：處天地之將閉平路之將陂時將大變世將大革而居不失其正動不失其應艱而能貞不失其義故无咎也信義誠著故不恤其孚而自明也故曰勿恤其孚于食有福也

象曰无往不復天地際也　釋文：象曰无平不陂一本作无往不復

【解】宋衷曰位在乾極應在坤極天地之際也地平極則險陂天行極則還復故曰无平不陂无往不復也

【注】天地將各分復之際

六四翩翩不富以其鄰【釋文】篇篇如字子夏傳作翩翩向本同古文作偏偏

【解】虞翻曰二五變時四體離飛故翩翩坤虛无陽故不富兌西震東故稱其鄰三陰乘陽不得之應象曰皆失實也

【集解】向秀曰翩翩輕舉也【釋文】史徵曰六五上六不待六四與之則相誘【口訣義】

不戒以孚

解 虞翻曰：謂坤邑人不戒，故使二升五，信來孚邑，故不戒以孚。二上體坎中正，象曰中心願也，與比邑人不戒同義也。

注 乾樂上復，坤樂下復，四處坤首，不固所居，見命則退，故曰翩翩也。坤爻皆樂下，已退則從，故不待富而用其鄰也。莫不與已同其志願，故不待戒而自孚也。

象曰：翩翩不富，皆失實也。

解 宋衷曰：四互體震，翩翩之象也。陰虛陽實，坤今居上，故言失實。

不戒以孚，中心願也。

解 九家易曰：乾升坤降，各得其政。陰得承陽，皆陰心之所願也。

六五：帝乙歸妹，以祉元吉。釋文 以祉音恥，一音勑子反，又音止。

解 九家易曰：五者帝位，震象稱乙，是爲帝乙。六五以陰處尊位，帝者之姊妹，五在震後，明其爲妹也。五應于二，當下嫁二，婦人謂嫁曰歸，故言「帝乙歸妹」，謂下居二，以中和相承，故「元吉」也。虞翻曰：震爲帝，坤爲乙，帝乙紂父。歸，嫁也。震爲兄，兌妹，故嫁妹。祉，福也。謂五變體離，離爲大腹，則妹嫁而孕，得位正中，故「以祉元吉」也。

注 婦人謂嫁曰歸。泰者，陰物交通之時也。女處尊位，履中居順，降身應二，感以相與，用中行願，不失其禮。帝乙歸妹，誠合斯義，履順居中，行願以祉，盡夫陰陽交配之宜，故元吉也。

集解 孟喜曰：易有周人五號：帝，天稱，一也；王，美稱，二也；天子，爵號，三也；大君者，興行異，四也；大人者，聖人德備，五也。禮記疏 鄭康成曰：五爻辰在卯，春爲陽中，萬物以生。生

青者嫁娶之貴仲春之月嫁娶男女之禮福祿大吉【周禮疏】陸希聲曰以象在上帝乙妹之象下應於二下嫁之象【會通】

象曰以祉元吉中以行願也

【解】九家易曰五下於二而得中正故言中以行願也

上六城復于隍【釋文】隍子夏作堭姚作湟

【解】虞翻曰否艮爲城故稱城坤爲積土隍城下溝无水稱隍有水稱池今泰反否乾壞爲土艮城不見而體復象故城復于隍也

【纂疏】子夏傳曰隍是城下池也鄭康成曰隍壑也【詩疏】

勿用師自邑告命貞吝

【解】虞翻曰：謂二動時體師，陰皆乘陽，行不順，故勿用師。坤爲自邑，震爲言，兌爲口，否巽爲命，今逆陵陽，故自邑告命。命逆不順，陰道先迷，失實遠應，故貞吝。

【注】居泰上極，各反所應，泰道將滅，上下不交，卑不上承，尊不下施，是故城復于隍，卑道崩也。勿用師，不煩攻也。自邑告命，貞吝，否道已成，命不行也。

象曰：城復于隍，其命亂也。

【解】九家易曰：乾當來上，不可用師而拒之也。自邑者，謂從坤性而降也。告命者，謂下爲巽，宣布君之命令也。三陰自相告語，俱下服順承乾也。城復于隍，國政崩也。坤爲亂，否巽爲命，交在泰上，故其命亂也。

䷋ 坤下乾上

否之匪人不利君子貞大往小來

解虞翻曰陰消乾又反泰也謂三比坤滅乾以臣弑其君子弑其父故曰匪人陰來滅乾陽君子道消故不利君子貞陰信陽詘故大往小來則是天地不交而萬物不通與比三同義也

彖曰否之匪人不利君子貞

解崔憬曰否不通也於不通之時小人道長故云匪人君子道消故不利君子貞也

大往小來

解蜀才曰此本乾卦大往陽往而消小來陰來而息也

則是天地不交而萬物不通也

解 何晏曰此明天道否也

上下不交而天下无邦也

解 何晏曰此明人事否也泰中言志同否中云无邦者言人志不同必致離散而亂邦國　崔憬曰君臣乖阻取亂之道故言无邦

內陰而外陽內柔而外剛

解 崔憬曰陰柔謂坤陽剛謂乾也

內小人而外君子小人道長君子道消也

解 崔憬曰君子在野小人在位之義也

象曰天地不交否

解 宋衷曰天地不交猶君臣不接天氣上升而不下降地氣沉下又不上升二氣特隔故云否也

君子以儉德辟難不可榮以祿

解 虞翻曰君子謂乾坤爲營乾爲祿難謂坤爲殺君故以儉德辟難巽爲入伏乾爲遠艮爲山體遯象謂辟難遠遁入山故不可營以祿營或作榮儉或作險 孔穎達曰言君子於此否時以節儉爲德辟其危難不可榮華其身以居祿位若據諸侯公卿而言是辟時羣小之難不可重受官爵也若據王者言之謂節儉爲德辟陰陽厄運之難不可自重榮貴而驕逸也

初六拔茅茹以其彙貞吉亨

解 荀爽曰拔茅茹取其相連彙者類也合體同包謂坤三爻同類相連欲在下也貞者

正也謂正居其所則吉也

注：居否之初處順之始爲類之首者也順非健也何可以征居否之時動則入邪三陰同道皆可以進故茅茹以類貞而不諂則吉亨

象曰拔茅貞吉志在君也

解：九家易曰陰志在下欲承君也　案初六巽爻巽爲草木陽爻爲木陰爻爲草初六陰爻草茅之象也

注：志在於君故不苟進

六二包承小人吉大人否亨

解：荀爽曰二與四同功爲四所包故曰包承也小人二也謂二爻獨居間象相承得繫

于陽故吉也大人謂五坤乾分體天地否隔故曰大人否也二五相應否義得通故曰否亨矣

注 處否之時而得其位用其至順包承於上小人路通內柔外剛大人否之其道乃亨

象曰大人否亨不亂羣也

解 虞翻曰否不也物三稱羣謂坤三陰亂弑君大人不從故不亂羣也

六三包羞

注 俱用小道以承其上而位不當所以包羞也

象曰包羞位不當也

解 荀爽曰卦性爲否其義否隔今以不正與陽相承爲四所包違義失正而可羞者以

位不當故也

九四有命无咎疇離祉【釋文】疇鄭作古𠷎字

【解】九家易曰巽爲命謂受五之命以據三陽故无咎无命而據則有咎也疇者類也謂四應初據三與二同功故陰類皆離祉也離附祉福也陰皆附之故曰有福謂下三陰離受五四之福也

【注】夫處否而不可以有命者以所應者小人也有命於小人則消君子之道者也命初志在君處乎窮下故可以有命无咎而疇麗福也疇謂初也

象曰有命无咎志行也

【解】荀爽曰謂志行于羣陰也

九五休否大人吉【釋文】休否虛虬反美也又許求反息也

【解】九家易曰否者消卦陰欲消陽故五處和居正以否絕之乾坤異體升降殊隔卑不犯尊故大人吉也

【注】居尊得位能休否道者也施否於小人否之休也唯大人而後能然故曰大人吉也

【集解】鄭康成曰休美也【文選注】

其亡其亡

【解】荀爽曰陰欲消陽由四及五故曰其亡其亡謂坤性順從不能消乾使亡也

繫于包桑

【解】荀爽曰包者乾坤相包也桑者上元下黃以象乾坤也乾職在上坤體在下雖欲消

乾繫其本體不能亡也 京房曰桑有衣食
人之功聖人亦有天覆地載之德故以喻
陸績曰包本也言其堅固不亡如以巽繩繫
也 案其亡其亡近死之嗟也其與幾同幾
者近也九五居否之時下包六二二互坤艮
艮山坤地地上即田也五互巽木田上有木
莫過于桑故曰其亡其亡繫于包桑言五二
包繫根深蔕固若山之堅如地之厚者也雖
遭危亂物莫能害矣 鄭康成曰猶紂囚文
王于羑里之獄四臣獻珍異之物而終免于
難繫于包桑之謂

注 處君子道消之時已居尊位何可以安故心存將危乃得固也

集解 鄭康成曰苞植也否世之人不知聖人有命咸曰其將亡矣其將亡矣而聖乃自繫于植桑不亡也 **文選注**

象曰大人之吉位正當也

解 崔憬曰得位居中也

上九傾否先否後喜

解 侯果曰傾爲覆也否窮則傾矣傾猶否故先否也傾畢則通故後喜也

注 先否後通故後喜也始以傾爲否後得通乃喜

象曰否終則傾何可長也

解 虞翻曰否終必傾盈不可久故先否下反於初成益體震民說无疆故後喜以陰剝陽故不可久也

䷌ 離下乾上

同人于野亨

解 鄭康成曰乾爲天離爲火卦體有巽巽爲風天在上火炎上而從之是其性同于天也火得風然後炎上益熾是猶人君在上施政教使天下之人和同而事之以是爲人和同者君之所爲也故謂之同人風行無所不通通則會通之德大行故曰同人于野亨

利涉大川利君子貞

解 崔憬曰以離文明而合乾健九五中正同人於二爲能通天下之志故能利涉大川利君子之貞

彖曰同人

解 九家易曰謂乾舍于離同而爲日天日同明以照于下君子則之上下同心故曰同

人

柔得位得中而應乎乾曰同人

解　蜀才曰：此本夬卦，九二升上，上六降二，則柔得位得中而應乎乾，下奉上之象，義同於人，故曰同人。

注　二爲同人之主

同人曰同人于野亨利涉大川乾行也

解　虞翻曰：旁通師卦，巽爲同，乾爲野，師震爲人，二得中應乾，故曰同人于野亨。此孔子所以明嫌表微。師震爲夫，巽爲婦，所謂二人同心，故不稱君臣父子兄弟朋友，而故言人耳。乾四上失位，變而體坎，故曰利涉大川，乾行也。侯果曰：九二升上，上爲郊野，是同人

于野而得通者由乾爻上行耳故特曰乾行也

【注】所以乃能同人于野亨利涉大川非二之所能也是乾之所行故特曰同人曰

文明以健中正而應君子正也

【解】何晏曰離爲文明乾爲剛健健非尚武乃以文明應不以邪乃以中正故曰利君子貞也

【注】行健不以武而以文明用之相應不以邪而以中正應之君子正也故曰利君子貞

唯君子爲能通天下之志

【解】虞翻曰唯獨也四變成坎坎爲通爲志故能通天下之志謂五以類族辨物聖人作而萬物覩

崔憬曰君子謂九二能捨己同人以通天下之志若九三九四以其人臣則

不當矣，故爻辭不言同人也。

注　君子以文明爲德。

象曰：天與火，同人。

解　荀爽曰：乾舍于離，相與同居，故曰同人也。

注　天體在上而火炎上，同人之義也。

君子以類族辨物。釋文　辨物如字，王肅卜免反。

解　虞翻曰：君子謂乾，師坤爲類，乾爲族，辨別也。乾陽物，坤陰物，體姤天地相遇，品物咸章。以乾照坤，故以類族辨物，謂方以類聚，物以羣分。孔子曰：君子和而不同，故於同人家見以類族辨物也。

注 君子小人各得所同

初九同人于門无咎

解 虞翻曰乾爲門謂同于四四變應初故无咎也

注 同人之始爲同人之首者也无應於上心无係吝通夫大同出門皆同故曰同人于門也出門同人誰與爲咎

集解 陸希聲曰門者出入之正道不由斯道則爲咎 撮要

象曰出門同人又誰咎也

解 崔憬曰剛而无應比二以柔近同于人出門之象又誰咎矣 案初九震爻帝出乎震震爲大塗又爲入門出門之象也

六二同人于宗吝

【解】荀爽曰宗者衆也三據二陰二與四同功五相應初相近上下衆陽皆欲與二爲同故曰同人于宗也陰道貞靜從一而終今宗同之故吝也

【注】應在乎五唯同于主過主則否用心偏狹鄙吝之道

【集解】鄭康成曰天子諸侯后夫人無子不出【儀禮疏】

象曰同人于宗吝道也

【解】侯果曰宗謂五也二爲同人之主和同者之所仰也有應在五唯同于五過五則否不能大同于人則爲主之德吝狹矣所同雖吝亦妾臣之道也

九三伏戎于莽升其高陵三歲不興

【解】虞翻曰：巽爲伏，震爲草莽，離爲戎，謂四變時三在坎中，隱伏自藏，故伏戎于莽也。巽爲高，師震爲陵，以巽股升其高陵，爻在三，乾爲歲，興，起也，動不失位，故三歲不興也。

【注】居同人之際，履下卦之極，不能包弘上下，通夫大同，物黨相分，欲乖其道，貪其所比，據上之應，其敵剛健，非力所當，故伏戎于莽，不敢顯亢也。升其高陵，望不敢進，量斯勢也，三歲不能興者也。三歲不能興，則五道亦以成矣，安所行焉。

【集解】鄭康成曰：莽，叢木也。【釋文】劉巘曰：三居下體之上，故謂之陵。【會通】

象曰：伏戎于莽，敵剛也。三歲不興，安行也。【釋文】于莽，莫蕩反，王肅冥黨反。

崔憬曰：與二相比，欲同人焉，盜憎其主而忌於五，所以隱兵于野，將以襲之，故曰伏

戎于莽五既居上故曰升其高陵一爻爲一年自三至五頻遇剛敵故三歲不興安可行也案三于離巽巽爲草木離爲戈兵伏戎于莽之象也

注 安辭也

九四乘其墉弗克攻吉 釋文 其墉徐音容鄭作庸

解 虞翻曰巽爲墉四在巽上故乘其墉變而承五體訟乾剛在上故弗克攻則吉也

注 處上攻下力能乘墉者也履非其位以與人爭二自五應三非犯已攻三求二尤而攻之違義傷理衆所不與故雖乘墉而不克也不克則反反則得吉也不克乃反其所以得吉困而反則者也

象曰乘其墉義弗克也其吉則困而反則也

九五同人先號咷而後笑大師克相遇

【解】虞翻曰：應在二，巽爲號咷，乾爲先，故先號咷。師震在下，故後笑。震爲後笑也。乾爲大，同人反師，故大師。二至五體姤，遇也，故相遇。

【注】彖曰柔得位得中而應乎乾曰同人，然則體柔居中，衆之所與，執剛用直，衆所未從，故近隔乎二剛，未獲厥志，是以先號咷也。居中處尊，戰必克勝，故後笑也。不能使物自歸，而用其強直，故必須大師克之，然後相遇也。

象曰同人之先以中直也大師相遇言相克也

【解】侯果曰：乾德中直，不私於物，欲天下大同，方始同二矣。三四失義而近據之，未獲同心，故先號咷也。時須同好，寇阻其途，以言相克，然後始相遇，故笑也。九家易曰：乾爲言

上九同人于郊无悔

【解】虞翻曰乾爲郊失位无應與乾上九同義當有悔同心之家故无悔

【注】郊者外之極也處同人之時最在於外不獲同志而遠於內爭故雖無悔吝亦未得其志

象曰同人于郊志未得也

【解】侯果曰獨處于外同人于郊也不與內爭无悔吝也同人之時唯同于郊志未得也

【注】凡處同人而不泰焉則必用師矣不能大通則各私其黨而求利焉楚人亡弓不能忘楚愛國愈甚益爲它災是以同人不宏剛健之爻皆至用師也

乾下
離上

大有元亨

【集解】虞翻曰：與比旁通，柔得尊位大中，應天而時行，故元亨也。　姚規曰：互體有兌，兌爲澤，位在秋也。乾則施生，澤則流潤，離則長茂，秋則成收，大富有也。大有則元亨矣。　鄭康成曰：六五體離，處乾之上，猶大臣有聖明之德，代君爲政，處其位，行其事，而理之也。元亨者，以能長羣臣以善，使嘉會禮通，若周公攝政，朝諸侯于明堂是也。

【注】不大通，何由得大有乎？大有則必元亨矣。

彖曰：大有，柔得尊位大中，而上下應之，曰大有。

【注】處尊以柔，居中以大，體无二陰以分其應，上下應之，靡所不納，大有之義也。

其德剛健而文明，應乎天而時行，是以元亨。

解虞翻曰：謂五以日應乾而行于天也。時謂四時也。大有亨比，初動成震爲春，至二兌爲秋，至三離爲夏，坎爲冬，故曰時行。以乾亨坤，是以元亨。

注德應於天，則行不失時矣。剛健不滯，文明不犯，應天則大，時行无違，是以元亨。

集解諸氏、莊氏云：六五應乾九二，亦與五爲體，故云應乎天也。德應於天，則行不失時。與時无違，雖萬物皆得亨通，故云是以元亨。**疏**

象曰：火在天上，大有。

解荀爽曰：謂夏火王在天，萬物並生，故曰大有也。

君子以遏惡揚善，順天休命。**釋文**遏，於葛反，止也。徐又音謁。休命，虛虯反，美也。徐許求反。

【解】虞翻曰：過絕揚舉也乾爲揚善坤爲過惡爲順以乾滅坤體夬揚于王庭故過惡揚善乾爲大休二變時巽爲命故順天休命

【注】大有包容之象也故過惡揚善成物之性順天休命順物之命

初九无交害匪咎艱則无咎

【解】虞翻曰害謂四四離火爲惡人故交无交害動震爲交比坤爲害匪非也艱難爲陽動比初成屯屯難也變得位艱則无咎

【注】以夫剛健爲大有之始不能履中滿而不溢術斯以往後害必至其欲匪咎艱則无咎也

象曰大有初九无交害也

【解】虞翻曰害謂四

九二大車以載有攸往无咎【釋文】大車王肅剛除反蜀才作輿

【解】虞翻曰比坤為大車乾來積上故大車以載往謂之五二失位變得正應五故有攸往无咎矣

【注】任重而不危健不違中為五所任任重不危致遠不泥故可以往而无咎也

象曰大車以載積中不敗也

【解】虞翻曰乾為大車故曰大車以載體剛履中可以任重有應于五故所積皆中而不敗也

九三公用亨于天子小人弗克【釋文】用亨許庚反通也衆家並

香兩反

解虞翻曰天子謂五三公位也小人謂四二變得位體剝象故公用亨于天子四折鼎足覆公餗故小人不克也

注處大有之時居下體之極乘剛健之上而履得其位與五同功威權之盛莫此過焉公用斯位乃得通乎天子之道也小人不克害可待也

集解京房曰亨獻也**釋文**孫炎曰初九爲元士九二爲大夫九三爲諸侯**宋史**姚信曰亨祀也干寶曰亨宴也**并釋文**

象曰公用亨于天子小人害也

解虞翻曰小人謂四也

九四匪其彭无咎【釋文】其彭步郎反子夏作旁虞作尫徐音同

【解】虞翻曰匪非也其位尫足尫尫體行不正四失位折震足故尫變而得正故无咎尫或作彭作旁聲字之誤

【注】既失其位而上近至尊之威下比分權之臣其爲懼也可謂危矣唯夫有聖知者乃能免斯咎也三雖至盛五不可舍能辯斯數專心承五常匪其旁則无咎矣旁謂三也

【集解】王肅曰彭壯也【釋文】姚信曰彭旁也　干寶曰彭亨驕盛貌【并同】

象曰匪其彭无咎明辯哲也【釋文】哲章舌反王廙作晣同音徐李之世反又作哲字鄭本作遰陸本作逝虞作折

【解】虞翻曰折之離故明辯折也四在乾則尫在坤爲鼠在震噬胏得金矢在巽折鼎足

在坎爲鬼方在離焚死在艮旅于處言无所容在兌睽孤孚厲三百八十四爻獨无所容也

注 明猶才也

集解 鄭康成曰遰讀如明星哲哲 釋文

六五厥孚交如威如吉

解 虞翻曰孚信也發而孚二故交如乾稱威發得位故威如吉

注 居尊以柔處大以中无私於物上下應之信以發志故其孚交如也夫不私於物物亦公焉不疑於物物亦誠焉既公且信何難何備不言而教行何爲而不威如爲大有之主而不以此道吉可得乎

象曰：厥孚交如，信以發志也。威如之吉，易而无備也。

解 侯果曰：其體文明，其德中順，信發乎志，以覃于物，物懷其德，以信應君，君物信交，厥孚交如也。爲卦之主，有威不用，唯行簡易，无所防備，物感其德，翻更畏威，威如之吉也。

上九：自天祐之，吉无不利。

解 虞翻曰：謂乾也。祐，助也。大有通比，坤爲自，乾爲天，兌爲祐，故自天祐之。比坤爲順，乾爲信，天之所助也順，人之所助者信，履信思順，又以尚賢，故自天祐之，吉无不利。

注 大有豐富之世也，處大有之上而不累於位，志尚乎賢者也。餘爻皆乘剛而已獨乘柔順也。五爲信德而已履焉，履信之謂也。雖不能體柔而以剛乘柔，思順之義也。居豐有

之世而不以物累其心高尚其志尚賢者也爻有三德盡夫助道故繫辭具焉

象曰大有上吉自天祐也

解 九家易曰上九悅五以柔處尊而自謙損尚賢奉已上下應之爲乾所祐故吉且利也

䷎ 艮下坤上

謙亨 釋文 謙子夏作嗛

解 虞翻曰乾上九來之坤與履旁通天道下濟故亨彭城蔡景君說剝上來之三

集解 子夏傳曰嗛謙也 釋文

君子有終

解　虞翻曰君子爲三艮終萬物故君子有終鄭康成曰艮爲山坤爲地山體高今在地下其於人道高能下下謙之象亨者嘉會之禮以謙爲主謙者自貶損以下人唯艮之堅固坤之厚順乃能終之故君子之人有終也

彖曰謙亨

解　九家易曰艮山坤地山至高地至卑以至高下至卑故曰謙也謙者兌世艮與兌合故亨

天道下濟而光明

解　荀爽曰乾來之坤故下濟陰去爲離陽來成坎日月之象故光明也

地道卑而上行

解侯果曰此本剝卦乾之上九來居坤三是天道下濟而光明也坤之六三上升乾位是地道卑而上行者也

天道虧盈而益謙釋文虧盈馬本作毀盈

解虞翻曰謂乾盈履上虧之坤三故虧盈貴處賤位故益謙崔憬曰若日中則昃月滿則虧損有餘以補不足天之道也

地道變盈而流謙

解虞翻曰謙二以坤變乾盈坎動而潤下水流濕故流謙也崔憬曰高岸爲谷深谷爲陵是爲變盈而流謙地之道也

鬼神害盈而福謙釋文而福京本作而富

解虞翻曰鬼謂四神謂三坤爲鬼害乾爲神福故鬼神害盈而福謙　崔憬曰朱門之家鬼闞其室黍稷非馨明德惟馨是其義也

人道惡盈而好謙

解虞翻曰乾爲好爲人坤爲惡也故人道惡盈從上之三故好謙矣　崔憬曰滿招損謙受益人之道也

謙尊而光卑而不可踰

解虞翻曰天道遠故尊光三位賤故卑坎水就下險弱難勝故不可踰

君子之終也

象曰地中有山謙

【解】劉表曰：地中有山，以高下下，故曰謙。謙之爲道，降已升人，山本地上，今居地中，亦降體之義，故爲謙象也。

【集解】九家易義曰山至高地至卑以高下卑故云謙也所以言地中者以明多之與少俱行其謙也【口訣義】

君子以裒多益寡稱物平施【釋文】裒蒲侯反鄭荀董蜀才作捊字書作掊【按】唐宋石經皆作裒

【解】虞翻曰君子謂三捊取也艮爲多坤爲寡乾爲物爲施坎爲平謙乾盈益謙故以裒多益寡稱物平施侯果曰裒聚也彖云天道益謙則謙之大者天益之以大福謙之小者天益之以小福故君子則之以大益施大德以小益施小德是稱物平施也

注 多者用謙以爲裒少者用謙以爲益隨物而與施不失平也

集解 鄭康成曰捊取也荀董蜀才同 釋文

初六謙謙君子用涉大川吉

解 荀爽曰初最在下爲謙二陰承陽亦爲謙故曰謙謙也二陰一陽相與承體故曰君子也九三體坎故用涉大川吉也

注 處謙之下謙之謙者也能體謙謙其唯君子用涉大難物无害也

象曰謙謙君子卑以自牧也 釋文 自牧牧養之牧徐音目一音茂

解 九家易曰承陽卑謙以陽自牧養也

注 牧養也

【集解】鄭康成曰：牧，養也。【文選注】

六二：鳴謙，貞吉。

【解】姚信曰：三體震為善鳴，二親承之，故曰鳴謙。得正處中，故貞吉。

【注】鳴者，聲名聞之謂也。得位居中，謙而正焉。

象曰：鳴謙貞吉，中心得也。

【解】崔憬曰：言中正心與謙相得。虞翻曰：中正謂二，坎為心也。

九三：勞謙，君子有終，吉。

【解】荀爽曰：體坎為勞，終下二陰，君子有終，故吉也。

【注】處下卦之極，履得其位，上下无陽以分其民，衆陰所宗，尊莫先焉。居謙之世，何可安

尊上承下接勞謙

匪解是以吉也

象曰勞謙君子萬民服也

【解】荀爽曰陽當居五自卑下衆降居下體君有下國之意也衆陰皆欲撝陽上居五位羣陰順陽故萬民服也

六四无不利撝謙【釋文】撝毁皮反指撝也義與麾同

【解】荀爽曰四得位處正家性爲謙故无不利陰欲撝三使上居五故曰撝謙撝猶舉也

【注】處三之上而用謙焉是則自上下下之義也承五而用謙順則是上行之道也盡乎承上下下之道故无不利指撝皆謙不違則也

【集解】馬融曰撝猶離也　鄭康成曰撝讀爲宣【并釋文】

象曰无不利撝謙不違則也

【解】九家易曰陰撝上陽不違法則

六五不富以其鄰

【解】荀爽曰鄰謂四與上也自四以上乘陽乘陽失實故皆不富五居中有體故總言之

【注】居於尊位用謙與順故能不富而用其鄰也

利用侵伐无不利【釋文】用侵王廙作寢

【解】荀爽曰謂陽利侵伐來上无敵不利之者

【注】以謙順而侵伐所伐皆驕逆也

【集解】張氏曰葛伯仇餉湯往伐之是也【口訣義】

象曰利用侵伐征不服也

【解】荀爽曰不服謂五也　案六五離爻離爲戈兵侵伐之象也

上六鳴謙利用行師征邑國【釋文】征國本或作征邑國者非

【解】虞翻曰應在震故曰鳴謙體師象震爲行坤爲邑國利五之正已得從征故利用行師征邑國

【注】最處於外不與內政故有名而已志功未得也處外而履謙順可以征邑國而已

象曰鳴謙志未得也可用行師征邑國也

【解】九家易曰陰陽相應故鳴謙也雖應不承故志未得謂下九三可行師來上坤爲邑國也三應上上呼三征來居五位故曰利用行師征邑國也　案上六兌爻兌爲口舌鳴謙

之象

注　夫吉凶悔吝生乎動者也動之所起興於利者也故飲食必有訟訟必有衆起未有居衆人之所惡而爲動者所害處不競之地而爲爭者所奪是以六爻雖有失位无應乘剛而皆无凶咎悔吝者以謙爲主也謙尊而光卑而不可踰信矣哉

䷏ 坤下震上

豫利建侯行師

解　鄭康成曰坤順也震動也順其性而動者莫不得其所故謂之豫豫喜豫悅樂之貌也震又爲雷諸侯之象坤又爲衆師役之象故利建侯行師矣　虞翻曰復初之四與小畜旁通坤爲邦國震爲諸侯初至五體比象四利復初故利建侯三至上體師象故行師

集解 馬融曰豫樂也 釋文 莊氏曰建侯即元亨也行師即利貞也 疏

彖曰豫剛應而志行

解 侯果曰四爲卦主五陰應之剛志大行故曰剛應而志行

順以動豫

解 崔憬曰坤下震上順以動也

豫順以動故天地如之

解 虞翻曰小畜乾爲天坤爲地如之者謂天地亦動以成四時而況建侯行師言其皆應而豫也

而況建侯行師乎

解九家易曰：震爲建侯，坤爲行師。建侯所以興利，行師所以除害。興利除害，民所豫樂也。天地有生殺，萬物有始終，王者盛衰亦有迭更，猶武王承亂而應天地，建侯行師，奉詞除害，民得豫悅，君得安樂也。

天地以順動，

解虞翻曰：豫變通小畜，坤爲地，動初至三成乾，故天地以順動也。

故日月不過而四時不忒。釋文忒，京作貸。

解虞翻曰：過謂失度，忒差迭也。謂變初至需，離爲日，坎爲月，皆得其政，故日月不過。動初時震爲春，至四兑爲秋，至五坎爲冬，離爲夏，四時位正，故四時不忒。通變之謂事，蓋此之類。

集解 鄭康成曰：忒，差也。**釋文**

聖人以順動，則刑罰清而民服。

解 虞翻曰：清猶明也。動初至四兌爲刑，至坎爲罰，坎兌體正，故刑罰清。坤爲民，乾爲清，以乾乘坤，故民服。案：帝出乎震，聖人也。坎爲法律刑罰也，坤爲衆，順而民服也。

豫之時義大矣哉！

解 虞翻曰：順動天地，使日月四時皆不過差，刑罰清而民服，故義大也。

象曰：雷出地奮，豫。

解 崔憬曰：震在坤上，故言雷出地。雷，陽氣，亦謂龍也。夏至後陽氣極而一陰爻生，陰陽相擊而成雷聲。雷聲之疾，有龍奮迅豫躍之象，故曰奮豫。

先王以作樂崇德殷薦之上帝以配祖考【釋文】殷京作隱薦將電反本又作薦同本或作廌獸名耳非

【解】鄭康成曰奮動也雷動於地上萬物乃豫也以者取其喜佚動搖猶人至樂則手欲鼓之足欲舞之也崇充也殷盛也薦進也上帝天帝也王者功成作樂以文得之者作籥舞以武得之者作萬舞各充其德而爲制祀天帝以配祖考者使與天同饗其功也故孝經云郊祀后稷以配天宗祀文王於明堂以配上帝是也

【集解】施讐云外傳曰三王之樂可得聞乎【禮記疏】馬融曰殷盛也【釋文】

初六鳴豫凶

【解】虞翻曰應震善鳴失位故鳴豫凶也

【注】處豫之初而特得志於上樂過則淫志窮則凶豫何可鳴

象曰：初六鳴豫，志窮凶也。

【解】虞翻曰體剝蔑貞故志窮凶也

六二介于石【釋文】介于音界纖介古文作砎鄭古八反馬作扴

【解】虞翻曰介纖也與四爲艮艮爲石故介于石

【集解】馬融曰扴觸小石聲鄭康成曰砎謂磨砎也【并釋文】

不終日貞吉

【解】虞翻曰與小畜通應在五終變成離離爲日得位欲四急復初已得休之故不終日貞吉

注　處豫之時，得位履中，安夫貞正，不求苟豫者也。順不苟從，豫不違中，是以上交不諂，下交不瀆，明禍福之所生，故不苟說，辨必然之理，故不改其操，介如石焉，不終日明矣。

象曰：不終日貞吉，以中正也。

解　侯果曰：得位居中，柔順正一，明豫動之可否，辯趣舍之權宜，假如堅石，不可移變，應時則改，不待終日，故曰豫之正吉。

六三：盱豫悔，遲有悔。

釋文　盱，香于反，睢盱也。字林火孤反，又火于反。子夏作紆，京作汙，姚作盱。

解　向秀曰：盱，睢，小人喜說佞媚之貌也。

注　居下體之極，處兩卦之際，履非其位，承動豫之主，若其睢盱而豫，悔亦生焉，遲而不動

從豫之所疾位非所據而以從豫進退離悔宜其然矣

集解 鄭康成曰盱誇也 釋文 王肅曰盱大也姚信曰盱日始出詩云盱日始旦并同

上

象曰盱豫有悔位不當也

九四由豫大有得勿疑朋盍簪 釋文 由馬作猶簪徐側林反子夏傳同王肅又祖感反古文作貸京作撍馬作臧荀作宗虞作戠戠叢合也蜀才本依京

集解 侯果曰爲豫之主衆陰所宗莫不由之以得其逸體剛心直志不懷疑故得羣物依歸朋從大合若以簪篸之固括也 虞翻曰由自從也據有五陰坤以衆順故大有得得羣陰也坎爲疑故勿疑小畜兌爲朋盍合也坤爲盍戠聚會也坎爲聚坤爲衆衆陰並應

故朋盍戠戠舊讀作撍作宗也

【注】處豫之時居動之始獨體陽爻衆陰所從莫不由之以得其豫故曰由豫大有得也夫不信於物物亦疑焉故勿疑則朋合疾也盍合也簪疾也

【集解】子夏傳曰簪疾也【釋文】馬融曰猶豫疑也　鄭康成曰由用也簪速也　蜀才曰撍速也【考同】陸希聲曰捷疾也【釋迴古占法】

象曰由豫大有得志大行也

【解】崔憬曰以一陽而衆陰從己合簪交歡故其志大行也

六五貞疾恒不死

【解】虞翻曰恒常也坎爲疾應在坤坤爲死震爲反生位在震中與坤體絕故貞疾恒不

死也

注　四以剛動爲豫之主專權執制非已所乘故不敢與四爭權而又居中處尊未可得亡是以必常至于貞疾恒不死而已

象曰六五貞疾乘剛也恒不死中未亡也

解　侯果曰六五居尊而乘於四四以剛動非已所乘乘剛爲政終亦病若恒不死者以其中也

上六冥豫成有渝无咎　釋文　冥覓經反又亡定反

解　虞翻曰應在三坤爲冥渝變也三失位无應多凶變乃得正體艮成故成有渝无咎

注　處動豫之極極豫盡樂故至于冥豫成也過豫不已何可長乎故必渝變然後无咎

【集解】馬融曰冥冥昧耽於樂也【釋文】鄭康成曰冥讀爲鳴　王廙曰冥深也【并同】

象曰冥豫在上何可長也

【解】荀爽曰陰性冥昧居尊在上而猶逸豫悅故不可長

䷐震下兌上

隨元亨利貞无咎

【解】鄭康成曰震動也兌悅也內動之以德外悅之以言則天下之民咸慕其行而隨從之故謂之隨也既見隨從能長之以善通其嘉禮和之以義幹之以正則功成而有福若其无此四德則有凶咎焉焦贛曰漢高帝與項籍其明徵也　虞翻曰否上之初剛來下柔初上得正故元亨利貞无咎

彖曰：隨，剛來而下柔，動而說，隨。

解　虞翻曰：否乾上來之坤初，故剛來而下柔。動，震；說，兌也。

注　震剛而兌柔也。以剛下柔，動而之說，乃得隨也。

大亨貞，无咎，釋文　大亨貞，本又作大亨利貞。

解　荀爽曰：隨者，震之歸魂。震歸從巽，故大通。動爻得正，故利貞。陽降陰升，嫌於有咎，動而得正，故无咎。

注　爲隨而不大通，違於時也。相隨而不爲利貞，災之道也。故大通利貞，乃得无咎也。

而天下隨時。釋文　而天下隨時，王肅本作隨之。

解　虞翻曰：乾爲天，坤爲下，震春兌秋，三四之正，坎冬離夏，四時位正，時行則行，故天下

隨時矣

注 爲隨而令大通利貞得於時也得時則天下隨之矣

隨時之義大矣哉 釋文 隨時之義王肅本作隨之時義

解 蜀才曰此本否卦剛自上來居初柔自初而升上則內動而外悅是動而悅隨也相隨而大亨无咎得於時也得時則天下隨之矣故曰隨時之義大矣哉

注 隨之所施唯在於時也時異而不隨否之道也故隨時之義大矣哉

象曰澤中有雷隨

解 九家易曰兌澤震雷八月之時雷藏於澤則天下隨時之象也

君子以嚮晦入宴息 釋文 以嚮本又作向許亮反王肅本作鄉音同入宴

徐烏練反王肅烏懸反

解 翟元曰晦者冥也雷者陽氣春夏用事今在澤中秋冬時也故君子象之日出視事其將晦冥退入宴寢而休息也侯果曰坤為晦乾之上九來入坤初嚮晦者也坤初升兌二為休息入宴者也欲君民者晦德息物動悅黎庶則萬方歸隨也

注 澤中有雷動說之象也物皆說隨可以无為不勞明鑒故君子嚮晦入宴息也

集解 鄭康成曰晦宴也猶人君既夕之後入於宴寢而止息 疏

初九官有渝貞吉出門交有功 釋文 官有蜀才作館有

解 九家易曰渝變也謂陽來居初得正為震震為子得土之位故曰官也陰陽出門相與交通陰往之上亦不失正故曰貞吉而交有功 鄭康成曰震為大塗又為日門當春

分陰陽之所交也是臣出君門與四方賢人交有成功之象也昔舜愼徽五典五典克從納于百揆百揆時序賓于四門四門穆穆是其義也

注 居隨之始上无其應无所偏係動能隨時意无所主者也隨不以欲以欲隨宜者也故官有渝變隨不失正也出門无違何所失哉

象曰官有渝從正吉也出門交有功不失也

六二係小子失丈夫

集解 虞翻曰應在巽二爲繩故稱係小子謂五兌爲少故曰小子丈夫謂四體大過老夫故稱丈夫承四隔三故失丈夫三至上有大過象故與老婦士夫同義體咸象爻死大過故婦有欲嫁之義也

注 陰之為物以處隨世不能獨立必有係也居隨之時體分柔弱而以乘夫剛動豈能秉志違於所近隨此失彼弗能兼與五處己上初處己下故曰係小子失丈夫也

象曰係小子弗兼與也

解 虞翻曰已係于五不兼與四也

六三係丈夫失小子隨有求得利居貞

解 虞翻曰隨家陰隨陽三之上无應上係於四失初小子故係丈夫失小子艮為居為求謂求之正得位遠應利上承四故利居貞矣

注 陰之為物以處隨世不能獨立必有係也雖體下卦二已據初將何所附故舍初係四志在丈夫四俱无應亦欲於己隨之則得其所求矣故曰隨有求得也應非其正以係

於人何可以妄故利居貞也初處巳下四處巳上故曰係丈夫失小子也

象曰：係丈夫，志舍下也。

【注】下謂初也

九四：隨有獲，貞凶。有孚在道以明，何咎？

【疏】虞翻曰謂獲三也失位相據在大過死象故貞凶象曰其義凶矣孚謂五初震爲道三巳之正四變應初得位在離故有孚在道以明何咎象曰明功也

【注】處說之初下據二陰三求係巳不距則獲故曰隨有獲也居於臣地履非其位以擅其民失於臣道違正者也故曰貞凶體剛居說而得民心能幹其事而成其功者也雖違常義志在濟物心存公誠著信在道以明其功何咎之有

象曰隨有獲其義凶也

解虞翻曰死在大過故凶也

有孚在道明功也

解虞翻曰功謂五也三四之正離爲明故明功也

九五孚于嘉吉

解虞翻曰坎爲孚陽爲嘉位五正故吉也

注履正居中而處隨世盡隨時之宜得物之誠故嘉吉也

象曰孚于嘉吉位正中也釋文位正中也一本作中正

解虞翻曰凡正言中正中正皆陽得其正以此爲例矣

上六拘係之乃從維之

【解】虞翻曰應在艮艮手爲拘巽爲繩兩係稱維故拘係之乃從維之在隨之上而无所隨故維之象曰

上窮是其義也

【注】隨之爲體陰順陽者也最處上極不從者也隨道已成而特不從故拘係之乃從也率土之濱莫非王臣而爲不從王之所討也故維之

王用亨于西山【釋文】用亨許庚反通也陸許兩反

【解】虞翻曰否乾爲王謂五也有觀象故亨兌爲西艮爲山故王用亨于西山也

【注】王用亨于西山西山者兌爲西方山者途之險隔也處西方而爲不從故王用通于西山

【集解】陸績曰亨祭也【釋文】

象曰拘係之上窮也

解 虞翻曰乘剛无應故上窮也 注 處於上極故窮也

☶☴ 巽下艮上

蠱元亨 釋文 蠱音古徐又姬祖反一音故

解 虞翻曰泰初之上而與隨旁通剛上柔下乾坤交故元亨也 伏曼容曰蠱惑亂也萬事從惑而起故以蠱爲事也案尚書大傳云乃命五史以書五帝之蠱事然爲訓者正以大古之時无爲无事也今言蠱者是卦之而惑亂也時既漸澆物情惑亂故事業因之而起惑矣故左傳云女惑男風落山謂之蠱是其義也

利涉大川

【解】虞翻曰謂二失位動而之坎也故利涉大川也

先甲三日後甲三日

【解】子夏傳云先甲三日者辛壬癸也後甲三日者乙丙丁也　馬融曰甲在東方艮在東北故云先甲巽在東南故云後甲所以十日之中唯稱甲者甲爲十日之首蠱是造事之端故舉初而明事始也言所以三日者不令而誅謂之暴故令先後各三日欲使百姓遍習行而不犯也

【集解】鄭康成曰甲者造作新令之日甲前三日取改過自新故用辛也甲後三日取丁寧之義故用丁也

褚氏何氏周氏同【并疏】

彖曰蠱剛上而柔下巽而止蠱

解 虞翻曰泰初之上故剛上坤上之初故柔下上艮下巽故巽而止蠱也

注 上剛可以斷制下柔可以施令既巽又止不競爭也有事而无競爭之患故可以有爲也

蠱元亨而天下治也

解 荀爽曰蠱者巽也巽歸合震故元亨也蠱者事也備物致用故天下治也

注 有爲而大亨非天下治而何也

利涉大川往有事也

解 九家易曰陽往據陰二來乘陽故有事也此卦本泰乾天有河坤地有水二爻升降

出入乾坤利涉大川也陽往求五陰來求二未得正位故有事

注 蠱者有事而待能之時也可以有爲其在此時矣物已說隨則待夫作制以定其事也進德修業往則亨矣故元亨利涉大川也

集解 褚氏曰蠱者惑也物既惑亂終致損壞當須有事也有爲治理也故序卦云蠱者事也謂物蠱必有事非謂訓蠱爲事 疏

先甲三日後甲三日終則有始天行也

解 虞翻曰謂初變成乾乾爲甲至二成離離爲日謂乾三爻在前故先甲三日賁時也變三至四體離至五成乾乾三爻在後故後甲三日无妄時也易出震消息歷乾坤象乾爲始坤爲終故終則有始乾爲天震爲行故天行也

注 甲者創制之令也創制不可責之以舊故先之三日後之三日使令洽而後乃誅也因事申令終則復始若天之行用四時也

象曰山下有風蠱

解 何妥曰山者高而靜風者宣而疾有似君處上而安靜臣在下而行令也

君子以振民育德 釋文 以振舊之慎反濟也師讀音真振振仁厚也育德王肅作毓古育字

解 虞翻曰君子謂泰乾也坤爲民初上撫坤故振民乾稱德體大畜須養故以育德也

注 蠱者有事而待能之時也故君子以濟民養德也

初六幹父之蠱有子考无咎厲終吉 釋文 有子考无咎絕

何周依馬王肅以考絕句

【疏】虞翻曰幹正蠱事也泰乾爲父坤爲事故幹父之蠱初上易位艮爲子父死大過稱考故有子考變而得正故无咎厲終吉　案位陽令首父之事也爻陰柔順子之質也

【注】處事之首始見任者也以柔巽之質幹父之事能承先軌堪其任者也故曰有子也任爲事首能堪其事考乃无咎也故曰有子考无咎也當事之首是以危也能堪其事故終吉

象曰幹父之蠱意承考也

【注】幹事之首時有損益不可盡承故意承而已

九二幹母之蠱不可貞

解 虞翻曰應在五泰坤爲母故幹母之蠱失位故不可貞案位陰居內母之象也

注 居於內中宜幹母事故曰幹母之蠱也婦人之性難可全正宜屈已剛既幹且順故曰不可貞也幹不失中得中道也

象曰幹母之蠱得中道也

解 虞翻曰變而得正故貞而得中道

九三幹父之蠱小有悔无大咎

解 案爻位俱陽父之事

注 以剛幹事而无其應故有悔也履得其位以正幹父雖小有悔終无大咎

象曰幹父之蠱終无咎也

六四裕父之蠱往見吝

解 虞翻曰裕不能爭也孔子曰父有爭子則身不陷於不義四陰體大過本末弱故裕父之蠱兑爲見變而失正故往見吝象曰往未得是其義也

注 體柔當位幹不以剛而以柔和能裕先事者也然無其應往必不合故曰往見吝

集解 馬融曰裕寬也

象曰裕父之蠱往未得也

解 虞翻曰往失位折鼎足故未得

六五幹父之蠱用譽

解 荀爽曰體和應中承陽有實用斯幹事榮譽之道也

注 以柔處尊用中而應承先以斯用譽之道也

象曰幹父用譽承以德也

解 虞翻曰譽謂二也二五失位變而得正故用譽變二使承五故承以德二乾爻故稱德矣

注 以柔處中不任威力也

上九不事王侯

解 虞翻曰泰乾爲王坤爲事應在於三震爲侯坤象不見故不事王侯

高尚其事

解 虞翻曰謂五已變巽爲高艮陽升在坤上故高尚其事也

注 最處事上而不累於位不事王侯高尚其事也

象曰不事王侯志可則也

解 荀爽曰年老事終不當其位體艮爲止故不事王侯據上臨下重陰累實故志可則

䷒ 兌下坤上

臨元亨利貞

解 虞翻曰陽息至二與遯旁通剛浸而長乾來交坤動則成乾故元亨利貞

至于八月有凶

解 鄭康成曰臨大也陽氣自此浸而長大陽浸長矣而有四德齊功於乾盛之極也人之情盛則奢淫奢淫將亡故戒以凶也臨卦斗建丑而用事殷之正月也當文王之時紂

爲危道故于是卦爲殷家著興衰之戒以見周改殷正之數云臨自周二月用事訖其七月至八月而遯卦受之此終而復始王命然矣虞翻曰與遯旁通臨消於遯六月卦也於周爲八月遯弑君父故至于八月有凶荀公以兌爲八月兌于周爲十月言八月失之甚矣蜀才曰此本坤卦剛長而柔剥故大亨利貞也案臨十二月卦也自建丑之月至建申之月凡歷八月則成否也否則天地不交萬物不通是至于八月有凶斯之謂也

【集解】何氏曰從建子陽生至建未爲八月【疏】褚氏曰自建寅至建酉爲八月【回】

彖曰臨剛浸而長【[illegible]】而長丁丈反一音治良反

【集解】虞翻曰剛謂二也兌爲水澤自下浸上故浸而長也

說而順剛中而應大亨以正天之道也

解 虞翻曰：說，兌也。順，坤。剛中，謂二也。四陰皆應之，故曰而應。大亨以正，謂三動成乾，天德正，爲泰，天地交通，故亨以正，天之道也。

注 陽轉進長，陰道日消，君子日長，小人日憂，大亨以正之義。

至于八月有凶，消不久也。

注 八月陽衰而陰長，小人道長，君子道消也，故曰有凶。

象曰：澤上有地，臨。

解 荀爽曰：澤卑地高，高下相臨之象也。

君子以教思无窮，容保民无疆。

解 虞翻曰：君子謂二也。震爲言，兌口講習，學以聚之，問以辨之。坤爲思，剛浸長，故以教

思无窮容寬也二寬以居之仁以行之坤爲容爲民故保民无疆矣

注 相臨之道莫若説順也不恃威制得物之誠故物无違也是以君子教思无窮容保民无疆也

初九咸臨貞吉

解 虞翻曰咸感也得正應四故貞吉也

注 咸感也感應也有應於四感以臨者也四履正位而已應焉志行正者也以剛感順志行其正以斯臨物正而獲吉也

象曰咸臨貞吉志行正也

解 荀爽曰陽始咸升以剛臨柔得其正位而居是吉故曰志行正

九二咸臨吉无不利

解 虞翻曰得中多譽兼有四陰體復初元吉故无不利

注 有應在五感以臨者也剛勝則柔危而五體柔非能同斯志者也若順於五則剛德不長何緣得吉无不利乎全與相違則失於感應其得咸臨吉无不利必未順命也

象曰咸臨吉无不利未順命也

解 荀爽曰陽感至二當升居五羣陰相承故无不利也陽當居五陰當順從今尚在二故曰未順命也

六三甘臨无攸利既憂之无咎

解 虞翻曰兑爲口坤爲土土爰稼穡作甘兑口銜坤故曰甘臨失位乘陽故无攸利言

三失位无應故憂之

注 甘者佞邪說媚不正之名也履非其位居剛長之世而以邪說臨物宜其无攸利也若能盡憂其危改修其道剛不害正故咎不長

象曰甘臨位不當也既憂之咎不長也

解 虞翻曰動而成泰故咎不可長也

六四至臨无咎

解 虞翻曰至下也謂下至初應當位有實故无咎

注 處順應陽不忌剛長而乃應之履得其位盡其至者也剛勝則柔危柔不失正乃得无咎也

象曰至臨无咎位當也【釋文】位當也本或作當位實非也【按】李氏本作當位實也

【解】荀爽曰四與二同功欲升二至五已得承順之故曰至臨也陽雖未乘處位居正故得无咎是當位實也

六五知臨大君之宜吉【釋文】知臨音智又如字

【解】荀爽曰五者帝位大君謂二也宜升上居五位吉故曰知臨大君之宜也

【注】處於尊位履得其中能納剛以禮用建其正不忌剛長而能任之委物以能而不犯焉則聰明者竭其視聽知力者盡其謀能不爲而成不行而至矣大君之宜如此而已故日知臨大君之宜吉也

象曰大君之宜行中之謂也

【解】荀爽曰二者處中行升居五五亦處中故曰行中之謂也

上六敦臨吉无咎

【解】荀爽曰上應於三欲因三升二過應於陽敦厚之意故曰敦臨吉无咎

【注】處坤之極以敦而臨者也志在助賢以敦爲德雖在剛長剛不害厚故无咎也

象曰敦臨之吉志在内也

【解】九家易曰志在升二也陰以陽爲主故志在内也

䷓ 坤下巽上

觀盥而不薦有孚顒若【釋文】觀官喚反下大觀在上以觀天下風行地

上觀同餘不出者并音官而不薦王
文作盥同賤練反王肅本作而觀薦

解 馬融曰盥者進爵灌地以降神也此是祭
祀盛時及神降薦牲其禮簡畧不足觀也
國之大事唯祀與戎王道可觀在於祭祀
祀之盛莫過初盥降神故孔子曰禘自既灌而
往者吾不欲觀之矣此言及薦簡畧則不足
觀也以下觀上見其致盛之禮萬民信敬故
云有孚□若孚信□敬也案鬼神害盈禍淫
福善若人君修德至誠感神則黍稷非馨明
德惟馨故觀盥而不觀薦饗其誠信者也斯
即東鄰殺牛不如西鄰之禴祭實受其福是
其義 鄭康成曰坤爲地爲衆巽爲木爲風
九五天子之爻互體有艮艮爲鬼門又爲宮
闕地上有木而爲鬼門宮
闕者天子宗廟之象也

注 王道之可觀者莫盛乎宗廟宗廟之可觀
者莫盛於盥也至薦簡畧不足復觀故觀

盥而不觀薦也孔子曰禘自既灌而往者吾不欲觀之矣盡夫觀盛則下觀而化矣故觀至盥則有孚□若也

【集解】鄭康成曰諸侯貢士於天子卿大夫貢士於其君必以禮賓之唯主人盥而獻賓賓盥而酢主人設薦俎則弟子也【儀禮疏】陸希聲曰盥手酌鬯祭之始薦進孰祭末灌鬯之時誠敬內克齊莊之容□□外見則與祭者皆觀感而化矣【羅苹路史注】

彖曰大觀在上【釋文】大觀王肅音官

【解】蜀才曰此本乾卦案柔小浸長剛大在上其德可觀故曰大觀在上也

【注】下賤而上貴也

順而巽中正以觀天下【釋文】以觀徐唯此一字作官音

解　虞翻曰謂陽息臨二直方大臨者大也在觀上故稱大觀順坤也中正謂五五以天神道觀示天下咸服其化賓于王庭

觀盥而不薦有孚□若下觀而化也

解　虞翻曰觀反臨也以五陽觀示坤民故稱觀盥沃盥薦羞牲也孚信謂五□□君德有威容貌若順也坎爲水坤爲器艮手臨坤坎水沃之盥之象也故觀盥而不薦孔子曰禘自既灌吾不欲觀之矣巽爲進退容止可觀進退可度則下觀其德而順其化上之三五在坎中故有孚顒若下觀而化詩曰□□卭卭如珪如璋君德之義也

注　統說觀之爲道不以刑制使物而以觀感化物者也

觀天之神道而四時不忒

解 虞翻曰忒差也神道謂五臨震兌為春秋三上易位坎冬離夏日月象正故四時不忒也

注 神則无形者也不見天之使四時而四時不忒

集解 案易大傳曰誣神者殃及三世 漢書

聖人以神道設教而天下服矣

釋文 神道設教一本作以神道設教

解 虞翻曰聖人謂乾退藏於密而齊于巽以神明其德教故聖人設教坤民順從而天下服矣

注 不見聖人使百姓而百姓自服也

象曰風行地上觀先王以省方觀民設教

解九家易曰先王謂五應天順民受命之于也風行地上草木必偃枯槁朽腐獨不從風謂應外之爻天地氣絕陰陽所去象不化之民五刑所加故以省察四方觀示民俗而設其教也言先王德化光被四表有不賓之民不從法令以五刑加之以齊德教也

集解鄭衆曰從俗所爲順民之教故君子治人不求變俗 口訣義

初六童觀小人无咎君子吝

解虞翻曰艮爲童陰小人陽君子初位賤以小人乘君子故无咎陽伏陰下故君子吝矣

注處於觀時而最遠朝美體於陰柔不能自進无所鑒見故曰童觀趣順而已无所能

爲小人之道也故曰小人无咎君子處大觀之時而爲童觀不亦鄙乎

集解 馬融曰童猶獨也 **釋文** 鄭康成曰童稚也 **同**

象曰初六童觀小人道也

六二闚觀利女貞 **釋文** 闚本又作窺

解 虞翻曰臨兌爲女竊觀稱闚兌女反成巽巽四五得正故利女貞艮爲宮室坤爲闔戶小人而應五故闚觀女貞利不淫視也案六二離爻離爲目又爲中女外互體艮艮爲門闕女目近門闚觀之象也

注 處在於內寡所鑒見體分柔弱從順而已猶有應焉不爲全蒙所見者狹故曰闚觀居內得位柔順寡見故曰利女貞婦人之道也處大觀之時居中得位不能大觀廣鑒闚

觀而已誠可醜也

象曰：闚觀女貞，亦可醜也。釋文 象曰闚觀女貞一本有利字

解 侯果曰：得位居中，上應于五，闚視朝美，不能大觀，處大觀之時而爲闚觀，女正則利，君子則醜也。

六三：觀我生進退。

解 虞翻曰：坤爲我，臨震爲生，生謂坤生民也。巽爲進退，故觀我生進退。臨震進之五，得正居中，故象曰未失道。

注 居下體之極，處二卦之際，近不比尊，遠不童觀，觀風者也。居此時也，可以觀我生進退也。

象曰觀我生進退未失道也

解 荀爽曰我謂五也生者教化生也三欲進觀於五四既在前而三故退未失道也

六四觀國之光利用賓于王 釋文 觀國之光如字或音官與尺

解 虞翻曰坤爲國臨陽至二天下文明反上成觀進顯天位故觀國之光也王位五陽陽尊賓坤坤爲用爲臣四在王庭賓事於五故利用賓於王矣詩曰莫敢不來賓莫敢不來王是其義也

注 居觀之時最近至尊觀國之光者也居近得位明習國儀者也故曰利用賓于王也

象曰觀國之光尚賓也

解 崔憬曰得位比尊承於王者職在搜揚國俊賓薦王庭故以進賢爲尚賓也

九五觀我生君子无咎

解 虞翻曰我身也謂我生生謂生民震生象反坤爲死喪嫌非生民故明而不言民也陽爲君子在臨二失位之五得道處中故君子无咎矣

注 居於尊位爲觀之主宣宏大化光于四表觀之極者也上之化下猶風之靡草故觀民之俗以察巳之道百姓有在於一人君子風著巳乃无咎上爲化主將欲自觀乃觀民也

象曰觀我生觀民也

解 虞翻曰坤爲民謂三也坤體成故觀民也矣

上九觀其生君子无咎

解 虞翻曰應在三三體臨震故觀其生君子謂三之三得正故无咎矣

注 觀我生自觀其道也觀其生爲民所觀者也不在於位最處上極高尚其志爲天下所觀者也處天下所觀之地可不愼乎故君子德見乃得无咎生猶動出也

集解 王傳云獨處巽地不易執持 口訣義

象曰觀其生志未平也

解 虞翻曰坎爲志爲平上來之三故志未平矣

注 將處巽地爲衆觀不爲平易和光流通志未平也

周易集解卷三終

清陽湖孫氏本周易集解

第二册

清 孫星衍撰

清嘉慶三年蘭陵孫氏兗州刻本（《岱南閣叢書》之一）

山東人民出版社·濟南

賜進士及第署山東提刑按察使分巡兗沂曹濟黃河兵備道孫星衍撰

上經噬嗑傳第四

䷔ 震下離上

噬嗑亨利用獄

解 虞翻曰否五之坤初坤初之否五剛柔交故亨也坎爲獄艮爲手離爲明四以不正而係於獄上當之三蔽四成豐折獄致刑故利用獄坤爲用也　案頤中有物曰噬嗑謂九四也四互體坎坎爲法律又爲刑獄四在頤中齧而後亨故利用獄也

注 噬齧也嗑合也凡物之不親由有閒也物之不齊由有過也有閒與過齧而合之所

以通也刑克以通獄之利也

彖曰頤中有物曰噬嗑

解 虞翻曰物謂四則所噬乾胏也頤中无物則口不噬故先舉頤中有物曰噬嗑也

注 頤中有物齧而合之噬嗑之義也

噬嗑而亨

解 崔憬曰物在頤中隔其上下因齧而合乃得其亨焉以喻人於上下之間有亂羣者當用刑去之故言利用獄

注 有物有間不齧不合无繇亨也

剛柔分動而明雷電合而章

解 盧氏曰此本否卦乾之九五分降坤初坤之初六分升乾五是剛柔分也分則雷動于下電照于上合成天威故曰雷電合而成章也

注 剛柔分動不瀆乃明雷電並合不亂乃章皆利用獄之義

柔得中而上行雖不當位利用獄也

解 侯果曰坤之初六上升乾五是柔得中而上行雖則失位文明以中斷制枉直不失情理故利用獄

注 謂五也能爲齧合而通必有其主五則是也上行謂所之在進也凡言上行皆所之在貴也雖不當位不害用獄也

象曰雷電噬嗑

解 宋衷曰雷動而威電動而明二者合而其道彰也用刑之道威明相兼若威而不明恐致淫濫明而无威不能伏物故須雷電並合而噬嗑備

先王以明罰勑法 釋文 勑耻力反此俗字也字林作勅

解 侯果曰雷所以動物電所以照物雷電震照則萬物不能懷邪故先王則之明罰勑法以示萬物欲萬方一心也

集解 鄭康成曰勑猶理也 釋文

初九屨校滅趾无咎 釋文 校爻教反馬音教滅止本作作趾趾足也

解 侯果曰屨貫趾足也震爲足坎爲校震没坎下故屨校滅趾初位得正故无咎 干寶曰趾足也屨校貫械也初居剛躁之家體貪狼之性以震掩巽强暴之男也行侵陵之

別以屨校之刑故曰屨校滅趾得位于初顧震殊麗小懲大戒以免刑戮故曰无咎矣

注 居无位之地以處刑初受刑而非治刑者也凡過之所始必始於微而後至於著罰之所始必始於薄而後至於誅過輕戮薄故屨校滅趾桎其行也足懲而已故不重也過而不改乃謂之過小懲大誡乃得其福故无咎也校者以木絞校者也即械也校者取其通名也

象曰屨校滅趾不行也釋文不行也或本作止不行也

解 虞翻曰否坤小人以陰消陽其亡其亡故五變滅初坤殺不行也干寶曰不敢遂行强也

注 過止於此

六二噬膚滅鼻无咎

解 虞翻曰噬食也艮爲膚爲鼻鼻吸滅坎水中隱藏不見故噬膚滅鼻乘剛又得正多譽故无咎

注 噬齧也齧者刑克之謂也處中得位所刑者當故曰噬膚也乘剛而刑未盡順道噬過其分故滅鼻也刑得所疾故雖滅鼻而无咎也膚者柔脆之物也

集解 馬融曰柔脆肥美曰膚 **釋文**

象曰噬膚滅鼻乘剛也

解 侯果曰居中履正用刑者也二互體艮艮爲鼻又爲黔喙噬膚滅鼻之象也乘剛噬必深噬過其分故滅鼻也刑刻雖峻得所疾也雖則滅鼻而无咎矣

六三噬腊肉遇毒小吝无咎

【解】荀爽曰腊肉謂四也三以不正噬取異家故法當遇罪故曰遇毒爲艮所止所欲不得故小吝也所欲不得則免于罪故无咎矣 虞翻曰二在膚裏故稱肉離日熯之爲腊坎爲毒故噬腊肉遇毒毒謂矢毒也失位承四故小吝與上易位利用獄成豐故无咎也

【注】處下體之極而履非其位以斯食物其物必堅豈唯堅乎將遇其毒噬以喻刑人腊以喻不服毒以喻怨生然承於四而不乘剛雖失其正刑不侵順故雖遇毒小吝无咎

【集解】馬融曰晞於陽而煬於火曰腊肉【釋文】

象曰遇毒位不當也

九四噬乾胏得金矢利艱貞吉【釋文】胏緇美反子夏作脯徐音

胏荀董同【按】說文引作𩞄唐石經吉字上旁注一大字

【注】雖體陽爻爲險之主履不獲中而居其非位以斯噬物物亦不服故曰噬乾胏也金剛也矢直也噬乾胏而得剛直可以利於艱貞之吉未足以盡通理之道也

【集解】馬融曰有骨謂之胏【釋文】鄭康成曰胏簀也【同】王肅曰四體離陰卦骨之象骨在乾肉脯之象金象所以獲野禽故食之反得金矢君子於味必思其毒於利必備其難【初學記】

象曰利艱貞吉未光也【釋文】未光大也本亦無大字

【解】陸績曰肉有骨謂之胏離爲乾肉又爲兵矢失位用刑物亦不服若噬有骨之乾胏也金矢者取其剛直也噬胏雖復艱難終得申其剛直雖獲正吉未爲光大也

六五噬乾肉得黃金貞厲无咎

解 虞翻曰陰稱肉位當離中日烈故乾肉也乾金黃故得黃金貞正厲危也變而得正故无咎

注 乾肉堅也黃中也金剛也以陰處陽以柔乘剛以噬於物物亦不服故曰噬乾肉也然處得尊位以柔乘剛而居於中能行其戮者也履不正而能行其戮剛勝者也噬雖不服得中而勝故曰噬乾肉得黃金也已雖不正而刑戮得當故雖貞厲而无咎也

象曰貞厲无咎得當也

解 荀爽曰謂陰來正居是何而陽也以陰厲陽正居其處而无咎者以從下明上不失其中所以得當

上九：何校滅耳，凶。【釋文】何校，何可反，又音河，本亦作荷，音同。

【解】荀爽曰：爲五所何，故曰何校。據五應三，欲盡滅坎，上體坎爲耳，故曰滅耳凶。上以不正，侵欲无已，奪取異家，惡積而不可掩，罪大而不可解，故宜凶矣。鄭康成曰：離爲槁木，坎爲耳，木在耳上，何校滅耳之象也。

【注】處罰之極，惡積不改者也。罪非所懲，刑及其首，至於滅耳，及首非誡，滅耳非懲，凶莫甚焉。

【集解】王肅曰：荷，擔也。【釋文】

象曰：何校滅耳，聰不明也。

【解】九家易曰：當據離坎以爲聰明，坎既不正，今欲滅之，故曰聰不明也。

【注】聰不明，故不慮惡積，至於不可解也。

集解 馬融曰耳無所聞也 **釋文** 鄭康成曰月不明耳不聰 王肅曰言其聰之不明 并同

䷕ 離下艮上

賁亨 **釋文** 賁彼僞反徐甫寄反李軌府䆊反王肅符文反

解 虞翻曰泰上之乾二乾二之坤上柔來文剛陰陽交故亨也

集解 傅氏曰賁古斑字文章貌 **釋文** 鄭康成曰賁變也文飾之貌 王肅曰賁有文飾黃白色 并同

小利有攸往 **按** 唐石經利字下旁注一貞字

解 鄭康成曰賁文飾也離爲日天文也艮爲石地文也天文在下地文在上天地二文

相飾成賁者也猶人君以剛柔仁義之道飾成其德也剛柔雜仁義合然後嘉會禮通故亨也卦互體坎艮艮止于上坎險止于下夾震在中故不利大行小有所之則可矣虞翻曰小謂五五失正動得位體離以剛文柔故小利有攸往

彖曰賁亨柔來而文剛故亨分剛上而文柔故小利有攸往

解 荀爽曰此本泰卦謂陰從上來居乾之中文飾剛道交與中和故亨也分乾之二居坤之上上飾柔道兼據二陰故小利有攸往矣

注 剛柔不分文何繇王故坤之上六來居二位柔來文剛之義也柔來文剛居位得中是以亨乾之九二分居上位分剛上而文柔之義也剛上文柔不得中位不若柔來文剛

故小利有攸往

天文也

解 虞翻曰謂五利變之正成巽巽體離艮爲星離日坎月巽爲高五天位離爲文明日月星辰高麗于上故稱天之文也

注 剛柔交錯而成文焉天之文也

集解 陸希聲曰天地以節氣相交天文也 漢上圖

文明以止人文也

解 虞翻曰人謂三乾爲人文明離止艮也震動離明五變據四二五分則止文三故以三爲人文也

注 止物不以威武而以文明人之文也

觀乎天文以察時變

解 虞翻曰日月星辰爲天文也泰震春兌秋賁坎冬離夏巽爲進退日月星辰進退盈縮謂朓側朒也歷象在天成變故以察時變矣

注 觀天之文則時變可知也

觀乎人文以化成天下

解 虞翻曰泰乾爲人五二動體既濟賁離象重明麗正故以化成天下也 干寶曰四時之變懸乎日月聖人之化成乎文章觀日月而要其會通觀文明而化成天下

注 觀人之文則化成可爲也

象曰山下有火賁

解王廙曰山下有火文相照也夫山之爲體層峰峻嶺峭嶮參差直置其形已如彫飾復加火照彌見文章賁之象也

君子以明庶政无敢折獄釋文以明蜀才本作命折之舌反

解虞翻曰君子謂乾離爲明坤爲庶政故明庶政坎爲獄三在獄得正故无敢折獄噬嗑四不正故利用獄也

注處賁之時止物以文明不可以威刑故君子以明庶政而无敢折獄

集解鄭康成曰折斷也釋文

初九賁其趾舍車而徒釋文其趾一本作止車音居鄭張本作輿從漢

時始有車肯

【解】虞翻曰：在震，震爲足，故賁其趾也。應在艮，艮爲舍，坎爲車，徒步行也。位在下，故舍車而徒。崔憬曰：剛柔相交，以成飾義者也。今近四，棄于二，比故曰舍車。車，士大夫所乘，謂二也。四乘于剛，艮止其應，初全其義，故曰而徒。徒，塵賤之事也。自飾其行，故曰賁其趾。趾謂初也。王肅曰：在下位稱趾，既舍其車，又飾其趾，是徒步也。

【注】在賁之始，以剛處下，居於无位，棄於不義，安夫徒步以從其志者也。故飾其趾，舍車而徒，義弗乘之謂也。

【集解】鄭康成曰：趾，足也。【釋文】

象曰：舍車而徒，義弗乘也。

六二賁其須【釋文】其須字從彡水邊作頁非

【解】侯果曰自三至上有頤之象也二在頤下須之象

【注】得其位而无應三亦无應俱无應而比焉近而相得者也須之爲物上附者也循其所履以附於上故曰賁其須也

象曰賁其須與上興也

【解】侯果曰上无其應三亦无應若能上承于三與之同德雖俱无應可相與而興起也

九三賁如濡如永貞吉

【解】盧氏曰有離之文以自飾故曰賁如也有坎之水以自潤故曰濡如也體剛履正故永貞吉

注 處下體之極居得其位與二相比俱履其正和合相潤以成其文者也既得其飾又得其潤故曰賁如濡如也永保其貞物莫之陵故曰永貞吉也

象曰永貞之吉終莫之陵也

解 盧氏曰與二同德故終莫之陵也

六四賁如皤如白馬翰如匪寇婚媾 釋文 皤白波反說文云老人貌董音槃鄭陸作燔音煩荀作波翰戶旦反亦作寒案反

解 陸績曰震爲馬爲白故曰白馬翰如案皤亦白素之貌也

注 有應在初而閡於三爲已寇難二志相感不獲通亨欲靜則疑初之應欲進則懼三之難故或飾或素內懷疑懼也鮮潔其馬翰如以待雖履正位未敢果其志也三爲剛猛

未可輕犯匪寇乃婚終无尤也

集解 馬融曰翰高也荀爽同 **釋文** 鄭康成曰翰白也 **同** 又曰六四巽爻也有應於初九欲自飾以適初既進退未定故皤如也謂九三位在辰得巽氣爲白馬翰猶幹也見六四適初未定欲幹而有之 **禮記疏** 董遇曰馬作足横行曰皤翰馬舉頭高仰也黄穎同 **釋文**

象曰六四當位疑也

解 象坎爲盜故疑當位乘三悖禮難飾應初遠陽故曰當位疑也

匪寇婚媾終无尤也

經 崔憬曰以其守正待應故終无尤也

六五賁于丘園束帛戔戔吝終吉 [釋文]賁于丘園黄本賁作世戔戔在干反又音牋子夏傳作殘殘

[illegible]虞翻曰艮爲山五半山故稱丘木果曰園故賁于丘園也六五失正動之成巽巽爲帛爲繩艮手持故束帛以艮斷巽故戔戔失位无應故吝變而得正故終吉矣

[注]處得尊位爲飾之主飾之盛者也施飾於物其道害也施飾丘園盛莫大焉故賁于東帛丘園乃落賁于丘園帛乃戔戔用莫過儉泰而能約故必吝焉乃得終吉也

[集解][釋文]子夏傳曰五匹爲束三元二纁象陰陽賈蒨曰東帛五匹服虔同[文瑩湘山野錄]馬融曰戔戔委積貌[釋文]王肅曰失位无應隱處丘園蓋蒙闇之人道德[illegible]必有束帛之聘也[文選注]黄穎曰戔戔猥積貌一云顯見貌[釋文]薛虞云戔戔禮之多也[同]

先儒云若賁飾束帛不用聘士則邱園之士乃落也若賁飾邱園之士與之故束帛乃戔戔也

疏

象曰六五之吉有喜也【釋文】有喜如字徐許意反

【解】荀爽曰艮山震林失其正位在山林之閒賁飾邱陵以爲園圃隱士之象也五爲王位體中履和勤賢之主尊道之君也故曰賁于邱園束帛戔戔君臣失正故吝能以中和飾上成功故終吉而有喜也 虞翻曰五變之陽故有喜凡言喜慶皆陽爻束帛戔戔委積之貌 案六五離爻離爲中女午爲蠶絲束帛之象

上九白賁无咎

【解】虞翻曰在巽上故曰白賁乘五陰變而得位故无咎矣

注 處飾之終飾終反素故在其質素不勞文飾而无咎也以白爲飾而无患憂得志者也

象曰白賁无咎上得志也

解 虞翻曰上之五得位體成既濟故曰得志坎爲志也干寶曰白素也延山林之人采素士之言以飾其政故上得志也

䷖ 坤下艮上

剝不利有攸往

解 虞翻曰陰消乾也與夬旁通以柔變剛小人道長子弒其父臣弒其君故不利有攸往也

集解 馬融曰剝落也〔釋文〕

彖曰剝剝也柔變剛也

解 荀爽曰謂陰外變五五至尊爲陰所變故曰剝也　盧氏曰此本乾卦羣陰剝陽故名爲剝也

不利有攸往小人長也

解 鄭康成曰陰氣侵陽上至于五萬物零落故謂之剝也五陰一陽小人極盛君子不可有所之故不利有攸往也

順而止之觀象也

解 虞翻曰坤順艮止謂五消觀成剝故觀象也

注 坤順而艮止也所以順而止之不敢以剛止者以觀其形象也

君子尚消息盈虛天行也

解 虞翻曰乾爲君子乾息爲盈坤息爲虛故君子尚消息盈虛天行也則出入無疾反復其道易虧巽消艮出震息兌盈乾虛坤故於是見之耳

注 强亢激拂觸忤以隕身身既傾焉功又不就非君子之所尚也

象曰山附於地剝

解 陸績曰艮爲山坤爲地山附於地謂高附於卑貴附於賤君不能制臣也

上以厚下安宅

解 盧氏曰上君也宅居也山高絕于地今附地者明被剝也屬地時也君當厚錫于下

賢當卑降于愚
然後得安其居

注 厚下者牀不見剝也安宅者物不
失處也厚下安宅治剝之道也

初六剝牀以足蔑貞凶 **釋文** 蔑荀作滅

解 虞翻曰此卦坤變乾也動初成巽巽木爲
牀復震在下爲足故剝牀以足蔑无貞正
也失位无應故蔑貞凶震
在陰下象曰以滅下也

注 牀者人之所以安也剝牀以足猶云剝牀
之足也蔑猶削也剝牀之足滅下之道也
下道始滅剛隕柔長
則正削而凶來也

集解 馬融曰蔑無也 鄭康
成曰蔑輕慢也 **并釋文**

象曰剝牀以足以滅下也

解 虞翻曰蔑滅也坤所以載物牀所以安人在下故稱足先從下剝漸及于上則君政崩滅故曰以滅下也

六二剝牀以辨蔑貞凶 釋文 辨徐音辦具之辦足上也鄭符勉反王肅否勉反

解 鄭康成曰足上稱辨謂近膝之下屈則相近申則相違故謂之辨辨分也 虞翻曰指間稱辨剝剝二成艮艮爲指二在指間故剝牀以辨无應在剝故蔑貞凶也

注 蔑猶甚極之辭也辨者足之上也剝道浸長故剝其辨也稍近於牀轉欲滅物之所處長柔而削正以斯爲德物所棄也

集解 馬融鄭康成曰辨足上也 釋文 黃穎曰辨牀簣也 薛虞曰辨膝下也 并同

象曰剝牀以辨未有與也

【解】崔憬曰今以牀言之則辨當在第足之間是牀梐也未有與者言至三則應故未有與也

六三剝之无咎【釋文】六三剝无咎本作剝之无咎非

【解】荀爽曰衆皆剝陽三獨應上无剝害意是以无咎故曰失上下也

【注】與上爲應羣陰剝陽我獨協焉雖處於剝可以无咎

象曰剝之无咎失上下也

【注】三上下各有二陰而三獨應於陽則失上下也

六四剝牀以膚凶【釋文】以膚方于反京作簠謂祭器

解 虞翻曰辨上稱膚民爲膚以陰變陽至四乾毁故剝牀以膚臣弑君子弑父故凶矣王肅曰在下而安人者牀也在上而處牀者人也坤以象牀艮以象人牀剝盡以及人身爲敗滋深害莫甚焉故曰剝牀以膚凶也

注 初二剝牀民所以安未剝其身也至四剝道浸長牀既剝盡以及人身小人遂盛物將失身豈惟削正靡所不凶

象曰剝牀以膚切近災也 **釋文** 切近如字徐巨靳反

解 崔憬曰牀之爲膚薦席若獸之有皮毛也牀以剝盡次及其膚剝于大臣之象言近身與君

集解 鄭康成曰切近切急也 **釋文**

六五貫魚以宮人寵无不利 [釋文] 貫魚古亂反徐音官穿也

[解] 虞翻曰剝消觀五巽爲魚爲繩艮手持繩貫巽故貫魚也艮爲宮室人謂乾五以陰代陽五貫乾爲寵人陰得麗之故以宮人寵動得正成觀故无不利也 何妥曰夫剝之爲卦下比五陰駢頭相次似貫魚也魚爲陰物以喻衆陰也夫宮人者后夫人嬪妾各有次序不相瀆亂此則貴賤有章寵御有序六五既爲衆陰之主能有貫魚之次第故得无不利矣

[注] 處剝之時居得尊位爲剝之主者也剝之爲害小人得寵以消君子者也若能施寵小人以宮人而已不害於正則所寵雖衆終无尤也貫魚謂此衆陰也駢頭相次似貫魚也

集解 陸希聲曰无不利事非无所不利也 纂要

象曰以宮人寵終无尤也

解 崔憬曰魚與宮人皆陰類以比小人焉魚大小一貫若后夫人嬪婦御女小大雖殊寵御則一故終无尤也

上九碩果不食君子得輿小人剝廬 釋文 得輿音餘京作德輿董作德車

解 虞翻曰艮爲碩果謂三已復位有頤象頤中无物故不食也夬乾爲君子爲德坤爲車爲民乾在坤故以德爲車小人謂坤艮爲廬上變滅艮坤陰迷亂故小人剝廬也

注 處卦之終獨全不落故果至于碩而不見食也君子居之則爲民覆蔭小人用之則

剝下所庇也

集解 鄭康成曰小人傲很當剝徹廬舍而去周禮疏

象曰君子得輿民所載也小人剝廬終不可用也

解 侯果曰艮爲果爲廬坤爲輿處剝之上有剛直之德羣小人不能傷害也故果至碩大不被剝食矣君子居此萬姓賴安若得乘其車輿也小人處之則庶方無控被剝其廬舍故曰小人剝廬終不可用矣

䷗ 震下坤上

復亨

【解】何妥曰：復者歸本之名。羣陰剝陽，至于幾盡，一陽來下，故稱反復。陽氣復反而得交通，故云復亨也。

【集解】鄭康成曰：復，反也，還也。陰氣侵陽，陽失其位，至此始還，反起於初，故謂之復。陽，君象。君失國而還反，道德更與也。【春秋疏】

出入无疾，朋來无咎。【釋文】朋來，京作萠。反復，芳福反，劉本同，本又作覆。

【解】虞翻曰：謂出震成乾，入巽成坤，坎爲疾，十二消息不見坎象，故出入无疾。兊爲朋，在內稱來，五陰從初，初陽正息而成兊，故朋來无咎矣。

反復其道，七日來復。

【解】案：易軌一歲十二月，三百六十五日四分日之一，以坎震離兊四方正卦，卦別六爻爻生一氣其餘六十卦三百六十爻爻主一日當周天之數餘五日四分日之一以通閏餘者也剝卦陽氣盡于九月之終至十月末純坤用事坤卦將盡則復陽來隔坤之一卦六爻爲六日復來成震一陽爻生爲七日故言反復其道七日來復是其義也天道元邈理絕希慕先儒已論雖各指于日月後學尋討猶未測其端倪今舉約文略陳梗概以後來悊如積薪者焉

集解鄭康成曰建戌之月以陽氣始進建亥之月純陰用事至建子之月陽氣始生隔此純陰一卦卦主六日七分舉其成數言之而云七日來復**正義曰**褚氏曰五月一陰生至十一月一陽生凡七月而云七日不云月者欲見陽長須速故變月言日　莊氏同**疏**

利有攸往

【解】虞翻曰陽息臨成乾小人道消君子道長故利有攸往矣

彖曰復亨

【解】虞翻曰陽息坤與姤旁通剛反交初故亨

剛反動而以順行【釋文】剛反絕句

【解】虞翻曰剛從艮入坤從反震故曰反動坤順震行故而以順行陽不從上來反初故不言剛自外來是以明不違之復入坤出震義也

是以出入无疾朋來无咎

【解】侯果曰陽上出君子道長也陰下入小人道消也動而以行故出入无疾朋來无咎

矣

【注】入則爲反出則剛長故无疾疢猶病也朋謂陽也

反復其道七日來復天行也

【解】虞翻曰謂乾成坤反出于震而來復陽爲道故復其道剛爲晝日消乾六爻爲六日剛來反初故七日來復天行也　侯果曰五月天行至午陽復而陰升也十一月天行至子陰復而陽升也天地運往陰陽升復凡歷七月故曰七日來復此天之運行也豳詩曰一之日觱發二之日栗烈一之日周之正月也二之日周之二月也則古人呼月爲日明矣

【注】陽氣始剝盡至來復時凡七日以天之行反復不過七日復之不可遠也

利有攸往剛長也

【解】荀爽曰：利往居五，剛道浸長也。

【注】往則小人道消也。

復其見天地之心乎

【解】荀爽曰：復者冬至之卦，陽起初九，爲天地心，萬物所始，吉凶之先，故曰見天地之心矣。虞翻曰：坤爲復，謂三復位時，離爲見，坎爲心，陽息臨成泰，乾天坤地，故見天地之心也。

【注】復者反本之謂也。天地以本爲心者也。凡動息則靜，靜非對動者也；語息則默，默非對語者也。然則天地雖大，富有萬物，雷動風行，運化萬變，寂然至无，是其本矣。故動息地中，乃天地之心見也。若其以有爲心，則異類未獲具存矣。

象曰：雷在地中，復。先王以至日閉關，商旅不行，后不省方。

解宋衷曰：商旅不行，自天子至公侯不省四方之事，將以輔遂陽體，成致君道也。制之者王，者之事；奉之者爲君之業也。故上言先王而下言后也。虞翻曰：先王謂乾初。至日，冬至之日。坤闔爲閉關，巽爲商旅，爲近利市三倍。姤巽伏初，故商旅不行。姤象曰：后以施命誥四方。今隱復下，故后不省方。復爲陽始，姤則陰始。天地之始，陰陽之首。已言先王，又更言后。后，君也。六十四卦唯此重耳。

注方，事也。冬至陰之復也，夏至陽之復也，故爲復則至於寂然大靜。先王則天地而行者也。動復則靜，行復則止，事復則无事也。

【集解】鄭康成曰資貨而行曰商旅客也【釋文】

初九不遠復无祇悔元吉【釋文】祇音支辭也馬音之是反韓康伯祁支反王肅作禔時支反九家本作𢻱字音支

【解】崔憬曰從坤反震而變此爻不遠復也復而有應故獲元吉也

【注】最處復初始復者也復之不速遂至迷凶不遠而復幾悔而反以此修身患難遠矣錯之於事其殆庶幾乎故元吉也

【集解】馬融曰祇辭也也陸績曰禔安也【釋文】鄭康成曰祇病韓康伯曰祇大也【并同】陸希聲曰祇適也【撮要】

象曰不遠之復以修身也

解 侯果曰祗大也往被陰剝所以有悔覺非遠復故无大咎以此修身顏子之分矣

六二休復吉

注 得位處中最比於初上无陽爻以疑其親陽爲仁行在初之上而附順之下仁之謂也旣處中位親仁善鄰復之休也

象曰休復之吉以下仁也 釋文 以下仁也如字徐戸嫁反

集解 王肅曰下附於仁 釋文

六三頻復厲无咎 釋文 頻復如字本又作嚬嚬眉也鄭作顰音同

解 虞翻曰頻蹙也三失位故頻復厲動而之正故无咎

注 頻頻蹙之貌也處下體之終雖愈於上六之迷已失復遠矣是以蹙也蹙而求復未

至於復故雖危無咎也復道宜速
蹙而乃復義雖无咎它來難保

集解 馬融曰頻憂頻也 **釋文**

象曰頻復之厲義无咎也

解 侯果曰處震之極以陰居陽懼其將危頻蹙而復履危反道義亦无咎也

六四中行獨復

注 四上下各有二陰而處厥中履得其位而應於初獨得所復順道而反物莫之犯故曰中行獨復也

集解 鄭康成曰爻處五陰之中度中而行四獨應初 **漢上易**

象曰中行獨復以從道也

解 虞翻曰中謂初震爲行初一陽爻故稱獨四得正應初故曰中行獨復以從道也俗說以四位在五陰之中而獨應復非也四在外體又非內象不在二五何得稱中行耶

六五敦復无悔

注 居厚而履中居厚則无怨履中則可以自考雖不足以及休復之吉守厚以復悔可免也

解 侯果曰坤謂厚載故曰敦復體柔居剛无應失位所以有悔能自考省動不失中故无悔矣

象曰敦復无悔中以自考也

集解 鄭康成曰考成也 釋文 向秀曰考察也 同

上六迷復凶有災眚【釋文】有灾本又作災鄭作烖

【解】虞翻曰坤冥爲迷高而无應故凶五變正時坎爲災眚故有災眚也

【注】最處復後是迷者也以迷求復故曰迷復也

【集解】子夏傳曰傷害曰災妖祥曰眚【釋文】鄭康成曰異自內生曰眚自外曰祥害物曰災【同】

用行師終有大敗以其國君凶

【解】荀爽曰坤爲衆故用行師也謂上行師而距于初初陽息上升必消羣陰故終有大敗國君謂初也受命復道當從下升今上六行師王誅必加故以其國君凶也虞翻曰三復位時而體師象故用行師陰逆不順坤爲死喪坎流血故終有大敗姤乾爲君滅藏于

坤坤爲異邦故國君凶矣

注 用之行師難用有克也終必大敗用之於國則反乎君道也

至于十年不克征

解 虞翻曰坤爲至爲十年陰逆坎臨故不克征謂五變設險故帥師敗喪君而無征也何妥曰理國之道須進善納諫迷而不復安可牧民以此行師必敗績矣敗乃思復失道已遠雖復十年乃征無所克矣案坤爲先迷故曰迷復坤又爲師象故曰行師坤主數十十年之象也

注 大敗乃復量斯勢也雖復十年修之猶未能征也

象曰迷復之凶反君道也

【解】虞翻曰姤乾爲君坤陰滅之以國君凶故曰反君道也

☳☰震下乾上

无妄

【解】何妥曰乾上震下天威下行物皆潔齊不敢虛妄也【解】馬融曰妄猶望謂无所希望【集解】也鄭康成王肅同【釋文】

元亨利貞

【解】遯上之初此所謂四陽二陰非大壯則遯來也剛來交初體乾故元亨三四失位故利貞也此上虞義

其匪正有眚不利有攸往

【解】虞翻曰：非正謂上也。四已之正，上動成坎，故有眚。變而逆乘，天命不佑，故不利有攸往矣。

彖曰：无妄，剛自外來而爲主於內，

【解】蜀才曰：此本遯卦。案剛自上降，爲主於初，故動而健，剛中而應也。於是乎邪妄之道消，大通以正矣。无妄，大亨乃天道恒命也。

【注】謂震也。

動而健，剛中而應，大亨以正，天之命也。

【解】虞翻曰：動，震也。健，大亨。謂乾。剛中謂五，而應二。大亨以正，變四承五。乾爲天，巽爲命，故曰大亨以正，天之命也。

注震動而乾健也剛中而應謂五也剛自外來而爲主於內動而愈健剛中而應威剛方正私欲不行何可以妄使有妄之道滅无妄之道成非大亨利貞而何剛自外來而爲主於內則柔邪之道消矣動而愈健則剛直之道通矣剛中而應則齊明之德著矣故大亨以正也天之教命何可犯乎何可妄乎是以匪正則有眚而不利有攸往也

其匪正有眚不利有攸往无妄之往何之矣

解虞翻曰謂四已變上動體屯坎爲泣血漣如故何之矣

集解鄭康成曰妄之言望人所望宜正行必有所望行而无所望是失其正何可往也後漢書注

天命不祐行矣哉釋文不佑本又作祐馬作右

【解】虞翻曰天五也巽爲命祐助也四已變成坤天道助順上動逆乘巽命故天命不佑行矣哉言不可行也馬君云天命不右行非矣

【注】匪正有眚不求改以從正而欲有所往居不可以妄之時而欲以不正有所往將欲何之天命之所不祐竟矣哉

【集解】馬融曰謂天不右行也【釋文】鄭康成曰佑助也【同】

象曰天下雷行物與无妄

【解】九家易曰天下雷行陽氣普徧无物不與故曰物與也物受之以生无有災妄故曰物與无妄也　虞翻曰與謂舉妄亡也謂雷以動之震爲反生萬物出震无妄者也故曰物與无妄序卦曰復則不妄矣故受之以无妄而京氏及俗儒以爲大旱之卦萬物皆死

无所復妄失之遠矣有无妄然後可畜不
死所矣若物皆死將何畜聚以此疑也
與辭也猶皆也天下雷
注 行物皆不可以妄也

先王以茂對時育萬物

解 虞翻曰先王謂乾乾盈爲茂艮爲對時體
頤養象萬物出震故以茂對時育萬物言
物皆死違此甚矣　侯果曰雷震天下物不
敢妄威震驚洽无物不與故先王以茂養萬物乃
對時而育矣時泰則威之以无妄時
否則利之以嘉遯是對時而化育也

注 茂盛也物皆不敢妄然後萬物乃得
各全其性對時育物莫盛於斯也

集解 馬融曰茂勉也
訃配也 釋文

初九无妄往吉

解 虞翻曰謂應四也四失位故命變之正四變得位承五應初故往吉矣在外稱往也

注 體剛處下以貴下賤行不犯妄故往得其志

象曰无妄之往得志也

解 虞翻曰四變應初夫妻體正故往得志矣

六二不耕穫不菑畬則利有攸往 釋文 不耕穫或依注作不耕而穫非下句亦然畬音餘字林弋恕反

解 虞翻曰有益耕象无坤田故不耨震爲禾稼艮爲手禾在手中故稱穫田在初一歲曰菑在二三歲曰畬初爻非坤故不菑而畬也得位應五利四變之益則坤體成有耒耨之利故利有攸往往應五也

【注】不耕而穫，不菑而畬，代終已成而不造也。不擅其美，乃盡臣道，故利有攸往。

【集解】馬融曰：菑，田一歲也；畬，田三歲也。【釋文】鄭康成曰：一歲曰菑，二歲曰新田，三歲曰畬。【王氏】董遇曰：菑，反草也；悉耨曰畬。【釋文】

象曰：不耕穫，未富也。

【解】虞翻曰：四動坤虛，故未富也。

六三：无妄之災，或繫之牛，行人之得，邑人之災。

【注】以陰居陽，行違謙順，是无妄之所以為災也。牛者，稼穡之資也。二以不耕而穫，利有攸往，而三為不順之行，故或繫之牛，是有司之所以為穫，彼人之所以為災也，故曰行人之得，邑人之災也。

象曰行人得牛邑人災也

解 虞翻曰上動體坎故稱災也四動之正坤爲牛艮爲鼻爲止巽爲桑爲繩係牛鼻而止桑下故或繫之牛也乾爲行人坤爲邑人乾四據三故行人之德三係于四故邑人之災或說以四變則牛應初震坤爲死喪故曰行人得牛邑人災也

九四可貞无咎

解 虞翻曰動則正故可貞承五應初故无咎也

注 隨无妄之時以陽居陰以剛乘柔履於謙順比近至尊故可以任正固有所守而无咎也

象曰可貞无咎固有之也

解 虞翻曰動陰承陽故固有之也

九五无妄之疾勿藥有喜

解 虞翻曰謂四已之正上動體坎坎為疾病故曰无妄之疾也巽為木艮為石故稱藥矣坎為多眚藥不可試故勿藥有喜康子饋藥丘未達不敢嘗此之謂也

注 居得尊位為无妄之主者也下皆无妄害非所致而取藥焉疾之甚也非妄之災勿治自復非妄而藥之則凶故曰勿藥有喜

象曰无妄之藥不可試也

解 侯果曰位正居尊為无妄貴主百姓有過在予一人三四妄處五乃憂疾非乖攝則藥不可試若下皆不妄則不治自愈故曰勿藥有喜也

注　藥攻有妄者也，而反攻无妄，故不可試也

上九无妄行有眚无攸利

解　虞翻曰：動而成坎，故行有眚。乘剛逆命，故无攸利。天命不祐，行矣哉

注　處不可妄之極，唯宜靜保其身而已，故不可以行也

象曰无妄之行窮之災也

解　崔憬曰：居无妄之中，有妄者也。妄而應二，上下非正，窮而反妄，故爲災也

䷙ 乾下艮上

大畜利貞　釋文　大畜，本又作蓄

解　虞翻曰：大壯初之上，其德剛上也。與萃旁通，二五失位，故利貞。此萃五之復二成臨

臨者大也至上有頤養之象故各大畜也

不家食吉利涉大川

解　虞翻曰二稱家謂二五易位成家人家人體噬嗑食故利涉大川應乎天也

彖曰大畜剛健篤實輝光日新其德

釋文　大畜剛健絕句輝音輝光絕句日新其德鄭以日新絕句其德連下句

解　虞翻曰剛健謂乾篤實謂艮二已之五利涉大川互體離坎離為日故輝光日新也

注　凡物既厭而退者弱也既榮而隕者薄也夫能輝光日新其德者唯剛健篤實也

剛上而尚賢

解　蜀才曰此本大壯卦案剛自初升為主于外剛陽居上尊上賢也

注 謂上九也處上而大通剛來而不距尚賢之謂也

能止健大正也

解 虞翻曰健乾止艮也二五易位故大正舊讀言能止健誤也

注 健能過乾而能止之非夫大正未之能也

不家食吉養賢也

解 虞翻曰二五易位成家人今體頤養象故不家食吉養賢也案乾爲賢人也艮爲宮闕也令賢人居于闕下不家食之象

注 有大畜之實以之養賢令賢者不家食乃吉也

集解 鄭康成曰自九三至上九有頤象居外是不家吉而養賢禮記疏

利涉大川應乎天也

解 京房曰謂二變五體坎故利涉大川五天位故曰應乎天

注 尚賢制健大正應天不憂險難故利涉大川也

象曰天在山中大畜

解 向秀曰止莫若山大莫若天天在山中大畜之象天爲大器山則極止能止大器故名大畜也

君子以多識前言往行以畜其德 釋文 多識如字又音試劉作志

解 虞翻曰君子謂乾乾爲言震爲行坎爲志識乾知大始震在乾前故識前言往行有

頤養象故以畜其德矣

【注】物之可畜於懷令德不散盡於此也

初九有厲利已【釋文】利已夷止反或音紀姚同

【注】四乃畜已未可犯也故進則有厲已則利也

象曰有厲利已不犯災也

【解】虞翻曰謂二變正四體坎故稱災也

【注】處健之始未果其健者故能利已

九二輿說輹【釋文】輿本或作轝音同輹音服又音福蜀才本同或作輻一云車旁作复音服車下縛也作輻者音福老子所云三十輻共一轂是也

【解】虞翻曰：萃坤爲車爲輹，坤消乾成，故車說輹。輹或作輹也。

【注】五處畜盛，未可犯也。遇斯而進，故輿說輹也。居得其中，能以其中不爲馮河，死而无悔，遇難能止，故无尤也。

【集解】馬融曰：說，解也。【釋文】

象曰：輿說輹，中无尤也。

【解】盧氏曰：乾爲輿，家輹，車之鉤心夾軸之物。處失其正，上應于五，五居畜盛，止不我升，故曰脫輹。停留待時而進，退得正，故无尤也。

九三：良馬逐，利艱貞。曰閑輿衛，利有攸往。【釋文】良馬逐，如字，鄭本作逐逐。逐，一音胄。曰，音越，鄭人實反。

解虞翻曰乾爲良馬震爲驚走故稱逐也謂二已變三在坎中故利艱貞吉離爲日二至五體師象坎爲閑習坤爲車輿乾人在上震爲驚衛講武閑兵故曰日閑輿衛也

注凡物極則反故畜極則通初二之進值於畜盛故不可以升至於九三升於上九而上九處天衢之亨途徑大通進无違距可以馳騁故曰良馬逐也履當其位進得其時在乎道路不憂險厄故利艱貞也閑閡也衛護也進得其時雖涉艱難而无患也輿雖遇閑而故衛也與上合志故利有攸往也

集解馬融曰閑習也　**釋文**鄭康成曰逐逐兩馬走也閑習也曰習車徒也　姚信曰逐逐疾並驅之貌　劉氏曰曰猶言也**并同**

象曰利有攸往上合志也

解 虞翻曰：謂上應也。五已變正，上動成坎，坎爲志，故利有攸往，與上合志也。

六四：童牛之牿，元吉。釋文 牿，九家作告。說文引作僮牛之告。按

解 虞翻曰：艮爲童，五已之正，萃坤爲牛。牿謂以木楅其角。大畜，畜物之家，惡其觸害。艮爲手，爲小木，巽爲繩，繩縛小木，橫著牛角，故曰童牛之牿。得位承五，故元吉而喜，喜五也。

侯果曰：坤爲輿，故有牛矣。牿，楅也，以木爲之，橫施于角，止其觝之威也。初欲上進，而四牿之，所既被牿，則不能觸四，是四童初之角也。四能牿初，與元角同，所以元吉而有喜矣。

童牛，无角之牛也。封人職曰：設其楅衡。注云：楅設于角，衡設于鼻，止觝觸也。

注 處艮之始，履得其位，能止健初，距不以角，柔以止剛，剛不敢犯，抑鋭之始，以息强爭，豈唯獨利，乃將有喜也。

集解 鄭康成曰巽爲木互體震震爲牛之足足在艮體之中艮爲手持木以就足是施牿 周禮疏 陸績曰牿當作角 釋文 劉氏曰童妾也牿之言角也 同

象曰六四元吉有喜也

六五豶豕之牙吉 釋文 之牙 徐五加反

解 虞翻曰二變時坎爲豕劇豕稱豶令不害物三至上體頤象五變之剛巽爲白震爲出剛白從頤中出牙之象也動而得位豶豕之牙吉

注 豕牙橫猾剛暴難制之物謂二也五處得尊位爲畜之主二剛而進能豶其牙象能制健禁暴抑盛豈唯能固其位乃將有慶也

集解 鄭康成曰牙讀爲互 釋文 劉氏曰豕去勢曰豶 同 陸希聲同劉氏 撮要

褚氏曰豶除也除其牙也【疏】

象曰六五之吉有慶也

【解】虞翻曰五變得正故有慶也　崔憬曰說文豶劇豕今俗呼猶劇豬是也然以豕本剛突劇乃性和雖有其牙不足害物是制于人也矣喻九二之剛健失位若豕之劇不足畏也而六五應止之易故有慶矣　案九二坎爻爲豕也以陽居陰而失其位若豕被劇之象也

上九何天之衢亨【釋文】何天音河　梁武帝音賀

【解】虞翻曰何當也衢四交道乾爲天震艮爲道以震交艮故何天之衢亨上變坎爲亨也

注處畜之極畜極則通大畜以至於大亨之時何辭也猶云何畜乃天之衢亨也

集解馬融曰四達謂之衢釋文鄭康成曰艮爲手手上肩也乾爲首首肩之間荷物處乾爲天艮爲徑路天衢象也後漢書注又曰人君在上位負荷天之大道文選注

象曰何天之衢道大行也

解虞翻曰謂上據二陰乾爲天道震爲行故道大行

集解何氏曰天衢既通道乃大亨疏

䷚震下艮上

頤貞吉釋文頤此篆文字也

解虞翻曰晉四之初與大過旁通養正則吉謂三爻之正五上易位故頤貞吉反復不

衰與乾坤坎離大過小過中孚同義故不從臨觀四陰二陽之例或以臨二之上兌爲口故有口實也

【集解】陸希聲曰頤大過與諸卦不同大過從頤來六爻皆相變故卦有反合爻有升降所以明天人之理焉故徵象會意必本於此【漢上圖】

觀頤

【解】虞翻曰離爲目故觀頤觀其所養也

自求口實

【解】鄭康成曰頤口車輔之名也震動于下艮止于上口車動而上因輔嚼物以養人故謂之頤頤養也能行養則其幹事故吉矣二五離爻皆得中離爲目觀象也觀頤觀其養

賢與不肖也頤中有物曰口實自二至五有二坤坤載養物而人所食之物皆存焉觀其求可食之物則貪廉之情可别也　虞翻曰則口戒以大過兌爲口或以臨兌爲口坤爲自艮爲求口實頤中物謂其自養

彖曰頤貞吉養正則吉也

解　宋衷曰頤者所由飲食自養也君子割不正不食況非其食乎是故所養必得賢明自求口實必得體宜是謂養正也　姚信曰以陽養陰動于下止于上各得其正則吉也

觀頤觀其所養也

解　侯果曰王者所養養賢則吉也

自求口實觀其自養也

解侯果曰此本觀卦初六升五九五降初則成頤也是自求口實觀其自養　虞翻曰口實謂頤口中也實事可言震聲也實物可食艮成也

天地養萬物

解翟元曰天上地初也萬物衆陰也天地以元氣養萬物聖人以正道養賢及萬民此其聖也

聖人養賢以及萬民

解虞翻曰乾爲聖人艮爲賢人頤下養上故聖人養賢坤陰爲民皆在震上以貴下賤大得民故以及萬民

頤之時大矣哉

【解】天地養物聖人養賢以及萬民人非頤不生故大矣

象曰山下有雷頤

【解】劉表曰山止于上雷動于下頤之象也

君子以慎言語節飲食

【解】荀爽曰雷爲號令今在山下閉藏故慎言語雷動于上以陽食陰艮以止之故節飲食也言出乎身加乎民故慎言語所以養人也飲食不節殘賊羣生故節飲食以養物

【注】言語飲食猶慎而節之而況其餘乎

【集解】荀爽曰飲食失宜患之所起【口訣義】先儒云禍從口出患從口入故於頤養而慎節也【疏】

初九舍爾靈龜觀我朶頤凶【釋文】京作椯

【解】虞翻曰晉離爲龜四之初故舍爾靈龜坤爲我震爲動謂四失離入坤遠應多懼故凶矣

【注】朶頤者嚼也以陽處下而爲動始不能令物繇已養動而求養者也夫安身莫若不競修已莫若自保守道則福至求祿則辱來居養賢之世不能貞其所履以全其德而舍其靈龜之明兆羨我朶頤而躁求離其致養之至道闚我寵祿而競進凶莫甚焉

【集解】鄭康成曰朶動也【釋文】

象曰觀我朶頤亦不足貴也

【解】侯果曰初本五也五互體艮艮爲山龜自五降初則爲頤矣是舍爾靈龜之德來觀

朶頤之饌貪祿致凶故不足貴　案朶頤垂下動之貌也

六二顛頤拂經于丘頤征凶 【釋文】拂符弗反違也一音敷弗反子夏傳作弗

【解】王肅曰養下曰顛拂違也經常也邱小山謂六五也二宜應五反下養初豈非顛頤違常于五也故曰拂經于邱矣拂經雖阻常理養下故謂養賢上既无應征必凶矣故曰征凶

【注】養下曰顛拂違也經猶義也邱所履之常也處下體之中无應於上反而養初居下不奉上而反養下故曰顛頤拂經于邱也以此而養未見其福也以此而行未見有與故曰頤貞凶

集解　子夏傳曰弗輔弼也釋文劉氏氏云拂違也同

象曰六二征凶行失類也

解　侯果曰正則失養之類

注　類皆上養而二處下養初

六三拂頤貞凶十年勿用无攸利

解　虞翻曰三失位體剝不正相應弑父弑君故貞凶坤爲十年動无所應故十年勿用无攸利也

注　履夫不正以養於上納上以諂者也拂養正之義故曰拂頤貞凶也處頤而爲此行十年見棄者也立行於斯无施而利

象曰十年勿用道大悖也

【解】虞翻曰弑父弑君道大悖也

六四顛頤吉虎視眈眈其欲逐逐无咎【釋文】虎視徐市志反又常止反眈眈丁南反一音大南反逐逐如字敦實也子夏傳作攸攸志林云攸當爲逐蘇林音迪荀作悠悠劉作跾

【解】虞翻曰晉四之初謂三已變故顛頤與屯四乘坎馬同義坤爲虎離爲目眈眈下眡貌逐逐心煩貌坤爲吝嗇坎水爲欲故其欲逐逐得位應初故无咎

【注】體屬上體居得其位而應於初以上養下得頤之義故曰顛頤吉也下交不可以瀆故虎視眈眈威而不猛不惡而嚴養德施賢何可有利故其欲逐逐尙敦實也修此二者

然後乃得全其吉而无咎觀其所養則履正察其所養則養陽頤爻之貴此爲盛矣

集解 馬融曰兌爲虎 **漢上易** 又曰耽耽虎下視貌 **釋文** 虞翻曰艮爲虎 **漢上易** 薛氏曰逐逐速也 **釋文** 劉氏曰悠遠也 **同**

象曰顛頤之吉上施光也

解 虞翻曰謂上已反三成離故上施光也

六五拂經居貞吉不可涉大川

解 虞翻曰失位故拂經无應順上故居貞吉艮爲居也涉上成坎承陽无應故不可涉大川矣

注 以陰居陽拂頤之義也行則失類故宜居貞也无應於下而比於上故可守貞從上

得頤之吉雖得居貞之吉處頤違謙難未可涉也

象曰居貞之吉順以從上也

上九由頤厲吉利涉大川

解 虞翻曰由自從也體剥居上衆陰順承故由頤失位故厲以坤艮自輔故吉也失位危厲之五得正成坎坎爲大川故利涉大川

注 以陽處上而履四陰陰不能獨爲主必宗於陽也故莫不由之以得其養故曰由頤爲衆陰之主不可瀆也故厲乃吉有似家人悔厲之義貴而无位是以厲也高而无民是以吉也爲養之主物莫之違故利涉大川也

馬融曰厲危也

集解 王肅同 **釋文**

象曰由頤厲吉大有慶也

【解】虞翻曰變陽得位故大有慶也

【集解】鄭康成曰君以得人爲慶【漢上易】

䷛ 巽下兑上

大過棟撓【釋文】大過徐古卧反罪過也超過也王肅音戈棟徐丁貢反

【解】虞翻曰大壯五之初或說三之初棟撓謂三巽爲長木稱棟初上陰柔本末弱故棟撓也

【集解】鄭康成曰陽爻過也【漢上易】

利有攸往亨

解 虞翻曰謂二也剛過而中失位无應利變應五之外稱往故利有攸往乃亨也

彖曰大過大者過也

解 虞翻曰陽稱大謂二也二失位故大者過也

注 大者乃能過也

棟撓本末弱也 釋文 弱本亦作溺並依字讀

解 向秀曰棟撓則屋壞主弱則國荒所以撓由于初上兩陰爻也初爲善始末是令終始終皆弱所以棟撓 侯果曰本君也末臣也君臣俱弱棟撓者也

注 初爲本而上爲末也

剛過而中巽而說行利有攸往乃亨

解 虞翻曰剛過而中謂二說兌也故利有攸往大壯震五之初故亨與遯二陰同義

注 謂二也居陰過也處二中也拯弱興衰不失其中也巽而說行以此救難難乃濟也危而弗持則將焉用故往乃亨

大過之時大矣哉

解 虞翻曰國之大事在祀與戎藉用白茅女妻有子繼世承祀故大矣哉

注 是君子有爲之時也

象曰澤滅木大過

解 彖兌澤也巽木漫也凡木生近水者楊也遇澤大過木則漫滅焉二五枯楊是其義

君子以獨立不懼遯世无悶 釋文 遯本又作遁同徒遜反

解 虞翻曰：君子謂乾初，陽伏巽中，體復一爻，潛龍之德，故稱獨立不懼，憂則違之，乾初同義，故遯世无悶也。

注 此所以爲大過，非凡所及也。

初六：藉用白茅，无咎。

解 虞翻曰：位在下稱藉，巽柔白爲茅，故藉用白茅。失位，咎也。承二過四應五士夫，故无咎矣。

注 以柔處下，過而可以无咎，其唯愼乎。

集解 馬融曰：在下曰藉。**釋文**

象曰：藉用白茅，柔在下也。

解 侯果曰：以柔處下，履非其正，咎也。苟能絜誠肅恭不怠，雖置羞于地，可以薦奉，況藉用白茅，重愼之至，何咎之有矣。

九二：枯楊生稊，老夫得其女妻，无不利。釋文 枯楊，如字。鄭音姑。稊，徒稽反，楊之秀也。鄭作荑，音夷。

解 虞翻曰：稊，稚也。楊葉未舒稱稊。巽爲楊，乾爲老，老楊故枯。楊在二也，十二月時，周之二月。兌爲雨澤，枯楊得澤，復生稊。二體乾老，故稱老夫。女妻謂上兌，兌爲少女，故曰女妻。大過之家，過以相與，老夫得其女妻，故无不利。

注 稊者，楊之秀也。以陽處陰，能過其本而救其弱者也。上无其應，心无特吝，處過以此，无衰不濟也。故能令枯楊更生稊，老夫更得少妻，拯弱興衰，莫盛斯爻，故无不利也。老過

則枯少過則稚以老分少則稚者長以稚分老則枯者榮過以相與之謂也大過至衰而已至壯以至壯輔至衰應斯義也

【集解】鄭康成曰枯謂無姑山榆荑木更生謂山榆之實【釋文】又曰以丈夫年過娶二十之女老婦年[illegible]三十之男皆得其女【詩疏】

象曰老夫女妻過以相與也

【解】虞翻曰謂二過初與五五過上與二獨大過之爻得過其應故過以相與也

九三棟橈凶

【注】居大過之時處下體之極不能救危拯弱以隆其棟而以陽處陽自守所居又應於上係心在一宜其淹弱而凶衰也

象曰棟橈之凶不可以有輔也

解 虞翻曰本末弱故橈輔之益橈故不可以有輔陽以陰爲輔也

九四棟隆吉有他吝

解 虞翻曰隆上也應在于初已與五意在于上故棟隆吉失位動入險而陷于井故有他吝

注 體屬上體以陽處陰能拯其弱不爲下所橈者也故棟隆吉也而應在初用心不宏故有它吝也

象曰棟隆之吉不橈乎下也

解 虞翻曰乾爲動直遠初近上故不橈下也

九五枯楊生華老婦得其士夫无咎无譽【釋文】生華如字徐音花无譽音預又音餘

【解】虞翻曰陽在五也夏三月時周之五月枯楊得澤故生華矣老婦謂初巽為婦乾為老故稱老婦也士夫謂五大壯震為夫兌為少故稱士夫五過二使應上二過五使取初五得位故无咎陰在二多譽今退伏初故无譽體姤淫女故過以相與使應少夫象曰亦可醜也舊說以初為女妻上為老婦誤矣馬君亦然荀公以初陰失正當變數六為女妻二陽失正數九為老夫以五陽得正位不變數七為士夫上陰得正數八為老婦此何異俗說也悲夫學之難而以初本為小反以上末為老後之達者詳其義焉

【注】處得尊位而以陽處陽未能拯危處得尊位亦未有撓故能生華不能生稊能得夫

不能得妻處棟撓之世而爲无咎无譽何可長哉故生華不可久士夫誠可醜也

象曰枯楊生華何可久也老婦士夫亦可醜也

解 虞翻曰乾爲久枯而生華故不可久也婦體遘濡故可醜也

上六過涉滅頂凶无咎

解 虞翻曰大壯震爲足兌爲水澤震足沒水故過涉也頂首也乾爲頂頂沒兌水中故滅頂凶乘剛咎也得位故无咎與滅耳同義也

注 處大過之極過之甚也涉難過甚故至於滅頂凶志在救時故不可咎也

象曰過涉之凶不可咎也

解 九家易曰君子以禮義爲法小人以畏慎爲宜至于大過之世不復遵常故君子犯

義小人犯刑而家家有誅絕之罪不可咎也大過之世君子遜遯不行禮義謂當不義則爭之若比干諫而死是也然桀紂之民可比屋而誅上化致然亦不可咎曾子曰上失其道民散久矣如得其情則哀矜而勿喜是其義也

【注】雖凶无咎不害義也

䷜ 坎下坎上

習坎有孚【釋文】坎徐苦感反本亦作埳京劉作欿

【解】虞翻曰乾二五之坤與離旁通于爻觀上之二習常也孚信謂二五水行往來朝宗于海不失其時如月行天故習坎爲孚也

【注】坎險陷之名也習謂便習之剛正在內有孚者也

【集解】孟喜曰自冬至初中孚用事一月之策九六七八是爲三十而卦以地六候以天五五六相成消息一變十有二變而咸復初坎離震兌二十四氣次主一爻其初則二至二分也坎以陰包陽故自北正微陽動於下升而未達極於二月凝涸之氣消坎運終焉春分出於震始據萬物之元爲主於內則羣陰化而從之極於南正而豐大之變窮震功究焉離以陽包陰故自南正微陰生於地下積而未章至於八月文明之質衰離運終焉仲秋陰形於兌始循萬物之末爲主於內羣陰降而承之極於北正而天澤之施窮兌功究焉故陽七之靜始於坎陽九之動始於震陰八之靜始於離陰六之動始於兌故四象之變皆兼六爻而中節之應備矣

【衍歷】劉氏曰水流行不休故曰習

解虞翻曰坎爲心乾二五旁行流坤陰陽會合故亨也

注陽不外發而在乎內心亨者也

行有尚

解虞翻曰行謂二尚謂五也二體震爲行動得正應五故行有尚往有功也

注內亨外闇內剛外順以此行險行有尚也

彖曰習坎重險也

解虞翻曰兩象也天險地險故曰重險也

注坎以險爲用故特名曰重險言習坎者習重乎險也

水流而不盈

【解】荀爽曰：陽動陰中，故流；陽陷陰中，故不盈也。陸績曰：水性趨下，不盈溢崖岸也。月者水精，月在天滿則虧，不盈溢之義也。

【注】險陷之極，故水流而不能盈也。

行險而不失其信

【解】荀爽曰：謂陽來爲險而不失中，中稱信也。虞翻曰：信謂二也。震爲行，水性有常，消息與月相應，故不失其信矣。

【注】處至險而不失剛中，行險而不失其信者，習坎之謂也。

維心亨，乃以剛中也

【解】侯果曰：二五剛而居中，則心亨也。

行有尚往有功也

【解】虞翻曰功謂五二動應五故往有功也

【注】便習於坎而之坎地盡坎之宜故往必有功也

天險不可升也

【解】虞翻曰謂五在天位五從乾來體屯難故天險不可升也

【注】不可得升故得保其威尊

地險山川丘陵也

【解】虞翻曰坤爲地乾二之坤故曰地險艮爲山坎爲川半山稱邱邱下稱陵故曰地險山川邱陵也

注　有山川丘陵故物得以保全也

王公設險以守其國

解　虞翻曰王公大人謂乾五坤爲邦乾二之坤成坎險震爲守有屯難象故王公設險以守其國離言王用出征以正邦是也　案九五王也六三三公也艮爲山城坎爲水也王公設險之象也

注　國之爲衛恃於險也言自天地以下莫不須險也

險之時用大矣哉

解　王肅曰守險以德據險以時成功大矣

注　非用之常用有時也

象曰水洊至習坎君子以常德行習教事【釋文】洊在薦反徐在悶反舊又才本反京作臻干作荐

【疏】虞翻曰君子謂乾五在乾稱大人在坎爲君子坎爲習爲常乾爲德震爲行巽爲教令坤爲事故以常德行習教事也　陸績曰洊再習重也水再至而益通流不捨晝夜重重習相隨以爲常有似於習故君子象之以常習教事如水不息也

【注】重險懸絕故水洊至也不以坎爲隔絕相仍而至習乎坎也至險未夷教不可廢故以常德行而習教事也習於坎然後乃能不以險難爲困而德行不失常也故則夫習坎以常德行而習教事也

【集解】劉氏曰洊仍也【釋文】莊氏曰雖處危難之時道教豈可忘哉【口訣義】

初六習坎入于坎窞凶【釋文】窞徒坎反王肅又作徒感反

【解】干寶曰窞坎之深者也江河淮濟百川之流行乎坎中水之正也及其爲災則泛溢平地而入于坎窞是水失其道也刑獄之用必當于理刑之正也及其不平則枉濫无辜是法失其道也故曰入于坎窞凶矣

【注】習坎者習爲險難之事也最處坎底入坎窞者也處重險而復入坎底其道凶也行險而不能自濟習坎而入坎窞失道而窮在坎底上无應援可以自濟是以凶也

【集解】王肅曰窞坎底也【釋文】

象曰習坎入坎失道凶也

【解】虞翻曰習積也位下故習坎爲入坎中小穴稱窞上无其應初二失正故曰失道凶

矣

九二坎有險求小得

【解】虞翻曰陽陷陰中故有險據陰有實故求小得

【注】履失其位故曰坎上无應援故曰有險坎而有險未能出險之中也處中而與初三相得故可以求小得也初三未足以爲援故曰小得也

象曰求小得未出中也

【疏】荀爽曰處中而比物三未足爲援雖求小得未出於險中

六三來之坎坎險且枕入于坎窞勿用

【釋文】險且古文及鄭向本作檢枕徐針鴆反王肅針甚反九家作玷古文作沈沈直林反

解 虞翻曰坎在內稱來在坎終坎故來之坎坎枕枕止也艮爲止三失位乘二則險承五隔四故險且枕入于坎窞體與三俱故勿用

注 既履非其位而又處兩坎之間出則之坎居則亦坎故曰來之坎坎也枕者枕枝而不安之謂也出則无之處則无安故曰險且枕也來之皆坎无所用之徒勞而已

集解 鄭康成曰木在手曰檢在首曰枕 **釋文** 陸績曰枕閡礙險惡之貌 **同**

象曰來之坎坎終无功也

解 干寶曰坎十一月卦也又失其位喻殷之執法者失中之象也來之坎者斥周人觀釁于殷也枕安也險且枕者言安忍以暴政加民而无哀矜之心淫刑濫罰百姓无所措手足故曰來之坎坎終无功也

六四樽酒簋貳用缶【釋文】樽酒絕句簋貳絕句用缶絕句舊讀樽酒簋絕句貳用缶一句

【解】虞翻曰震主祭器故有樽簋坎為酒簋黍稷器三至五有頤口象震獻在中故為簋坎為水震為足坎酒在上樽酒之象貳副也坤為缶禮有副樽故貳用缶耳

【集解】鄭康成曰六四上承九五又互體在震上天子大臣以王命出會諸侯尊於簋副設元酒而用缶也【禮記疏】又曰爻辰在丑丑上值斗可以斟之象斗上有建星之形似簋貳副也建星上有弁星弁星之形又如缶【詩疏】

納約自牖終无咎【釋文】自牖陸作誘

【解】虞翻曰坎為納也四陰小故約艮為牖坤為戶艮小光照戶牖之象貳用缶故納約

自牖得位承五故无咎　崔憬曰於重險之時居多懼之地近三而得位比五而承陽修其潔誠進其忠信則雖祭祀省薄明德惟馨故曰樽酒簋二用缶納約文王於紂時行此道從羑里內約卒免於難故曰自牖終无咎也

注　處重險而履正以柔居柔履得其位以承於五五亦得位剛柔各得其所不相犯位皆无餘應以相承比明信顯著不存外飾處坎以斯雖復一樽之酒二簋之食瓦缶之器納此至約自進於牖乃可羞之於王公薦之於宗廟故終无咎也

象曰樽酒簋貳剛柔際也　**釋文**　樽酒簋一本更有貳字

解　虞翻曰乾剛坤柔震爲交故曰剛柔際也

注　剛柔相比而相親焉際之謂也

九五坎不盈祇既平无咎【釋文】祇音支又祈支反京作禔古文同音支又上支反安也【按】說文引亦作禔

【解】虞翻曰盈溢也艮爲止謂水流而不盈坎爲平禔安也艮止坤安故祇既平得位正中故无咎

【注】爲坎之主而无應輔可以自佐未能盈坎者也坎之不盈則險不盡矣祇辭也爲坎之主盡平乃无咎故曰祇既平无咎也說既平乃无咎明九五未免於咎也

【集解】鄭康成曰祇當爲坻小邱也【釋文】

象曰坎不盈中未光大也

【解】虞翻曰體屯五中故未光大也

上六係用徽纆寘用叢棘三歲不得凶釋文寘之豉反置也劉作示子夏傳作湜姚作寔寔置也張作置

解九家易曰坎爲叢棘又爲法律案周禮王之外朝左九棘右九棘面三槐司寇公卿議獄於其下害人者加明刑任之以事上罪三年舍中罪二年而舍下罪一年而舍也虞翻曰徽纆黑索也觀巽爲繩艮爲手上變入坎故係用徽纆寘置也坎多心故叢棘獄外種九棘故稱叢棘二變則五體剝剝傷坤殺故寘於叢棘也不得謂不得出獄艮止坎獄乾爲歲五從乾來三非其應故曰三歲不得凶矣案坎於木堅而多心叢棘之象也坎下巽爻巽爲繩直係用徽纆也馬融云徽纆索也劉表云三股爲徽兩股爲纆皆索名以繫縛其罪人矣

【注】險陷之極不可升也嚴法峻整難可犯也宜其囚執寘于思過之地三歲險道之夷也險終乃反故三歲不得自修三歲乃可以求復故曰三歲不得凶也

【集解】劉表曰徽纆索名所以禁囚【唐律表疏】【注】又曰示言衆議於九棘之下也

【釋文】鄭康成曰繫拘也爻辰在巳巳爲蛇蛇之蟠屈似徽纆也三五至體艮又與震同體艮爲門闕于木爲多節震之所以有叢拘之類門闕之內有叢木多節之木是天子外朝左右九棘之象也外朝者所以詢事之處也左嘉石平罷民焉右肺石達窮民焉罷民邪惡之民也上六乘陽有邪惡之罪故縛以徽纆置于叢棘而使公卿以下議之其害人者置之圜土而施職事焉以明刑恥之能復者上罪三年而赦中罪二年而赦下罪一年而赦不得者不自思以得正道終不自改而出諸圜土者殺故曰凶

【公羊疏】虞氏曰以道

九棘取改過自新【口訣義】陸德明曰三糾纆曰徽二糾纆曰纆【穀梁疏】

象曰上六失道凶三歲也

☲☲ 離下離上

離利貞亨

【解】虞翻曰坤二五之乾與坎旁通于爻遯初之五柔麗中正故利貞亨

【注】離之爲卦以柔爲正故必貞而後乃亨故曰利貞亨也

畜牝牛吉【釋文】牝頻忍反徐又扶死反

【解】虞翻曰畜養也坤爲牝牛乾二五之坤成坎體頤養象故畜牝牛吉俗說皆以離爲牝牛失之矣

注 彖處於內而履正中牝之善也外疆而內故不可以畜剛猛之爲體以彖順爲主者也物而吉於畜牝牛也

象曰離麗也

解 荀爽曰陰麗于陽相附麗也亦爲别離以陰隔陽也離者火也託于木是其附麗也煙燄飛升炭灰降滯是其别離也

日月麗乎天

注 麗猶著也各得其著之宜

解 虞翻曰乾五之坤成坎爲月離爲日日月麗天也

百穀草木麗乎土 **釋文** 草木麗說文作蘽土王肅本作地 **按** 說文引作百穀

草木麗
於土

解 虞翻曰震爲百穀巽爲草木坤爲土乾二五之坤成坎震體屯屯者盈也盈天地之間者唯萬物萬物出震故百穀草木麗乎土

重明以麗乎正乃化成天下

解 虞翻曰兩象故重明正謂五陽陽變之坤來化乾以成萬物謂離日化成天下也

柔麗乎中正故亨

解 虞翻曰柔謂五陰中正謂五伏陽出在坤中畜牝牛故中正而亨也

注 柔著於中正乃得通也

是以畜牝牛吉也

【解】荀爽曰牛者土也生土于火離者陰卦牝者陰性故曰畜牝牛吉矣

【注】彖通之吉極於畜牝牛不能及剛猛也

象曰明兩作離

【解】虞翻曰兩謂日與月也乾五之坤成坎坤二之乾成離離坎日月之象故明兩作離作成也日月在天動成萬物故稱作矣或以日與火為明兩作也

【集解】鄭康成曰作起也荀爽曰作用也【并釋文】

大人以繼明照于四方

【解】虞翻曰陽氣稱大人則乾五大人也乾二五之光繼日之明坤為方二五之坤震東兌西離南坎北故曰照于四方

【注】繼謂不絕也明照相繼不絕曠也【集解】鄭康成曰明兩者取君明上下以明德相承其於天下之事无不見也【文選注】

初九履錯然敬之无咎【釋文】履錯鄭徐七各反馬七路反【解】荀爽曰火性炎上故初欲履錯于三二爲三所據故敬之則无咎矣【注】錯然者警慎之貌也處離之始將進而盛未在既濟故宜慎其所履以敬爲務辟其咎也

象曰履錯之敬以辟咎也

六二黃離元吉

【注】居中得位以柔處柔履文明之盛而得其中故曰黃離元吉也

集解 鄭康成曰：離南方之卦，離爲火，土託位焉，土色黃，火之子，喻子有明德，能附麗於父之道，文王之子發、旦是也。文選注
又曰：愼成其業，故吉矣。太平御覽

象曰：黃離元吉，得中道也。

解 侯果曰：此本坤爻，故云黃。離來得中道，所以元吉也。

九三：日昃之離，釋文 日昃，王嗣宗本作仄，古同。按說文引作𣅳。

解 荀爽曰：初爲日出，二爲日中，三爲日昃，以喻君道衰也。

不鼓缶而歌，則大耋之嗟，凶。釋文 鼓，鄭本作擊。大耋，田節反，王肅又他結反，京作絰，蜀才作咥。之嗟，如字，王肅又遭哥反，荀作差。凶，古文及鄭無凶字。

解 九家易曰：鼓缶者，以目下視，離爲大腹，瓦缶之象，謂不取二也。歌者，口仰向上，謂兌

爲日而向上取五也曰昃者向下也今不取二而上取五則上九耋之陽稱大也嗟者謂上被三奪五憂嗟窮凶也火性炎上故三欲取五也

注 嗟憂嘆之辭也處下卦之終明在將没故曰日昃之離也明在將終若不委之於人養志无爲則至於耋老而有嗟凶故曰不鼓缶而歌則大耋之嗟凶也

馬融曰七十曰耋 釋文 鄭康成曰艮

集解 爻也位近丑丑上值弁星弁星似缶詩云坎其擊缶則樂器亦有缶 詩疏 又曰大耋謂年踰七十也 禮記疏 王肅曰八十曰耋 釋文

象曰日昃之離何可久也

解 九家易曰日昃當降何可久長三當據二以爲鼓缶而今與四同取于五故曰不鼓

缶而歌也

九四突如其來如焚如死如棄如【釋文】突徒忽反王肅唐屑反舊又湯骨反字林同云暫出【按】唐石經棄作弃

【解】荀爽曰陽升居五光炎宣揚故突如也陰退居四灰炭降墜故其來如也陰以不正居尊乘陽歷盡數終天命所誅位喪民畔下離所害故焚如也以離入坎故死如也火息灰損故棄如也

【注】處於明道始變之際昏而始曉沒而始出故曰突如其來如其明始進其炎始盛故曰焚如逼近至尊履非其位欲進其盛以炎其上命必不終故曰死如違離之義无應无承衆所不容故曰棄如也

【集解】鄭康成曰震爲長子爻失正又互體兑兑爲附決子居明法之家而无正何以自斷其君父不志也突如震之失正不知其所如又爲巽巽爲進退不知所從不孝之罪五刑莫大焉得用議貴之辟刑之若如所犯之罪焚如殺其親之刑死如殺人之刑棄如流宥之刑

【周禮疏】

象曰突如其來如无所容也

【解】九家易曰在五見奪在四見棄故无所容也

六五出涕沱若【釋文】出如字徐尺遂反王嗣宗勑類反涕徐他米反又音弟沱徒河反荀作池一本作沲若古文若皆如此

【解】荀爽曰六五陰柔退居于四出離爲坎故出涕沱若而下以順陰陽也

戚嗟若吉【釋文】戚千寂反子夏傳作嘁嘁子六反咨慼也

【解】虞翻曰坎為心震為聲兌為口故戚嗟若動而得正尊麗陽故吉也

【注】履非其位不勝所履以柔乘剛不能制下下剛而進將來害已憂傷之深至於沱嗟也然所麗在尊四為逆首憂傷至深衆之所助故乃沱嗟而獲吉也

象曰六五之吉離王公也【釋文】離王公也音麗鄭作麗梁武力智反王嗣宗同

【解】九家易曰戚嗟順陽附麗于五故曰離王公也陽當居五陰退還四五當為王三則公也四處其中附上下矣

【集解】王肅曰麗王者之後為公【釋文】

上九王用出征有嘉折首獲匪其醜无咎

解 虞翻曰王謂乾乾二五之坤成坎體師象震爲出故王用出征首謂坤二五來折乾故有嘉折首醜類也乾征得坤陰類乾陽物故獲非其醜无咎矣

注 離麗也各得安其所麗謂之離處離之極離道已成則除其非類以去民害下用出征之時也故必有嘉折首獲匪其醜乃得无咎也

象曰王用出征以正邦也 釋文 王用出征以正邦也王肅本此下更有獲匪其醜大有功也

解 虞翻曰乾五出征坤故正邦也

周易集解卷四終

周易集解卷五　　　　岱南閣叢書

賜進士及第署山東提刑按察使分巡兗沂曹濟黃河兵備道孫星衍撰

下經咸傳第五

䷞ 艮下兌上

咸亨利貞取女吉【釋文】取本亦作娶音同

【解】鄭康成曰咸感也艮為山兌為澤山氣下澤氣上二氣通而相應以生萬物故曰咸也其於人也嘉會禮通和順於義幹事能正三十之男有此三德以下二十之女正而相親說娶之則吉也　虞翻曰咸感也坤三之上成女乾上之三成男乾坤氣交以相與止而說男下女故通利貞取女吉

【集解】先儒云易之舊題分自此以上三十卦為上經已下三十四卦為下經上經明天道下經明人事【疏】

彖曰咸感也柔上而剛下二氣感應以相與

【解】蜀才曰此本否卦案六三升上上九降三是柔上而剛下二氣交感以相與也

【注】是以亨也

【集解】鄭康成曰與猶親也【釋文】

止而說

【注】故利貞也

男下女

【注】取女吉也

是以亨利貞取女吉也

【解】王肅曰山澤以氣通男女以禮感男而下女初婚之所以爲禮也通義正娶女之所以爲吉也

天地感而萬物化生

【解】荀爽曰乾下感坤故萬物化生於山澤陸績曰天地因山澤孔竅以通其氣化生萬物也

【注】二氣相與乃化生也

聖人感人心而天下和平

解 虞翻曰：乾爲聖人，初四易位成既濟，坎爲心爲平，故聖人感人心而天下和平。此保合太和，品物流行也。

觀其所感而天地萬物之情可見矣

解 虞翻曰：謂四之初，以離日見天，坎月見地，懸象著明，萬物見離，故天地萬物之情可見也。

注 天地萬物之情見於所感也。凡感之爲道，不能感非類者也，故引取女以明同類之義也。同類而不相感應，以其各亢所處也，故女雖應男之物，必下之而後取女乃吉也。

象曰：山上有澤，咸。

解 崔憬曰：山高而降，澤下而升，山澤通氣，咸之象也。

君子以虛受人

解 虞翻曰君子謂否乾乾爲人坤爲虛謂坤虛三受上故以虛受人艮山在地下爲謙在澤下爲虛

注 以虛受人物乃感應

集解 何妥曰虛心受人不問不拒則物來歸己君子之志也**口訣義**

初六咸其拇**釋文**拇子夏作蹞荀作母

解 虞翻曰拇足大指也艮爲指坤爲拇故咸其拇

注 處咸之初爲咸之始所感在末故有志而已如其本實未至傷靜

集解 馬融曰拇足大指也 鄭薛同 荀爽曰母陰位之尊**并釋文**

象曰咸其拇志在外也

解 虞翻曰失位遠應之四得正故志在外謂四也

注 四屬外卦

六二咸其腓凶居吉 釋文 腓荀作肥

解 崔憬曰腓脚膊次於拇上二之象也得位居中於五有應若感應相與失艮止之禮故凶居而承比於三順止而隨與當禮故吉也

注 咸道轉進離拇升腓腓體動躁者也感物以躁凶之道也由躁故凶居則吉矣處不乘剛故可以居而獲吉

集解訣義 鄭康成曰腓膊腸也 釋文 史徵同 曰 荀爽曰肥謂五也尊盛故稱肥

【釋文】王廙曰動於腓腸斯則行矣【疏】

象曰雖凶居吉順不害也【注】陰而爲居順之道也不躁而居順不害也

九三咸其股執其隨往吝【解】崔憬曰股胜而次於腓上三之象也剛而得位雖欲感上以居艮極止而不前二隨於已志在所隨故執其隨下比二也而遂感上則失其正義故往吝窮也【注】咸之爲物隨足者也進不能制動退不能靜處所感在股志在隨人者也志在隨人所執亦以賤矣用斯以往吝其宜也

象曰咸其股亦不處也志在隨人所執下也

解虞翻曰巽爲股謂二也巽爲隨艮爲手故稱執三應於上初四已變歷險故往吝巽爲處女也男已下女以艮陽入兌陰故不處也凡士與女未用皆稱處矣志在於二故所執下也

九四貞吉悔亡憧憧往來朋從爾思釋文憧憧昌容反徐又音童又音鍾京作憧字林云憧遲也丈冢反

解虞翻曰失位悔也應初得正故貞吉而悔亡矣憧憧懷思慮也之內爲來之外爲往欲感上隔五感初隔三故憧憧往來矣兌爲朋少女也艮初變之四坎心爲思故曰朋從爾思也

注處上卦之初應下卦之始居體之中在股之上二體始相交感以通其志心神始感

者也凡物始感而不以之於正則至於害故必貞然後乃吉吉然後乃得亡其悔也始在於感未盡感極不能至於无思以得其黨故有憧憧往來然後朋從其思也

集解 馬融曰憧憧行貌 **釋文** 王肅曰憧憧往來不絕貌　劉氏曰憧憧意未定也

并同

象曰貞吉悔亡未感害也

解 虞翻曰坤爲害也今未感坤初體遁弑父故曰未感害也

注 未感於害故可正之得悔亡也

憧憧往來未光大也

解 虞翻曰未動之離故未光大也

九五咸其脢无悔注 釋文 脢武杯反又音每王肅又音灰

解 虞翻曰脢夾脊肉也謂已四變坎爲脊故咸其脢得正故无悔

注 脢者心之上口之下進不能大感退亦不爲無志其志淺末故无悔而已

集解 子夏傳曰在脊曰脢 疏 馬融曰脢背也 同 鄭康成曰脢背脊肉也 釋文 王肅曰脢在背而夾脊 疏

象曰咸其脢志末也

解 案末猶上也四感於初三隨其二五比於上故咸其脢志末者謂五志感於上也

上六咸其輔頰舌 釋文 輔虞作酺頰孟作俠

解 虞翻曰耳目之間稱輔頰四變爲目坎爲耳兌爲口舌故曰咸其輔頰舌

注 咸道轉末故在口舌言語而已

集解 馬融曰輔上頷也輔頰舌者言語之具 疏

象曰咸其輔頰舌滕口說也 釋文 滕九家作乘虞作媵口說如字徐音脫又始銳反

解 虞翻曰滕送也不得之三山澤通氣故滕口說矣 按 此注滕字俱當依釋文作媵又戴埴鼠璞亦引虞注云媵送也

注 輔頰舌者所以爲語之具也咸其輔頰舌則滕口說也憧憧往來猶未光大況在滕口薄可知也

集解 舊說云字作滕徒登反滕競與也所競者口無復心實 疏 鄭康成云字作媵

媵送也咸道極薄徒送口舌言語相感而已不復有志於其間【同】

䷟ 巽下震上

恒亨无咎利貞

【解】鄭康成曰恒久也巽爲風震爲雷雷風相須而養物猶長女承長男夫婦同心而成家久長之道也夫婦以嘉會禮通故无咎其能和順幹事所行而善矣　虞翻曰恒久也與益旁通乾初之坤四剛柔皆應故通无咎利貞也

【注】恒而亨以濟三事也恒之爲道亨乃无咎也恒通无咎乃利正也

【集解】褚氏曰三事謂无咎利貞利有攸往莊氏曰三事者无咎一也利二也貞三也　周氏云三事者一亨也二无咎也三利貞也【并疏】

利有攸往

解虞翻曰初利往之四終變成益則初四二五皆得其正終則有始故利有攸往也

注各得所恒脩其常道終則有始往而无違故利有攸往也

彖曰恒久也剛上而柔下

注剛尊柔卑得其序也

雷風相與

注長陽長陰能相成也

集解褚氏云雷資風而益遠風假雷而增威口訣義

巽而動

解蜀才曰此本泰卦案六四降初初九升四是剛上而柔下也分乾與坤雷也分坤與乾風也是雷風相與巽而動也

注動無違也

剛柔皆應

解九家易曰初四二五雖不正而剛柔皆應故通无咎矣

注不孤媲也

恒

注皆可久之道

恒亨无咎利貞久於其道也

【解】荀爽曰恒震世也巽來乘之陰陽合會故通无咎長男在上長女在下夫婦道正故利貞久於其道也

【注】道得所久則常通无咎而利貞也

天地之道恒久而不已也

【解】虞翻曰泰乾坤爲天地謂終則復始有親則可久也

【注】得其所久則不已也

利有攸往終則有始也

【解】荀爽曰謂乾氣下終始復升上居四也坤氣上終始復降下居初者也

【注】得其常道故終則復始往无窮也

日月得天而能久照

解 虞翻曰動初成乾爲天至二離爲日至三坎爲月故日月得天而能久照也

四時變化而能久成

解 虞翻曰春夏爲變秋冬爲化變至二離夏至三兌秋至四震春至五坎冬冬故四時變化而能久成謂乾坤化成物也

聖人久於其道而天下化成

解 虞翻曰聖人謂乾乾爲道初二已正四五復位成既濟定乾道變化各正性命有兩離象重明麗正故化成天下矣

注 言各得其所恒故皆能長久

觀其所恒而天地萬物之情可見矣

解 虞翻曰以離日照乾坎月照坤萬物出震故天地萬物之情可見矣與咸同義也

注 天地萬物之情見於所恒也

象曰雷風恒

解 宋衷曰雷以動之風以散之二者常相薄而爲萬物用故君子象之以立身守節而不易道也

注 長陽長陰合而相與可久之道也

君子以立不易方

解 虞翻曰君子謂乾三也乾爲易爲立坤爲方乾初之坤四三正不動故立不易方也

注 得其所久故不易也

初六浚恒貞凶无攸利 釋文 浚鄭作濬

解 侯果曰浚深恒久也初本六四自四居初始求深厚之位者也位既非正求乃涉邪以此爲正凶之道也故曰浚恒貞凶无攸利矣

注 處恒之初最處卦底始求深者也求深窮底令物无餘蘊漸以至此物猶不堪而況始求深者乎以此爲恒凶正害德无施不利也

象曰浚恒之凶始求深也

解 虞翻曰浚深也初下稱浚故曰浚恒乾初爲淵故深矣失位變之正乾爲始求深也

九二悔亡

解虞翻曰失位悔也動而得正處中多譽故悔亡

注雖失其位恒位於中可以消悔也

象曰九二悔亡能久中也

解荀爽曰乾爲久也能久行中和以陽據陰故曰能久中也

九三不恒其德或承之羞貞吝釋文或承鄭本作咸承

解荀爽曰與初同象欲據初隔二與五爲兌欲悅之隔四意无所定故不恒其德與上相應欲往承之爲陰所乘故或承之羞也貞吝者謂正居其所不與陰通无居自容故貞吝矣

注處三陽之中居下體之上處上體之下上不全尊下不全卑中不在體體在乎恒而

分无所定无恒者也德行无恒自相違錯不可致詰故或承之羞也施德於斯物莫之納鄙賤甚矣故曰貞吝也

集解 正義曰爻得正耳體爲乾乾有剛健之德體在巽巽爲進退是不恒其德也又互體爲兌兌爲毀折是將有羞辱也**禮記疏**後漢書注引作後或有羞辱也

象曰不恒其德无所容也

解 九家易曰言三取初隔二應上見乘是无所容无居自容故貞吝

九四田无禽

解 虞翻曰田謂二也地位稱田无禽謂五也九四失位利上之五已變承之故曰田无禽言二五皆非其位故

象曰久非其位安得禽

【注】恒於非位雖勞无獲也

象曰久非其位安得禽也

六五恒其德貞婦人吉夫子凶

【解】虞翻曰動正成乾故恒其德婦人謂初巽爲婦終變成益震四復初婦得歸陽從一而終故貞婦人吉也震乾之子而爲巽夫故曰夫子終變成益震四從巽死於坤中故夫子凶也

【注】居得尊位爲恒之主不能制義而係應在二用心專貞從唱而已婦人之吉夫子之凶也

【集解】正義曰以陰爻而處尊位是天子之女又乎體兌兌爲和說至尊主家之女以

和悅幹其家事問正於入故爲吉也應在九二又男子之象體在巽巽爲進退是無所定而婦言是從故云夫子凶也【禮記疏】

象曰婦人貞吉從一而終也

【解】虞翻曰一謂初終變成益以巽應初震故從一而終也

夫子制義從婦凶也

【解】虞翻曰震沒從巽入坤故從婦凶也

上六振恒凶【釋文】振恒張作震【按】說文引作榰恒其義爲長也

【解】虞翻曰在震上故震恒五動乘陽故凶終在益上五遠應故无功也

【注】夫靜爲躁君安爲動主故安者上之所處也靜者可久之道也處卦之上居動之極

以此爲恒无
施而得也

【集解】馬融曰振動也【釋文】鄭康成曰振搖落也【同】

象曰振恒在上大无功也

䷠艮下乾上

遯亨小利貞【釋文】遯字又作遂又作遁同隱去也

【解】鄭康成曰遯逃去之名也艮爲門闕乾有健德于體有巽巽爲進退君子出門行有進退逃去之象二五得位而有應是用正道得禮見召聘始仕他國當尚謙謙小其和順之道居小官幹小事其進以漸則遠妬忌之害昔陳敬仲奔齊辭卿是也 虞翻曰小陰謂二得位浸長以柔變剛故小利貞

彖曰遯亨遯而亨也

解侯果曰此本乾卦陰長剛殞君子遯避遯則通也

注遯之爲義遯乃通也

剛當位而應與時行也

解虞翻曰剛謂五而應二艮爲時故與時行矣

注謂五也剛當位而應非否亢也遯不否亢能與時行也

小利貞浸而長也**釋文**而長丁丈反或如字

解荀爽曰陰稱小浸而長則將消陽故利正居二與五相應也

注陰道欲浸而長正道亦未全滅故小利貞也

遯之時義大矣哉

【解】宋衷曰：大公遯殷，四皓遯秦之時也。陸績曰：謂陽氣退，陽氣將害，隨時遯避，其義大矣。

象曰：天下有山，遯。

【解】崔憬曰：天喻君子，山比小人。小人浸長，若山之侵天，君子遯避，若天之遠山，故言天下有山，遯也。

【注】天下有山，陰長之象。

君子以遠小人，不惡而嚴。

【解】虞翻曰：君子謂乾，乾爲遠爲嚴；小人謂陰，坤爲惡爲小人，故以遠小人，不惡而嚴也。

侯果曰羣小浸盛剛德殞削故君子避之也高尚林野但矜嚴於外亦不憎惡于內所謂吾家耄遯於荒也

初六遯尾厲勿用有攸往

解 陸績曰陰氣已至於二而初在其後故曰遯尾也避難當在前而在後故厲往則與災難會故勿用有攸往

注 遯之爲義辟內而之外者也尾之爲物最在體後者也處遯之時不往何災而爲遯尾禍所及也危至而後求行難可免乎厲則勿用有攸往也

象曰遯尾之厲不往何災也 釋文 何災音河褚河可反今不用

解 虞翻曰艮爲尾也初失位動而得正故遯尾厲之應成坎爲災在艮宜靜若不往于

四則无

災也

六二執之用黃牛之革莫之勝說【釋文】勝升證反又音升說王肅如字師同徐吐活反又始銳反

【解】虞翻曰艮爲手稱執否坤爲黃牛艮爲皮四變之初則坎水濡皮離日乾之故執之用黃牛之革莫无也勝能說解也乾爲堅剛巽爲繩艮爲手持革縛三在坎中故莫之勝說也

【注】居內處中爲遯之主物皆遯已何以固之若能執乎理中厚順之道以固之也則莫之勝解

【集解】王肅曰說解也【釋文】

象曰執用黄牛固志也

解 侯果曰六二離爻離爲黄牛體艮履正上應貴主志在輔時不隨物遯獨守中直堅如革束執此之志莫之勝説則殷之爻師當此爻矣

九三係遯有疾厲畜臣妾吉 **釋文** 係遯古詣反本或作繫

解 虞翻曰厲危也巽繩爲係四變三體坎坎爲疾故有疾厲遁陰剥陽三消成坤與上易位坤爲臣兑爲妾上來之三據坤應兑故畜臣妾吉也

注 在内近二以陽附陰宜遯而係故曰係遯遯之爲義宜遠小人以陽附陰係於所在不能遠害亦已憊矣宜其屈辱而危厲也係於所在畜臣妾可也施於大事凶之道也

象曰係遯之厲有疾憊也 **釋文** 憊王肅作斃荀作備

解 王肅曰三上係於二而獲遯故曰係遯病此係執而獲危懼故曰有疾憊也此於六二畜臣妾之象足以畜其臣妾不可施爲大事也

集解 鄭康成曰憊困也 釋文

畜臣妾吉不可大事也

解 荀爽曰大事謂與五同任天下之政潛遯之世但可居家畜養臣妾不可治國之大事 虞翻曰三動入坤坤爲事故不可大事也

九四好遯君子吉小人否 釋文 小人否音鄙惡也徐方有反鄭王肅備鄙反

解 虞翻曰否乾爲好爲君子陰稱小人動之初故君子吉陰在四多懼故小人否得位

承五故无凶咎矣

【注】處於外而有應於內君子好遯故能舍之小人繫戀是以否也

【集解】馬融曰好遯君子吉言身雖外乃心在王室此之謂也小人則不然身外心必怨也

象曰君子好遯小人否也

【解】侯果曰不處其位而遯於外好遯者也然有應在初情未能棄君子剛斷故能舍之小人係戀必不能矣故君子吉小人否矣

【注】音臧否之否

九五嘉遯貞吉

解 虞翻曰：乾爲嘉，剛當位應二，故貞吉。謂三已變，上來之三，成坎象，故曰以正志也。

注 遯而得正，反制於內，小人應命，率正其志，不惡而嚴，得正之吉，遯之嘉也。

象曰：嘉遯貞吉，以正志也。

解 侯果曰：時否德剛，雖遯中正，嘉遯者也。故曰貞吉。遯而得正，則羣小應命，所謂紐以紊之，剛正羣小之志，則殷之高宗當此爻也。

上九：肥遯，无不利。

解 虞翻曰：乾盈爲肥，二不及上，故肥遯无不利。故象曰无所疑也。

注 最處外極，无應於內，超然絕志，心无疑顧，憂患不能累，矰繳不能及，是以肥遯无不利也。

集解子夏傳曰肥饒裕也釋文淮南九師訓曰遯而能肥吉孰大焉文選注後漢書註引作遯而能飛

象曰肥遯无不利无所疑也

解侯果曰最處外極无應於內心无疑戀超然高舉果行育德安時无悶遯之肥也故曰肥遯无不利則頹濱巢許當此爻矣

䷡乾下震上

大壯利貞

解虞翻曰陽息泰也壯傷也大謂四失位爲陰所乘兑爲毀折傷與五易位乃得正故利貞也

集解 馬融曰壯傷也釋文鄭康成曰壯氣力浸强之名王肅曰壯盛也并同

彖曰大壯大者壯也

解 侯果曰此卦本坤陰柔消弱剛大長壯故曰大壯也

注 大者謂陽爻小道將滅大者獲正故利貞也

剛以動故壯

解 荀爽曰乾剛震動陽從下升陽氣大動故壯也

大壯利貞大者正也

解 虞翻曰謂四進之五乃得正故大者正也

正大而天地之情可見矣

解　虞翻曰正大謂四之五成需以離日見天坎月見地故天地之情可見也矣

注　天地之情正大而已矣宏正極大則天地之情可見矣

象曰雷在天上大壯

解　崔憬曰乾下震上故言雷在天上一曰雷陽氣也陽至于上卦能助於天威大壯之象也

注　剛以動也

君子以非禮弗履

解　陸績曰天尊雷卑君子見卑乘尊終必消除故象以爲戒非禮不履

注　壯而違禮則凶凶則失壯也故君子以大壯而順禮也

初九壯于趾征凶有孚

解 虞翻曰趾謂四征行也震足爲趾爲征初得位四四不征之五故凶坎爲孚謂四上之五成坎已得應四故有孚

注 夫得大壯者必能自終成也未有陵犯於物而得終其壯者在下而壯故曰壯于趾也居下而用剛壯以斯而進窮凶可必也故曰征凶有孚

象曰壯于趾其孚窮也

解 虞翻曰應在乾終故其孚窮也

注 言其信窮

九二貞吉

【注】居得中位以陽居陰履謙不亢是以貞吉

象曰九二貞吉以中也

【解】虞翻曰變得位故貞吉動體離故以中也

九三小人用壯君子用罔貞厲

【解】虞翻曰應在震也三陽君子小人謂上上逆故用壯謂二已變離離爲罔三乘二故君子用罔體乾夕惕故貞厲也

【集解】馬融王肅云罔无也【釋文】

羝羊觸藩羸其角【釋文】觸徐處六反藩方袁反徐甫言反羸律悲反又力追反徐力皮反王肅作縲音螺鄭虞作纍蜀才作累張作虆

解 荀爽曰三與五同功爲兌故曰羊終始陽位故曰羝藩謂四也三欲觸四而危之四反羸其角角謂五也

注 處健之極以陽處陽用其壯者也故小人用之以爲壯君子用之以爲羅已者也貞厲以壯雖復羝羊以之觸藩能无羸乎

集解 釋文 馬融曰藩籬落也羸大索也 張氏曰羝羊羖羊也

象曰小人用壯君子罔也

解 侯果曰藩謂四也九四體震爲竹葦故稱藩也三互乾兌乾壯兌羊故曰羝羊四藩未決三宜勿往用壯觸藩求應於上故角被拘羸矣 案自三至五體兌爲羊四既是藩五爲羊角 即羝羊觸藩羸其角之象也

九四貞吉悔亡藩決不羸壯于大轝之輹【釋文】之輹本又作輻

【注】下剛而進將有憂虞而以陽處陰行不違謙不失其壯故得貞吉而悔亡也已得其壯而上陰不附已路故藩決不羸也壯于大輿之輹无有能説其輹者可以往也

象曰藩決不羸尚往也

【解】虞翻曰失位悔也之五得中故貞吉而悔亡矣體夬象故藩決震四上處五則藩毀壞故藩決不羸坤爲大車爲腹四之五折坤故壯于大車之腹而象曰上往者謂上之五

六五喪羊于易无悔【釋文】于易以豉反鄭音亦陸作埸謂壃埸也

【解】虞翻曰四動成泰坤爲喪也乾爲易四上之五兌還屬乾故喪羊於易動各得正而

處中和故无悔也

【注】居于大壯以陽處陽猶不免咎而況以陰處陽以柔乘剛者乎羊壯也必喪其羊失其所居也能喪壯于易不于險難故得无悔二履貞吉能幹其任而已委焉則得无悔委之則難不至居之則敵寇來故曰喪羊于易

【集解】鄭康成曰易謂佼易也【釋文】莊氏云經止一言喪羊而注爲兩處分用初云必喪其羊失其所居是自然應失後云能喪壯于易不于險難故得无咎自能喪其羊二理自相矛盾【疏】

象曰喪羊于易位不當也

【解】案謂四五陰陽失正陰陽失正故曰位不當

上六羝羊觸藩不能退不能遂无攸利艱則吉

解 虞翻曰應在三故羝羊觸藩遂進也謂四已之五體坎上能變之巽巽爲進退故不能退不能遂進則失位上則乘剛故无攸利坎爲艱得位應三利上故艱則吉

注 有應於三故不能退懼於剛長故不能遂持疑猶豫志无所定以斯決事未見所利雖處剛長剛不害正苟定其分固志在三以斯自處則憂患消亡故曰艱則吉也

象曰不能退不能遂不詳也 釋文 不詳詳審也鄭王肅作祥善也

解 虞翻曰乾善爲詳不得三應故不詳也

艱則吉咎不長也

解 虞翻曰巽爲長動失位爲咎不變之巽故咎不長也

☷☲坤下離上

晉康侯用錫馬蕃庶晝日三接【釋文】晉孟作齊齊子西反義同蕃音煩鄭發袁反庶如字衆也鄭止奢反三徐息暫反接如字鄭音捷

【解】荀爽曰陰進居五處用事之位陽中之陰侯之象也陰性安靜故曰康侯馬謂四也五以下羣陰錫四也坤爲衆故曰蕃庶矣虞翻曰觀四之五晉進也坤爲康康安也初動體屯震爲侯故曰康侯震爲馬坤爲用故用錫馬艮爲多坤爲衆故蕃庶離日在上故晝日三陰在下故三接矣侯果曰康美也四爲諸侯五爲天子坤爲衆坎爲馬天子至明於上公侯謙順於下美其治物有功故蕃錫車馬一晝三覿也采菽刺幽王侮諸侯詩曰雖无與之路車乘馬大行人職曰諸公三饗三問三勞諸侯三饗再問再勞子男三饗

一問一勞郎天子三接諸侯之禮也

【集解】馬融曰康安也【釋文】鄭康成曰康尊也廣也蕃庶謂蕃遮禽也接勝也　陸績曰康安也樂也【并同】

彖曰晉進也明出地上順而麗乎大明

【解】崔憬曰渾天之義日從地出而升于天故曰明出地上坤臣道也日君德也臣以功進君以恩接是以順而麗于大明雖以卦名晉而五爻爲主故言柔進而上行也

柔進而上行

【解】蜀才曰此本觀卦案九五降四六四進五是柔進而上行也

【注】凡言上行者所以在貴也

是以康侯用錫馬蕃庶晝日三接也

注 康美之名也順以著明臣之道也柔進而上行物所與也故得錫馬而蕃庶以訟受服則終朝三褫柔進受寵則一晝三接也

象曰明出地上晉君子以自昭明德

解 鄭康成曰地雖生萬物日出於上其功乃著故君子法之而以明自照其德　虞翻曰君子謂觀乾乾爲德坤爲自離爲明乾五動以離日自照故以自昭明德也

注 以順著明自顯之道

集解 周氏等爲照之召反以爲自照已身 **疏云**

初六晉如摧如貞吉罔孚裕无咎 **釋文** 摧如罪雷反退也 **按**

說文引罔孚作有孚

解　虞翻曰晉進摧憂愁也應在四故晉如失位故摧如動得位故貞吉應離爲罔四坎稱孚坤弱爲裕欲四之五成巽初受其命故无咎也

注　處順之初應明之始明順之德於斯將隆進明退順不失其正故曰晉如摧如貞吉也處卦之始功業未著物未之信故曰罔孚方踐卦始未至履位以此爲足自喪其長者也故必裕之然後无咎

集解　鄭康成曰摧讀如南山崔崔之崔　釋文　何氏曰摧退也裕寛也如辭也　疏

象曰晉如摧如獨行正也

解　虞翻曰初動震爲行初一稱獨也

裕无咎未受命也

【解】虞翻曰五未之巽故未受命也

【注】未得履位未受命也

六二晉如愁如貞吉【釋文】愁狀由反鄭子小反

【解】虞翻曰謂二應在坎上故愁如得位處中故貞吉也

【集解】鄭康成曰愁變色貌【釋文】

受茲介福于其王母

【解】虞翻曰乾爲介福艮爲手坤爲虚故稱受介大也謂五已正乾爲王坤爲母故受茲介福于其王母

注 進而无應其德不昭故曰晉如愁如居中得位履順而正不以无應而回其志處晦能致其誠者也脩德以斯闇乎幽昧得正之吉也故曰貞吉母者處內而成德者也鳴鶴在陰則其子和之立誠於闇闇亦應之故其初愁如履貞不回則乃受茲大福于其王母也

集解 馬融曰介大也 釋文

象曰受茲介福以中正也

解 九家易曰五動謂正中故二受大福矣大福謂馬與蕃庶之物是也

六三衆允悔亡

解 虞翻曰坤爲衆允信也土性信故衆允三失正與上易位則悔亡故象曰上行也此

則成小過小過故爲飛鳥之象焉曰汻之利見碩鼠出入坎穴蓋取諸此也

注 處非其位悔也志在上行與衆同信順而麗明故得悔亡也

象曰衆允之志上行也

解 虞翻曰坎爲志三之上成震故曰上行也

九四晉如鼫鼠貞厲 **釋文** 鼫子夏傳作碩鼠

解 九家易曰鼫鼠喻貪謂四也體離欲升體坎欲降游不度瀆不出坎也飛不上屋不至上也緣不極木不出離也穴不掩身五坤薄也走不先足外震在下也五伎皆劣四爻當之故曰晉如鼫鼠也

注 履非其位上承於五下據三陰履非其位又負且乘无業可安志无所據以斯爲進

正之危也進如鼫鼠无所守也

【集解】鄭康成曰詩云碩鼠碩鼠无食我黍謂

象曰鼫鼠貞厲位不當也

【解】翟元曰鼫鼠晝伏夜行貪猥无已謂雖進承上然濟據下陰久居不正之位故有危慮也

六五悔亡矢得勿恤往吉无不利

【解】荀爽曰五從坤動而來爲離離者射也故曰矢得陰居尊位故有悔也以終盛明光照四海故悔亡勿恤吉无不利也

【注】柔得尊位陰爲明主能不用察不代下任也故雖不當位能消其悔失得勿恤各有

其司徇斯以往无不利也

【集解】馬融王肅曰離爲矢【釋文】

象曰矢得勿恤往有慶也

【解】虞翻曰動之乾乾爲慶也矢古誓字誓信也勿无恤憂也五變得正坎象不見故誓得勿恤往有慶也

上九晉其角

【解】虞翻曰五以變之乾爲首位在首上故稱角故晉其角也

維用伐邑厲吉无咎貞吝

【解】虞翻曰坤爲邑動成震而體師象坎爲心故維用伐邑得位承五故厲吉无咎而貞

吝矣

注 處晉之極過明之中明將夷焉已在乎角而猶進之非亢如何失夫道化无爲之事必須攻伐然後服邑危乃得吉吉乃无咎用斯爲正亦以賤矣

象曰維用伐邑道未光也

解 荀爽曰陽雖在上動入冥豫故道未光也

䷣ 離下 坤上

明夷

解 虞翻曰夷傷也臨二之三而反晉也明入地中故傷也

利艱貞

解 鄭康成曰夷傷也日出地上其明乃光至其入地明則傷矣故謂之明夷日之明傷猶聖人君子有明德而遭亂世抑在下位則宜自艱无幹事故以避小人之害也 虞翻曰謂五也五失位變出成坎爲艱故利艱貞矣

彖曰明入地中明夷

解 蜀才曰此本臨卦也案夷滅也九二升三六三降二明入地中也明入地中則明滅也

內文明而外柔順以蒙大難

解 荀爽曰明在地下爲坤所蔽大難之象大難文王君臣相事故言大難也

集解 鄭康成曰蒙猶遭也一云蒙冒也 并釋文

文王以之【釋文】文王以之鄭荀向作似之下亦然

【解】虞翻曰以用也三喻文王大難謂坤坤爲弒父逆亂荒淫若紂殺比干三幽坎中象文王之拘羑里震爲諸侯喻從文王者紂懼出之故以蒙大難得身全矣【集解】王肅曰惟文王能用之【釋文】

利艱貞晦其明也內難而能正其志箕子以之

【解】虞翻曰箕子紂諸父故稱內難五乾天位今化爲坤箕子之象坤爲晦箕子正之五成坎體離重明麗正坎爲志故正其志箕子以之而紂奴之矣

象曰明入地中明夷君子以蒞衆【釋文】蒞履二反又律秘反

【注】蒞衆顯明蔽僞百姓者也故以蒙養正以明夷蒞衆

用晦而明

解 虞翻曰而如也君子謂三體師象以坎莅坤坤爲衆爲晦離爲明故用晦如明也

注 藏明於內乃得明也顯明於外巧所辟也

初九明夷于飛垂其翼君子于行三日不食

解 荀爽曰火性炎上離爲飛鳥故曰于飛爲坤所翼故曰垂其翼陽爲君子三者陽德成也日以喻君不食者不得君祿食也陽未居五陰暗在上陽有明德恥食其祿故曰君子于行三日不食也

有攸往主人有言

解 九家易曰四者初應衆陰在上爲主人也初欲上居五則衆陰有言言謂震也四五

體震爲雷聲故曰有攸往主人有言也

注 明夷之主在于上六上六爲至闇者也初處卦之始最遠於難也遠難過甚明夷遠遯絕跡匿形不由軌路故曰明夷于飛懷懼而行行不敢顯故曰垂其翼也尚義而行故曰君子于行也志急于行飢不遑食故曰三日不食也殊類過甚以斯適人人必疑之故曰有攸往主人有言

象曰君子于行義不食也

解 荀爽曰暗昧在上有明德者義不食祿也

六二明夷夷于左股用拯馬壯吉 釋文 夷于子夏作睇鄭陸同亦作睇左股音古馬王肅作般姚作右般用拯子夏作拼 按 說文引亦作拼

解 九家易曰左股謂初爲二所夷也離爲飛鳥蓋取小過之義鳥飛舒翼而行夷者傷也金初傷垂翼在下故曰明夷左股矣三體坎坎爲馬也二應於五三與五同功二以中和應天應天合衆欲升上三以壯於五故曰用拯馬壯吉 案初爲足二居足上股也二互體坎坎主左方左股之象也

注 夷于左股是行不能壯也以柔居中用夷其明進不殊類退不近難不見疑憚順以則也故可用拯馬而壯吉也不垂其翼然後乃免也

集解 馬融王肅云般旋也日隨天左旋也 釋文 鄭康成曰旁視爲睇六二辰在酉西在一作是西方又下體離離爲日九三體在震震東方九三又在辰辰得巽氣爲股此謂六二有明德欲承九三故云睇于左股 禮記

疏 又曰拯承也 釋文 姚信曰右般自辰

右旋入北【同】莊氏曰言左者取其傷小則比夷右未爲切也夷于左股明避難不壯不爲闇主所疑猶得處位不至懷懼而行然後徐徐用馬以自拯濟而獲其壯吉也【疏】

象曰六二之吉順以則也

【解】九家易曰二欲上三居五爲天子坎爲法律君有法則衆陰當順從之矣

【注】順之以則故不見疑

九三明夷于南狩得其大首不可疾貞【釋文】南狩本亦作守同

【解】九家易曰歲終田獵名曰狩也南者九五大陽之位故稱南也暗昧道終三可升上而獵于五得據大陽首位故曰明夷于南狩得其大首自暗復明當以漸次不可卒正故

曰不可疾貞也

注 處下體之上居文明之極上爲至晦入地之物也故夷其明以獲南狩得大首也南狩者發其明也既誅其主將正其民民之迷也其日固已久矣化宜以漸不可遽正故曰不可疾貞

象曰南狩之志乃大得也

解 彖冬獵曰狩也三互體離坎離南坎北北主於冬故曰南狩五居暗主三處明終履正順時拯難興衰者也以臣伐君假言狩既獲五上之大首而三志乃大得也

注 去闇主也

六四入于左腹獲明夷之心于出門庭

解 荀爽曰陽稱左謂九三也腹者謂五居坤坤爲腹也四得位比三處於順首欲上三居五以陽爲腹心也故曰入于左腹獲明夷之心言三明當出門庭升五君位 干寶曰一爲室二爲戸三爲庭四爲門故曰于出門庭也

注 左者取其順也入于左腹得其心意故雖近不危隨時辟難門庭而已能不逆忤也

象曰入于左腹獲心意也

解 九家易曰四欲上三居五爲坎坎爲心四以坤爻爲腹故曰入于左腹獲心意也

六五箕子之明夷利貞 釋文 箕子之明夷蜀才箕作其

解 馬融曰箕子紂之諸父明于天道洪範之九疇德可以王故以當五知紂之惡无可奈何同姓恩深不忍棄去被髮佯狂以明爲晦故曰箕子之明夷卒以全身爲武王師名

傳无窮故曰利貞矣

注 最近於晦與難爲比險莫如茲而在斯中猶闇不能沒明不可息正不憂危故利貞也

集解 劉向云今易箕子爲荄滋 鄒湛云荀爽訓箕爲荄詁子爲滋漫衍無經不可究詁 并釋文

象曰箕子之貞明不可息也

解 侯果曰體柔履中內明外暗羣陰共掩以夷其明然以正爲明而不可息以爻取象箕子當之故曰箕子之貞明不可息也

上六不明晦初登于天後入于地

解 虞翻曰：應在三，離滅坤下，故不明晦。晉時在上麗乾，故登于天，照四國。今反在下，故後入于地，失其則。

注 處明夷之極，是至晦者也。本其初也，在乎光照，轉至於晦，遂入于地。

象曰：初登于天，照四國也。後入于地，失則也。

解 侯果曰：最遠於陽，故曰不明晦也。初登于天，謂明出地上，下照于坤，坤爲衆國，故曰照于四國也，喻陽之初興也。後入于地，謂明入地中，晝變爲夜，暗晦之甚，故曰失則也，況紂之亂世也。此之二象，言晉與明夷往復不已，故見暗則伐取之，亂則治取之，聖人因象設試也。

䷤ 離下巽上

家人利女貞

解 馬融曰家人以女爲奧主長女中女各得其正故曰利女貞矣　虞翻曰遯初之四也女謂離巽二四得正故利女貞也

注 家人之義各自脩一家之道不能知家外他人之事也統而論之非元亨利君子之貞故利女貞其正在家內而已

彖曰家人女正位乎內男正位乎外

注 謂二五也家人之義以內爲本者也故先說女矣

男女正天地之大義也

解 虞翻曰遯乾爲天三動坤爲地男得天正於五女得地正於二故天地之大義也

家人有嚴君焉父母之謂也

解　荀爽曰離巽之中有乾坤故曰父母之謂也　王肅曰凡男女所以能各得其正者由家人有嚴君也家人有嚴君故父子夫婦各得其正家家咸正而天下之治大定矣

案二五相應爲卦之主五陽在外二陰在内父母之謂也

父父子子兄兄弟弟

解　虞翻曰遯乾爲父艮爲子三五位正故父父子子三動時震爲兄艮爲弟初位正故兄兄弟弟

夫夫婦婦

解　虞翻曰三動時震爲夫巽四爲婦初四位正故夫夫婦婦也

而家道正正家而天下定矣

【解】荀爽曰：父謂五，子謂四，兄謂三，弟謂初，夫謂五，婦謂二也。各得其正，故天下定矣。

陸績曰：聖人教先從家始，家正則天下化之，修己以安百姓者也。

象曰：風自火出，家人。

【解】馬融曰：木生火，火以木爲家，故曰家人。火生於木，得風而盛，猶夫婦之道，相須而成。

【注】由内以相成熾也。

君子以言有物而行有恒。

【解】荀爽曰：風火相與，必附于物，物大火大，物小火小，君子之言必因其位，位大言大，位小言小，不在其位，不謀其政，故言有物也。大暑爍金，火不增其烈，大寒凝冰，火不損其熱，

故曰行有恒矣

注 家人之道脩於近小而不妄也故君子以言必有物而口无擇言行必有恒而身无擇行

初九閑有家悔亡

注 凡教在初而法在始家瀆而後嚴之志變而後治之則悔矣處家人之初爲家人之始故宜必以閑有家然後悔亡也

集解 馬融曰閑闌也防也 鄭康成曰閑習也 并釋文

象曰閑有家志未變也

解 荀爽曰初在潛位未干國政閑習家事而已未得治官故悔居家理治可移於官守

之以正故悔亡而未變從
國之事故曰志未變也

六二无攸遂在中饋貞吉

解 荀爽曰六二處和得正得正有應有應有實陰道之至美者也坤道順從故无所得遂供餚中饋酒食是議故曰中饋居中守正永貞其志則吉故曰貞吉也

注 居內處中履得其位以陰應陽盡婦人之正義无所必遂職乎中饋巽順而已是以貞吉也

集解 鄭康成曰二爲陰爻得正于內五陽爻也得正于外猶婦人自修正于內丈夫修正于外无攸遂言婦人无敢自遂也爻體離又互體坎火位在下水在上飪之象也饋食也故云在中饋也**後漢書注** **按**後漢書注又引鄭注云中饋酒食也 魏徵曰從子

從夫无所遂志【撮要】

象曰六二之吉順以巽也

【解】九家易曰謂二居貞巽順於五則吉矣

九三家人嗃嗃悔厲吉婦子嘻嘻終吝【釋文】嗃嗃呼落反又呼學反荀作確確劉作熇熇嘻嘻張作嬉嬉陸作喜喜

【解】侯果曰嗃嗃嚴也嘻嘻笑也

【注】以陽居陽剛嚴者也處下體之極爲一家之長行與其慢也寧過乎恭家與其瀆也寧過乎嚴是以家雖嗃嗃悔厲猶得吉也婦子嘻嘻失家節也

【集解】馬融曰嗃嗃悅樂自得貌嘻嘻笑聲鄭康成曰嗃嗃苦熱之意嘻嘻驕佚喜

笑之意

并釋爻

象曰家人嗃嗃未失也婦子嘻嘻失家節也

解 九家易曰別體異家陰陽相據喜樂過節也別體異家謂三五也陰陽相據三五各相據陰故言婦子也

六四富家大吉

注 能以其富順而處位故大吉也若但能富其家何足爲大吉體柔居巽履得其位明於家道以近至尊能富其家也

象曰富家大吉順在位也

解 虞翻曰三變體艮艮爲篤實坤爲大業得位應初順五承三比據三陽故曰富家大

吉順在位也
謂順於五也

九五王假有家勿恤吉【釋文】王假更白反至也徐古牙反

【解】陸績曰假大也五得尊位據四應二以天下爲家故曰王大有家天下正之故无所憂則吉

【注】假至也履正而應處尊體巽王至斯道以有其家者也居於尊位而明於家道則下莫不化矣父父子子兄兄弟弟夫夫婦婦六親和睦交相愛樂而家道正正家而天下定矣故王假有家則勿恤而吉

【集解】馬融曰假大也【釋文】鄭康成曰假登也【同】先儒云猶如舜能治家處子嬀汭即是歸讓至焉【口訣義】

彖曰王假有家交相愛也

解 虞翻曰乾爲愛也二稱家三動成震五得交二初得交四故交相愛震爲交之也

上九有孚威如終吉

解 虞翻曰謂三已變與上易位成坎坎爲孚故有孚乾爲威如自上之坤故威如易則得位故終吉也

注 處家人之終居家道之成刑于寡妻以著於外者也故曰有孚凡物以猛爲本者則患在寡恩以愛爲本者則患在寡威故家人之道尚威嚴也家道可終唯信與威身得威敬人亦如之反之於身則知施於人也

象曰威如之吉反身之謂也

解 虞翻曰謂三動坤爲身上之三成既濟定故反身之謂此家道正正家而天下定矣

䷥ 兌下離上

睽小事吉 **釋文** 睽苦圭反馬鄭王肅徐呂忱並音圭

解 鄭康成曰睽乖也火欲上澤欲下猶人同居而志異也故謂之睽二五相應君陰臣陽君而應臣故小事吉 虞翻曰大壯上之三在繫蓋取无妄二之五也小謂五陰稱小得中應剛故吉

彖曰睽火動而上澤動而下

解 虞翻曰離火炎上澤水潤下也

二女同居其志不同行 **釋文** 同行如字王肅遐孟反

【解】虞翻曰二女離兌也坎爲志離上兌下无妄震爲行巽爲同艮爲居二五易位震巽象壞故二女同居

其志不同行也

說而麗乎明柔進而上行得中而應乎剛

【解】虞翻曰說兌麗離也明謂乾當言大明以麗於晉柔謂五无妄巽爲進從二之五故上行剛謂應乾五伏陽非應二也與鼎五同義也

是以小事吉

【解】荀爽曰小事者臣事也百官異體四民殊業故睽而不同剛者君也柔得其中而應於君故言

小事吉也

【注】事皆相違害之道也何由得小事吉以有此三德

天地睽而其事同也

解 虞翻曰五動乾爲天四動坤爲地故天地睽坤爲事也五動體同人事故同矣 王肅曰高卑雖異同育萬物

男女睽而其志通也

解 侯果曰出處雖殊情通志合 虞翻曰四動艮爲男兌爲女故男女睽坎爲志爲通故其志通也

萬物睽而其事類也

解 虞翻曰四動萬物出乎震區以別矣故萬物睽坤爲事爲類故其事類也 崔憬曰萬物雖睽於形色而生性事類言亦同也

睽之時用大矣哉

【解】九家易曰乖離之卦於義不大而天地事同共生萬物故曰用矣 盧氏曰不言義而言用者明用睽之義至大矣

【注】睽離之時非小人之所能用也

象曰上火下澤睽

【解】荀爽曰火性炎上澤性潤下故曰睽也

君子以同而異

【解】荀爽曰夫婦雖同小事當異百官殊職四民異業文武並用威德相反共歸於治故曰君子以同而異也

注 同於通理異於職事

初九悔亡喪馬勿逐自復見惡人无咎

解 虞翻曰无應悔也四動得位故悔亡應在於坎坎爲馬四而失位之正入坤坤爲喪坎象不見故喪馬震爲逐艮爲止故勿逐坤爲自二至五體復象故自復四動震馬來故勿逐自復也離爲見惡人謂四動入坤初四復正見惡人以避咎矣

注 處睽之初居下體之下无應獨立悔也與人合志故得悔亡馬者必顯之物處物之始乖而喪其馬物莫能同其私必相顯也故勿逐而自復時方乖離而位乎窮下上元應可援下无權可恃顯德自異爲惡所害故見惡人乃得免咎也

象曰見惡人以辟咎也

九二遇主于巷无咎

解虞翻曰二動體震爲主爲大塗艮爲徑路大道而有徑路故稱巷變而得正故无咎而未失道也

注處睽失位將无所安然五亦失位俱求其黨出門同趣不期而遇故曰遇主于巷也處睽得援雖失其位未失道也

象曰遇主于巷未失道也

解虞翻曰動得正故未失道　崔憬曰處睽之時與五有應男女雖隔其志終通而三比焉近不相得遇者不期而會主者三爲下卦者主巷出門近遇之象言二遇三明非背五未爲失道也

六三見輿曳其牛掣釋文掣昌逝反鄭作挈徐市制反說文作觢之世反云角一俯一仰子夏作契荀作觭劉本從說文

解虞翻曰離爲見坎爲車爲曳故見輿曳四動坤爲牛爲類牛角一低一仰故稱掣離上而坎下故其牛掣也

集解子夏傳曰挈一角仰也釋文鄭康成曰牛角皆踊曰挈劉氏曰觢牛角皆踊也并同

其人天且劓无初有終釋文劓魚器反王肅作臲臲魚一反

解虞翻曰其人謂四惡人也黥額爲天割鼻爲劓无妄乾爲天震二之乾五以陰墨其天乾五之震二毀艮割其鼻也兌刑人故其人天且劓失位動得正成乾故无初有終象

曰遇剛是其義也

【注】凡物近而不相得則凶處睽之時履非其位以陰居陽以柔乘剛志在於上而不和於四二應於五則近而不相比故見輿曳曳者履非其位失所載也其牛掣者滯隔所在不獲進也其人天且劓者四從上取二從下取而應在上九執志不回初雖受困終獲剛助

【集解】馬融曰剠鑿其額曰天【釋文】

象曰見輿曳位不當也无初有終遇剛也

【解】虞翻曰動正成乾故遇剛

九四睽孤遇元夫交孚厲无咎

【解】虞翻曰孤顧也在兩陰間睽五顧三故曰睽孤震爲元夫謂二已變動而應震故遇元夫也震爲交坎爲孚動而得正故交孚厲无咎矣

【注】无應獨處五自應二三與已睽故曰睽孤也初亦无應特立處睽之時俱在獨立同處體下同志者也而已失位比於三五皆與已乖處无所安故求其疇類而自託焉故曰遇元夫也同志相得而无疑焉故曰交孚也雖在乖隔志故得行故雖危无咎

象曰交孚无咎志行也

【解】虞翻曰坎動成震故志行也

六五悔亡厥宗噬膚往何咎

【解】虞翻曰往得位悔亡也動而之乾乾爲宗二動體噬嗑故曰噬四變時艮爲膚故曰

厥宗噬膚也變得正成乾乾爲慶故往无咎而有慶矣　案二兌爲口五爻陰柔噬膚之象也

注 非位悔也有應故亡厥宗謂二也噬膚者齧柔也三雖比二二之所噬非妨已應者也以斯而往何咎之有往必合也

象曰厥宗噬膚往有慶也

上九睽孤見豕負塗載鬼一車

解 虞翻曰睽三顧五故曰睽孤也離爲見坎爲豕爲雨四變時坤爲土土得雨爲泥塗四動艮爲背豕背有泥故見豕負塗矣坤爲鬼坎爲車變在坎上故載鬼一車也

先張之弧後說之弧 **釋文** 後說吐活反一音始銳反　弧本亦作壺京馬

鄭王肅翟子元作壺

解虞翻曰謂五已變乾爲先應在三坎爲弧離爲矢張弓之象也故先張之弧四動震爲後說猶置也兌爲口離爲大腹坤爲器大腹有口坎酒在中壺之象也之應歷險以與兌故後說之壺也

集解虞翻說音稅**會通**云陸績曰弧作壺是同

匪寇婚媾往遇雨則吉

解虞翻曰匪非坎爲寇之三歷坎故匪寇陰陽相應故婚媾三在坎下故遇雨與上易位坎象不見各得其正故則吉也

注處睽之極睽道未通故曰睽孤已居炎極三處澤盛睽之極也以文明之極而觀至

穢之物睽之甚也豕之負塗穢莫過焉至睽將合至殊將通詠詭譎怪道將爲一去至於治先見殊怪故見豕負塗甚可穢也見鬼盈車吁可怪也先張之弧將攻害也後說之弧睽怪通也四剠其應故爲寇也睽志將通匪寇婚媾往不失時睽疑亡也貴於遇雨和陰陽也陰陽既和羣疑亡也

象曰遇雨之吉羣疑亡也

解 虞翻曰物三稱羣坎爲疑三變坎敗故羣疑亡矣

䷦ 艮下坎上

蹇利西南 釋文 蹇紀免反王肅徐紀偃反

解 虞翻曰觀上反三也坤西南卦五在坤中坎爲月月生西南故利西南往得中謂西

南得朋也

不利東北

解虞翻曰謂三也艮東北之卦月消於艮喪乙滅癸故不利東北其道窮也則東北喪朋矣

注西南地也東北山也以難之平則難解以難之山則道窮

利見大人

解虞翻曰離爲見大人謂五二得位應五故利見大人往有功也

注往則濟也

貞吉

解 虞翻曰謂五當位正邦故貞吉也

注 爻皆當位各履其正居難履正正邦之道也正道未否難由正濟故貞吉也遇難失正吉可得乎

彖曰蹇難也險在前也見險而能止知矣哉

解 虞翻曰離見坎險艮為止觀乾為智故知矣哉

蹇利西南往得中也 釋文 得中如字又張仲反

解 荀爽曰西南謂坤乾動往居坤五故得中也

集解 鄭康成曰中和也王肅曰中適也 并釋文

不利東北其道窮也

解 荀爽曰東北艮也艮在坎下見險而止故其道窮也

利見大人往有功也

解 虞翻曰大人謂五二往應五五多功故往有功也

當位貞吉以正邦也 釋文 荀陸本作正國爲漢朝諱

解 荀爽曰謂五當尊位正居是羣陰順從故能正國

蹇之時用大矣哉

解 虞翻曰爲坎月生西南而終東北震象出庚兌象見丁乾象盈甲巽象退辛艮象消丙坤象窮乙喪滅於癸終則復始以生萬物故用大也

注 蹇難之時非小人之所能用也

象曰山上有水蹇

解崔憬曰山上至險加之以水蹇之象也

注山上有水蹇難之象

集解陸績曰水在山上失流通之性故曰蹇通水流下今在山上不得下流蹇之象

疏

君子以反身脩德

解虞翻曰君子謂觀乾坤爲身觀上反三故反身陽在三進德修業故以反身脩德孔子曰德之不脩是吾憂也

注除難莫若反身脩德

集解 陸績曰水本應山下今在山上終應反下故曰反身處難之時不可以行只可反自省察脩己德用乃除難君子通達道暢之時並濟天下處窮之時則獨善其身也 疏

初六往蹇來譽

解 虞翻曰譽謂二二多譽也失位應陰往歷坎險故往蹇變得位以陽承二故來而譽矣 疏

象曰往蹇來譽宜待也 釋文 宜待也張本作宜時也鄭本宜待特也

注 處難之始居止之初獨見前識覩險而止以待其時知矣哉故往則遇蹇來則得譽

六二王臣蹇蹇匪躬之故

解 虞翻曰觀乾爲王坤爲臣爲躬坎爲蹇也之應涉坤二五俱坎故王臣蹇蹇觀上之

三折坤之體臣道得正故匪躬之故象曰終无尤也

注 處難之時履當其位居不失中以應於五不以五在難中私身遠害執心不回志匡王室者也故曰王臣蹇蹇匪躬之故履中行義以存其上處蹇以此未見其尤也

象曰王臣蹇蹇終无尤也

解 侯果曰處艮之二上應於五五在坎中險而入險志在匡弼匪惜其躬故曰王臣蹇蹇匪躬之故輔君以此終无尤也

九三往蹇來反

解 虞翻曰應正歷險故往蹇反身據二故來反也

注 進則入險來則得位故曰往蹇來反爲下卦之主是內之所恃也

象曰往蹇來反內喜之也【釋文】內喜如字徐許意反猶好也

【解】虞翻曰內謂二陰也

六四往蹇來連【釋文】來連力善反鄭如字

【解】虞翻曰連輦蹇難也在兩坎間進則无應故往蹇退初介三故來連也

【注】往則无應來則乘剛往來皆難故曰往蹇來連得位履正當其本實雖遇於難非安所招也

【集解】馬融曰連亦難也鄭康成曰連遲久之意【并釋文】

象曰往蹇來連當位實也

【解】荀爽曰蹇難之世不安其所欲往之三不得承陽故曰往蹇也來還承五則與至尊

相連故曰來連也處正承陽故曰當位實也

九五大蹇朋來

【解】虞翻曰當位正邦故大蹇睽兌爲朋故朋來也

【注】處難之時獨在險中難之大者也故曰大蹇然居不失正履不失中執德之長不改其節如此則同志者集而至矣故曰朋來也

象曰大蹇朋來以中節也

【解】干寶曰在險之中而當上位故曰大蹇此蓋以託文王爲紂所囚也承上據四應二衆陰並至此蓋以託四臣能以權智相救也故曰以中節也

上六往蹇來碩吉利見大人

〔解〕虞翻曰陰在險上變失位故往蹇碩謂三艮爲碩退來之三故來碩得位有應故吉也離爲見大人謂五故利見大人矣

〔注〕往則長難來則難終難終則衆難皆濟志大得矣故曰往蹇來碩吉險夷難解大道可興故曰利見大人也

象曰往蹇來碩志在內也

〔注〕有應在內往則失之來則志獲志在內也

利見大人以從貴也

〔解〕侯果曰處蹇之極體猶在坎水无所之故曰往蹇來而復位下應于三三德碩大故曰來碩三爲內主五爲大人若志在內心竭于五則利見大人也　案三互體離離爲明

目五爲大人利見大人之象也

䷧ 坎下震上

解利西南

【解】虞翻曰臨初之四坤西南卦初之四得坤衆故利西南往得衆也

【注】西南衆也解難濟險利施於衆也亦不困于東北故不言不利東北也

【集解】先儒皆讀爲解諧買反【疏】云

无所往其來復吉

【解】荀爽曰陰處尊位陽无所往也來復居二處中成險故曰復吉也　虞翻曰謂四本從初之四失位于外而无所應故无所往宜來反初復得正位故其來復吉也二往之五

四來之初成屯體復象故稱來復吉矣

有攸往夙吉

【解】虞翻曰謂二也夙早也離爲日爲甲日出甲上故早也九二失正早往之五則吉故有攸往夙吉往有功也

【注】未有善於解難而迷於處安也解之爲義解難而濟厄者也无難可往以解來復則不失中有難而往則以速爲吉者无難則能復其中有難則能濟其厄也

【集解】褚氏曰世有无事求功故誡以无難宜靜亦有待敗乃救故誡以有難須速也

【疏】

彖曰解險以動動而免乎險解

【解】虞翻曰：險坎動震，解二月雷以動之，雨以潤之，物咸孚甲，萬物生震，震出險上，故免乎險也。

【注】動乎險外，故謂之免。免險則解，故謂之解。

解利西南，往得衆也。

【解】荀爽曰：乾動之坤而得衆，西南衆之象也。

其來復吉，乃得中也。李氏本上有无所往三字，衍。

有攸往夙吉，往有功也。

【解】荀爽曰：五位无君，二陽又卑，往居之者則吉，據五解難，故有功也。

天地解而雷雨作

【解】荀爽曰：謂乾坤交通動而成解卦，坎下震上，故雷雨作也。

【注】天地否結，雷雨不作，交通感散，雷雨乃作也。

雷雨作而百果草木皆甲坼【釋文】坼，馬、陸作宅。

【解】荀爽曰：解者，震世也。仲春之月，草木萌芽，雷以動之，雨以潤之，日以烜之，故甲坼也。

【注】雷雨之作，則險厄者亨，否結者散，故百果草木皆甲坼也。

【集解】馬融曰：宅，根也。【釋文】鄭康成曰：木實本作碩曰果，皆本作解，讀如人倦之解。解謂坼嘑，嘑，火亞反。○本作呼。皮曰甲，根曰宅，宅，居也。【文選注】陸績與馬同。【釋文】云

解之時大矣哉

【注】无所而不釋也，難解之時，非治難時，故不言用；體盡於解之名，无有幽隱，故不曰義。

象曰雷雨作解君子以赦過宥罪【釋文】宥罪京作尤

【解】虞翻曰君子謂三伏陽出成大過坎爲罪入則大過象壞故以赦過二四失位皆在坎獄中三出體乾兩坎不見震喜兑悦罪人皆出故以宥罪謂三入則赦過出則宥罪公用射隼以解悖是其義也

初六无咎

【解】虞翻曰與四易位體震得正故无咎也

【注】解者解也屯難盤結於是乎解也處蹇難始解之初在剛柔始散之際將赦罪厄以夷其險處此之時不煩於位而无咎也

象曰剛柔之際義无咎也

解 虞翻曰：體屯初震，剛柔始交，故无咎。

注 或有過咎，非其理也。義，猶理也。

九二：田獲三狐，得黃矢，貞吉。

解 虞翻曰：二稱田。田，獵也。變之正，艮爲狐，坎爲弓，離爲黃矢，矢貫狐體。二之五，歷三爻，故田獲三狐。黃矢之正，得中，故貞吉。

注 狐者，隱伏之物也。剛中而應，爲五所任，處於險中，知險之情，以斯解物，能獲隱伏也，故曰田獲三狐也。黃，理中之稱也。矢，直也。田而獲三狐，得乎理中之道，不失枉直之實，能全其正者也，故曰田獲三狐，得黃矢，貞吉也。

象曰：九二貞吉，得中道也。

解虞翻曰動得正故得中道

六三負且乘釋文且乘如字王肅繩證反

解虞翻曰負倍也二變時艮爲背謂三以四艮倍五也五來寇三時坤爲車三在坤上故負且乘小人而乘君子之器故象曰亦可醜也

致寇至貞吝

解虞翻曰五之二成坎坎爲寇盜上慢五下暴於二慢藏誨盜故致寇至貞吝象曰自我致戎又誰咎也

注處非其位履非其正以附於四用夫柔邪以自媚者也乘二負四以容其身寇之來也自已所致雖幸而免正之所賤也

象曰負且乘亦可醜也自我致戎又誰咎也【釋文】自我致戎本或作致寇

【解】虞翻曰臨坤爲醜也坤爲自我以離兵伐三故轉寇爲戎艮手招盜故誰咎也

九四解而拇朋至斯孚【釋文】拇荀作母

【解】虞翻曰二動時艮爲指四變之坤爲母故解而拇臨兌爲朋坎爲孚四陽從初故朋至斯孚矣　案九四體震震爲足三在足下拇之象

【注】失位不正而比於三故三得附之爲其拇也三爲之拇則失初之應故解其拇然後朋至而信矣

【集解】陸績曰拇足大指　王肅曰拇手大指【并釋文】

象曰解而拇未當位也

六五君子維有解吉有孚于小人

【解】虞翻曰君子謂二之五得正成坎坎爲心故君子惟有解吉小人謂五陰爲小人君子升位則小人退在二故有孚于小人坎爲孚也

【注】居尊履中而應乎剛可以有解而獲吉矣以君子之道解難釋險小人雖闇猶知服之而无怨矣故曰有孚于小人也

象曰君子有解小人退也

【解】虞翻曰二陽上之五五陰小人退之二也

上六公用射隼于高墉之上獲之无不利

【解】虞翻曰上應在三公謂三伏陽也離爲隼三失位變動初成乾貫隼入體大過死象故公用射隼于高墉之上獲之无不利矣　案二變時體艮艮爲山爲宮闕三在山半高墉之象也

【注】初爲四應二爲五應三不應上失位負乘處下體之上故曰高墉墉非隼之所處高非三之所履上六居動之上爲解之極將解荒悖而除穢亂者也故用射之極而後動成而後舉故必獲之而无不利也

象曰公用射隼以解悖也

【解】虞翻曰坎爲悖三出成乾而坎象壞故解悖九家易曰隼鷙鳥也今捕食雀者其性疾害喻暴君也陰盜陽位萬事悖亂今射去之故曰以解悖也

【集解】馬融曰墉城也【釋文】

☶☱ 兌下艮上

損

解 鄭康成曰艮爲山兌爲澤互體坤坤爲地山在地上澤在地下澤以自損增山之高也猶諸侯損其國之富以貢獻于天子故謂之損矣

有孚元吉无咎可貞利有攸往

解 虞翻曰泰初之上損下益上以據二陰故有孚元吉无咎艮男居上兌女在下男女位正故可貞利有攸往矣

集解 先儒云言既吉而无咎則可以爲正 莊氏曰若行損有咎則須補過以正其失今行損用信則是无咎可正故云无咎可貞 并疏

曷之用二簋可用享【釋文】簋蜀才作軌享香兩反蜀才許庚反

【解】崔憬曰曷何也言其道上行將何所用可用二簋而享也以喻損下益上惟在乎心何必竭于不足而補有餘者也

【集解】鄭康成曰四以簋進黍稷於神也初與二直其四與五承上故用二簋四巽爻也巽爲木五離爻也離爲日日體圜木器而圜簋象也【考工記疏】

彖曰損損下益上其道上行

【解】蜀才曰此本泰卦案坤之上九下處乾三乾之九三上升坤六損下益上者也陽德上行故曰其道上行也

【注】艮爲陽兑爲陰凡陰順於陽者也陽止於上陰說而順損下益上上行之義也

損而有孚元吉无咎

【解】荀爽曰謂損乾之三居上孚二陰也居上據陰故元吉无咎以未得位嫌於咎也

可貞

【解】荀爽曰少男在上少女雖年尚幼必當相承故曰可貞

利有攸往

【解】荀爽曰謂陽利往居上損者損下益上故利往居上

【注】損之爲道損下益上損剛益柔也損下益上非補不足也損剛益柔非長君子之道也爲損而可以獲吉其唯有孚乎損而有孚則元吉无咎而可正利有攸往矣損剛益柔不以消剛損下益上不以盈上損剛而不爲邪益上而不爲諂則何咎而可正雖不能拯

濟大難以斯有往物无距也

曷之用二簋可用享

解　荀爽曰二簋謂上體二陰也上爲宗廟簋者宗廟之器故可享獻也

注　曷辭也曷之用言何用豐爲也二簋質薄之器也行損以信雖二簋可用享

二簋應有時　釋文　應師如字舊應對之應

解　虞翻曰時謂春秋也損二之五震二月益正月春也損七月兌八月秋也謂春秋祭祀以時思之艮爲時震爲應故應有時也

注　至約之道不可常也

損剛益柔有時

解 虞翻曰：謂冬夏也。二五已易成益，坤爲柔，謂損上之剛益三之柔，成既濟，坎冬離夏，故損剛益柔有時。

注 下不敢剛，貴於上行，損剛益柔之謂也。剛爲德長，損之不可以爲常也。

損益盈虛，與時偕行。

解 虞翻曰：乾爲盈，坤爲虛，損剛益柔，故損益盈虛。謂泰初之上，損二之五，益上之三，變通趨時，故與時偕行。

注 自然之質，各定其分，短者不爲不足，長者不爲有餘，損益將何加焉？非道之常，故必與時偕行也。

象曰：山下有澤，損。君子以懲忿窒欲。釋文 徵，劉作懲，蜀才

作澄窒珍栗反徐得悉反鄭劉作懫懫止也孟作恎陸作咨欲孟作浴

解虞翻曰君子泰乾乾陽剛武爲忿坤陰吝嗇爲欲損乾之初成兌說故懲忿初上據坤艮爲止故窒欲也

注山下有澤損之象也可損之善莫善忿欲也

集解鄭康成曰懫猶淸也劉氏曰懲淸也并釋文

初九已事遄往无咎酌損之釋文已本亦作以虞作祀遄荀作顓

按說文引作吕

解虞翻曰祀祭祀坤爲事謂二也遄速酌取也二失正初利二速往合志於五得正无咎已得之應故遄往无咎酌損之故象曰上合志也祀舊作已也

注 損之爲道損下益上損剛益柔以應其時者也居於下極損剛奉柔則不可以逸處損之始而不可以盈事已則往不敢宴安乃獲无咎也剛以奉柔雖免乎咎猶未親也故既獲无咎復自酌損乃得合志也遄速也

象曰已事遄往尚合志也

解 虞翻曰終成既濟謂二上合志于五也

注 尚合於志故速往也

九二利貞征凶弗損益之

解 虞翻曰失位當之正故利貞征行也震爲征失正毀折故不征之五則凶二之五成益小損大益故弗損益之矣

注 柔不可全益剛不可全削下不可以无正初九已損剛以順柔九二履中而復損已以益柔則剝道成焉故不可遄往而利貞也進之於柔則凶矣故曰征凶也故九二不損而務益以中為志也

象曰九二利貞中以為志也

解 虞翻曰動體離中故為志也

六三三人行則損一人

解 虞翻曰泰乾三爻為三人震為行故三人行損初之上故則損一人

一人行則得其友

解 虞翻曰一人謂泰初之上損剛益柔故一人行兌為友初之上據坤應兌故則得其

友言致
一也
注 損之爲道損下益上其道上行三人謂自
六三已上三陰也三陰並行以承於上則
上失其友內无其主名之曰益其實乃損故
天地相應乃得化醇男女匹配乃得化生陰
陽不對生可得乎故六三獨行
乃得其友三陰俱行則必疑矣

象曰一人行三則疑也

解 荀爽曰一陽在上則教令行三陽在下則
民衆疑也　虞翻曰坎爲疑上益三成坎
故三
則疑

六四損其疾使遄有喜无咎

解 虞翻曰四謂二也四得位遠應初二疾上
五已得承之謂二之五三上復坎爲疾也

陽在五稱喜故損其疾使遄有喜二上體觀得正承五故无咎矣

注 履得其位以柔納剛能損其疾也疾何可久故速乃有喜損疾以離其咎有喜乃免故使速乃有喜有喜則无咎也

象曰損其疾亦可喜也

解 虞翻曰二上之五體大觀象故可喜也蜀才曰四當承上而有初應必上之所疑矣初四之疾也宜損去初使上遄喜

六五或益之十朋之龜弗克違元吉

解 虞翻曰謂二五也變成益故或益之坤數十兌爲朋三上失位三動離爲龜十謂神靈攝寳文筮山澤水火之龜也故十朋之龜三上易位成旣濟故弗克違元吉矣　崔憬

曰或之者疑之也故用元龜價直二十大貝龜之最神貴者以決之不能違其益之義故獲元吉雙貝曰朋也

注以柔居尊而爲損道江海處下百谷歸之履尊以損則或益之矣朋黨也龜者決疑之物也陰非先唱柔非自任尊以自居損以守之故人用其力事竭其功智者慮能明者慮策弗能違也則衆才之用盡矣獲益而得十朋之龜足以盡天人之助也

集解馬融鄭康成曰十朋之龜者一曰神龜二曰靈龜三曰攝龜四曰寶龜五曰文龜六曰筮龜七曰山龜八曰澤龜九曰水龜十曰火龜疏

象曰六五元吉自上祐也釋文祐本亦作佑

解侯果曰內柔外剛龜之象也又體兌艮互有坤震兌爲澤龜艮爲山坤爲地龜震爲

木龜坤數又十故曰十朋朋類也六五處尊損己奉上人謀允叶龜墨不違故能延上九之祐而來十朋之益所以大吉也

上九弗損益之无咎貞吉

解 虞翻曰損上益三也上失正之三得位故弗損益之无咎貞吉動成既濟故大得志

利有攸往得臣无家

解 虞翻曰謂三往之上故利有攸往二五已動成益坤爲臣三變據坤成家人故曰得臣動而應三成既濟則家人壞故曰无家王肅曰處損之極損極則益故曰不損益之之非无咎也爲下所益故无咎據五應三三陰上附外內相應上下交接正吉也故利有攸往矣剛陽居上羣下共臣故曰得臣矣得臣則萬方一軌故无家也

注 處損之終上无所奉損終反益剛德不損
柔乃反益之而不憂於咎用正而吉不制於
柔剛德遂長故曰弗損益之无咎貞吉利有
攸往也居上乘柔處損之極尙夫剛德爲物
所歸故曰得臣得臣則
天下爲一故无家也

象曰弗損益之大得志也

解 虞翻曰謂二五已變上下益三
成既濟定離坎體正故大得志

䷩ 震下
巽上

益利有攸往

解 虞翻曰否上之初也損上益下其道大光
二利往坎應五故利有攸往中正有慶也
宋衷曰明君之德必須損己而利人則
集解 下盡益矣 口訣義 向秀曰明王之道

志在惠下故取下謂之損與下謂之益【疏】

利涉大川

【解】鄭康成曰陰陽之義陽稱爲君陰爲臣今震一陽二陰臣多於君矣而四體巽之不應初是天子損其所有以下諸侯也人君之道以益下爲德故謂之益也震爲雷巽爲風雷動風行二者相成猶人君出教令臣奉行之故利有攸往坎爲大川故利涉大川也　虞翻曰謂三失正動成坎體渙坎爲大川故利利涉大川渙舟檝象木道乃行也

彖曰益損上益下民說无疆

【解】蜀才曰此本否卦案乾之上九下處坤初坤之初六上升乾四損上益下者也　虞翻曰上之初坤爲无疆震爲喜笑以貴下賤大得民故說无疆矣

注 震陽也巽陰也巽非違震者也處上而巽不違於下損上益下之謂也

自上下下其道大光 釋文 下下上遐嫁反下如字

解 虞翻曰乾爲大明以乾照坤故其道大光或以上之三離爲大光矣

利有攸往中正有慶

解 虞翻曰中正謂五而二應之乾爲慶也

注 五處中正自上下下故有慶也以中正有慶之德有攸往也何適而不往哉

利涉大川木道乃行

解 虞翻曰謂三動成渙渙舟楫象巽木得水故木道乃行也

注 木者以涉大川爲常而不溺者也以益涉難同乎木也

益動而巽日進无疆天施地生其益无方

解 虞翻曰震三動爲離離爲日巽爲進坤爲疆日與巽俱進故曰進无疆也乾下之坤震爲出生萬物出乎震故天施地生陽在坤初爲无方日進无疆故其益无方也

注 損上益下

凡益之道與時偕行

解 虞翻曰上來益三四時象正艮爲時震爲行與損同義故與時偕行也

注 益之爲用施未足也滿而益之害之道也故凡益之道與時偕行也

象曰風雷益君子以見善則遷有過則改

解 虞翻曰：君子謂乾也。上之三，離爲見，乾爲善，坤爲過，坤三進之乾四，故見善則遷；乾上之坤初，改坤之過，體復象，復以自知，故有過則改也。

注 遷善改過，益莫大焉。

集解 子夏傳曰：雷以動之，風以散之，萬物皆益。孟、僖同。何晏曰：取其最長可久之義也。

并疏

初九：利用爲大作，元吉，无咎。

解 虞翻曰：大作謂耕播耒耨之利，蓋取諸此也。坤爲用，乾爲大，震爲作，故利用爲大作。體復初得正，朋來无咎，故元吉无咎。震三月卦，日中星鳥，敬授民時，故以耕播也。

注 處益之初，居動之始，體夫剛德以莅其事，而之乎巽，以斯大作，必獲大功。夫居下非

厚事之地在界非任重之處大作
非小功所濟故元吉乃得无咎也

象曰元吉无咎下不厚事也

解 侯果曰大作謂耕植也處益之始居震之
初震爲稼穡又有大作益之大者莫大耕
植故初九之利利爲大作若能不厚勞
于下民不奪時於農畯則大吉无咎矣

注 時可以大作而下不可以厚事得其
時而无其處故元吉乃得无咎也

六二或益之十朋之龜弗克違永貞吉

解 虞翻曰謂上從外來益初也故或益之二
得正遠應利三之正已得承之坤數十損
兌爲朋謂三變離爲龜故十朋之
龜坤爲永上之三得正故永貞吉

王用享于帝吉 **釋文** 享香兩反
王廙許庚反

解虞翻曰震稱帝王謂五否乾爲王體觀象艮爲宗廟三乾折坤牛體噬嗑食故王用享于帝得位故吉　干寶曰聖王先成其民而後致力於神故王用享于帝在巽之宮處震之象是則倉精之帝同始祖矣

注以柔居中而得其位處內履中居益以沖益自外來不召自至不先不爲則朋龜獻策同於損卦六五之位位不當尊故吉在永貞也帝者生物之主興益之宗出震而齊巽者也六二居益之中體柔當位而應於巽享帝之美在此時也

象曰或益之自外來也

解虞翻曰乾上稱外來益初也

六三益之用凶事无咎

【解】虞翻曰坤爲事三多凶上來益三得正故益用凶事无咎

有孚中行告公用圭【釋文】用圭王肅作用桓圭

【解】九家易曰天子以尺二寸元圭事天以九寸事地也上公執桓圭九寸諸侯執信圭七寸諸伯執躬圭七寸諸子執穀璧五寸諸男執蒲璧五寸五等諸侯各執之以朝見天子也　虞翻曰公謂三伏陽也三動體坎故有孚震爲中行爲告位在中故告中行三公位乾爲圭乾之三故告公用圭圭桓圭也

【注】以陰居陽求益者也故曰益之益不外來已自爲之物所不與故在謙則戮救危則免以陰居陽處下卦之上壯之甚也用救衰危物所恃也故用凶事乃得无咎也若能益不爲私志在救難壯不至亢不失中行以此告公國王所任也用圭之禮備此道矣故曰此

有孚中行告公用圭也公者臣之極也凡事足以施天下則稱王次天下之大者則稱公六三之才不足以告王足以告公而得用圭也故曰中行告公用圭也

象曰益用凶事固有之也

解 虞翻曰三上失正當變是固有之 干寶曰固有如桓文之徒罪近篡弒功實濟世六三失位而體奸邪處震之動懷巽之權是矯命之士爭奪之臣桓文之爻也故曰益之用凶事在益之家而居坤中能保社稷愛撫人民故曰无咎既乃中行近人故曰有孚中行然後俯列盟會仰致錫命故曰告公用圭

注 用施凶事乃得固有之也

六四中行告公從

【解】虞翻曰中行謂正位在中震爲行爲從故曰中行公謂三三上失位四利三之正已得以爲實故曰告公從矣

利用爲依遷國

【解】虞翻曰坤爲邦遷從也三動坤徙故利用爲依遷國也

【注】居益之時處巽之始體柔當位在上應下卑不窮下高不處亢位雖不中用中行者也以斯告公何有不從以斯依遷誰有不納也

象曰告公從以益志也

【解】虞翻曰坎爲志三之正有兩坎象故以益志也　崔憬曰益其勤王之志也居益之時履當其位與五近比而四上公得藩屏之寄爲依從之國若周平王之東遷晉鄭是從

也五爲天子益其忠志以勑之故言中行告公從利用爲依遷國矣

【注】志得益也

九五有孚惠心勿問元吉

【解】虞翻曰謂三上也震爲問三上易位三五體坎已成既濟坎爲心故有孚惠心勿問元吉故象曰勿問之矣

有孚惠我德

【解】虞翻曰坤爲我乾爲德三之上體坎爲孚故惠我德象曰大得志得位履尊爲益之主者也爲益之大莫大

【注】於信爲惠惠之大莫大於心因民所利而利之焉惠而不費惠心者也信以惠心盡物之願固不待問而元吉有孚惠我德也以誠惠

物物亦應之故曰有孚惠我德也

象曰有孚惠心勿問之矣惠我德大得志也

【解】崔憬曰居中履尊當位有應而損上之時自一以損已爲念雖有孚于國惠心及下終不言以彰已功故曰有孚惠心勿問問猶言也如是則獲元吉且爲下所信而懷已德故曰有孚惠我德君雖不言人惠其德則我大得志也

上九莫益之

【解】虞翻曰莫无也自非上无益初者唯上當无應故莫益之矣

或擊之

【解】虞翻曰謂上不益初則以剝滅乾艮爲手故或擊之

立心勿恆凶

解虞翻曰上體巽爲進退故勿恆動成坎心以陰乘陽故立心勿恆凶矣

注處益之極過盈者也求益无已心无恆者也无厭之求人弗與也獨唱莫和是偏辭也人道惡盈怨者非故曰或擊之也

象曰莫益之偏辭也釋文偏孟作偏

解虞翻曰徧周帀也三體剛凶故至上應乃益之矣

集解孟喜曰偏周帀也釋文

或擊之自外來也

解虞翻曰外謂上上來之三故曰自外來也

周易集解卷五終

清陽湖孫氏本周易集解

第三册

清 孫星衍撰

清嘉慶三年蘭陵孫氏兗州刻本（《岱南閣叢書》之一）

山東人民出版社·濟南

周易集解卷六　　岱南閣叢書

賜進士及第署山東提刑按察使分巡兗沂曹濟兼黃河兵備道孫星衍撰

下經夬傳第六

䷪ 乾下兌上

夬揚于王庭

解 鄭康成曰夬決也陽氣浸長至于五五尊位也而陰先之是猶聖人積德悅天下以漸消去小人至於受命爲天子故謂之決揚越也五互體乾乾爲君又居尊位王庭之象也陰爻越其上小人乘君子罪惡上聞於聖人之朝故曰夬揚于王庭　虞翻曰陽決陰息卦也剛決柔與剝旁通乾爲揚爲王剝艮爲庭故揚于王庭矣

注 夬與剝反者也剝以柔變剛至於剛幾盡夬以剛決柔如剝之消剛剛隕則君子道消柔消則小人道隕君子道消則剛正之德不可得直道而行刑罰之威不可得坦然而行揚于王庭其道公也

孚號有厲

解 虞翻曰陽在二五稱孚孚謂五也二失位動體巽巽為號離為光不變則危故孚號有厲其危乃光也

告自邑不利即戎

解 虞翻曰陽息動復剛長成夬震為告坤為自邑夬從復外坤逆在上民衆消滅二變時離為戎故不利即戎所尚乃窮也 翟元曰坤稱邑也 干寶曰殷民告周以紂无道

利有攸往

【解】虞翻曰陽息陰消君子道長故利有攸往剛長乃終

彖曰夬決也剛決柔也【釋文】夬徐古穴反

【解】虞翻曰乾決坤也

健而說決而和

【解】虞翻曰健乾說兌也以乾陽獲陰之和故決而和也

【注】健而說則決而和矣

揚于王庭柔乘五剛也

【注】剛德齊長一柔爲逆衆所同謀而无忌者也故可揚于王庭

孚號有厲其危乃光也

解　荀爽曰信其號令於下衆陽危去上六陽乃光明也　干寶曰夫九五則飛龍在天之爻也應天順民以發號令故曰孚號以柔決剛以臣伐君君子危之故曰有厲德大即以心小功高而意下故曰其危乃光也

注　剛正明信以宣其令則柔邪者危故曰其危乃光也

告自邑不利即戎所尚乃窮也

解　荀爽曰不利即尚兵戎而與陽爭必困窮

注　以剛斷制告令可也告自邑謂行令於邑也用剛即戎尚力取勝也尚力取勝物所同疾也

利有攸往剛長乃終也

解 虞翻曰乾體大成以決小人終乾之剛故乃以終也

注 剛德愈長柔邪愈消故利有攸往道乃成也

集解 李鼎曰自古小人在上最爲難去蓋得位得權而勢不能搖奪以四凶尚歷堯至舜而後能去嘗玩易之夬夫一陰在上五陽並進以剛決柔宜若易然然爻辭俱險而肆蓋小人在上故繇曰剛長乃終是也 **王得臣麈史**

象曰澤上於天夬

解 陸績曰水氣上天決降成雨故曰夬

君子以施祿及下居德則忌

【解】虞翻曰：君子謂乾，乾爲施祿，下謂剥坤，坤爲衆臣，以乾應坤，故施祿及下，乾爲德，艮爲居，故居德則忌。陽極陰生，謂陽忌陰。

【注】澤上於天，夬之象也。澤上於天，必來下潤，施祿及下之義也。夬者明法而決斷之象也。忌，禁也。法明斷嚴，不可以慢，故居德以明禁也。明而能嚴，嚴而能施，健而能說，決而能和，美之道也。

初九：壯于前趾，往不勝爲咎。【釋文】趾，荀作止。

【解】虞翻曰：夬變大壯，大壯震爲趾，位在前，故壯于前。剛以應剛，不能克之，往如失位，故往不勝爲咎。

【注】居健之初，爲決之始，宜審其策以行其事。壯其前趾，往而不勝，宜其咎也。

象曰不勝而往咎也

解 虞翻曰往失其位應陽故咎矣

注 不勝之理在往前也

九二惕號莫夜有戎勿恤

釋文 惕荀翟作錫號戶羔反鄭王廙音号莫音暮鄭如字

解 虞翻曰惕懼也二失位故惕變成巽故號剥坤爲暮夜二動成離離爲戎變而得正故有戎四變成坎坎爲憂坎又得正故勿恤謂成既濟定也

注 居健履中以斯決事能審已度而不疑者也故雖有惕懼號呼莫夜有戎不憂不惑故勿恤也

集解 荀爽曰錫賜也　翟元同 釋文 鄭康成曰莫無也無夜非一夜 同

象曰有戎勿恤得中道也

解 虞翻曰動得正應五故得中道

九三壯于頄有凶 釋文 頄求龜反顴也又音求又丘倫反鄭作頯頯夾面也王肅音龜江氏音琴威反蜀才作仇

解 翟元曰頄面也謂上處乾首之前稱頄頄頰間骨三往壯上故有凶也

君子夬夬獨行遇雨

解 荀爽曰九三體乾乾爲君子三五同功二爻俱欲決上故曰君子夬夬也獨行謂一爻獨上與陰相應爲陰所施故遇雨也

若濡有慍无咎【釋文】慍紆運反，舊於問反

【解】荀爽曰：雖爲陰所濡，能慍下悅，得无咎也。

【注】頰面權也，謂上六也。最處體上，故曰權也。剝之六三以應陽爲善。夫剛長則君子道興，陰盛則小人道長。然則處陰長而助陽則善，處剛長而助柔則凶矣。夬爲剛長，而三獨應上六，助於小人，是以凶也。君子處之，必能棄夫情累，決之不疑，故曰夬夬也。若不與衆陽爲羣而獨行殊志，應於小人，則受其困焉。遇雨若濡，有恨而無所咎也。

象曰：君子夬夬，終无咎也。

九四：臀无膚，其行次且。【釋文】臀，徐徒敦反。次，本作趑，或作欧，說文及鄭作趚，同七私反。且，本亦作趄，或作且，同七餘反。

【集解】虞翻曰二四已變坎爲臀剥艮爲膚毀滅不見故臀无膚謂大壯震爲行坎爲破爲曳故其行趑趄也

【注】下剛而進非已所據必見侵傷失其所安故臀无膚其行次且也【釋文】

【集解】馬融曰次卻行不前也且語助也

王肅曰趑趄行止之礙也【同】

牽羊悔亡聞言不信【釋文】牽子夏作掔

【解】虞翻曰兌爲羊二變巽爲繩剥艮手持繩故牽羊謂四四之正得位承五故悔亡震爲言坎爲耳震坎象正故聞言不信也冢兌爲羊四五體兌故也凡卦初爲足二爲腓三爲股四爲臀當陰柔今反剛陽故曰臀无膚九四震爻震爲足足既不正行趑趄矣

羊者抵狠難移之物謂五也五爲夬主非

【注】下所侵若牽於五則可得悔亡而已剛亢

不能納言自任所處聞言不信以斯而行凶可知矣

彖曰其行次且位不當也聞言不信聰不明也

解 虞翻曰坎耳離目折入于兌故聰不明矣

注 同於噬嗑滅耳之凶

九五莧陸夬夬 釋文 莧閑辯反三家音胡練反一本作莧華板反陸如字蜀才作睦睦親也遏也

解 荀爽曰莧謂五陸謂三兩爻決上故曰夬夬也莧者葉柔而根堅且赤以言陰在上六也陸亦取上葉柔根堅也去陰遠故曰陸言差堅於莧莧根小陸根大五體兌柔居上莧也三體乾剛在下根深故謂之陸也

【集解】子夏傳曰莧陸木根草莖剛下柔上也【纂疏】孟喜曰莧陸獸名夬有兌兌爲羊也【路史注】馬融鄭康成曰莧陸一名商陸王肅同【疏】宋衷曰莧莧菜也陸商陸也【釋文】虞翻曰莧蕢也陸商也【同】董遇曰莧人莧也陸商陸也【疏】又曰前人以莧陸爲一草陸之爲葉差堅於莧莧根小陸根大【輯聞】

中行无咎

【解】虞翻曰莧說也莧讀夫子莞爾而笑之莧陸和睦也震爲笑言五得正位兌爲說故莧陸夬夬大壯震爲行五在中上中動而得正故中行无咎舊讀言莧陸字之誤也馬君荀氏皆從俗言莧陸非也

【注】莧陸草之柔脆者也決之至易故曰夬夬也夬之爲義以剛決柔以君子除小人者

也而五處尊位最比小人躬自渙者也以至尊而赦至賤雖其克勝未足多也處中而行足以免咎而已未足光也

象曰：中行无咎，中未光也。

解 虞翻曰：在坎陰中，故未光也。

上六：无號，終有凶。

解 虞翻曰：應在於三，三動時體巽，巽爲號，合回已變坎之應，歷險，巽象不見，故无號，位極乘陽，故終有凶矣。

注 處史之極，小人在上，君子道長，衆所共弃，故非號咷所能延也。

象曰：无號之凶，終不可長也。

解 虞翻曰陰道消滅故不可長也

☴☰ 巽下乾上

姤女壯 釋文 姤古文作遘鄭同

解 鄭康成曰姤遇也一陰承五陽一女當五男苟相遇耳非禮之正故謂之姤 虞翻曰消卦也與復旁通巽長女女壯傷也陰傷陽柔消剛故女壯也

集解 薛虞曰姤古文作遘 釋文

勿用取女 釋文 娶本亦作取

解 鄭康成曰女壯如是壯健似淫故不可娶婦人以婉娩爲其德也 虞翻曰陰息剝陽以柔變剛故勿用娶女不可與長也

彖曰姤遇也柔遇剛也

注 施之於人即女遇男也一女而遇五男爲壯至甚故不可取也

勿用取女不可與長也

解 王肅曰女不可娶以其不正不可與長久也

天地相遇品物咸章也

解 荀爽曰謂乾成於巽而舍於離坤出於離與乾相遇南方夏位萬物章明也 九家易曰謂陽起子運行至四月六爻成乾巽位在巳故言乾成於巽既成轉舍於離坤萬物皆盛大從離出與乾相遇故言天地遇也

注 王乃功成也

【集解】荀爽曰：故萬物皆相見也。【漢上傳】

剛遇中正，天下大行也。

【解】翟元曰：剛謂九五，遇中處正，教化大行於天下。

【注】化乃大行也。

【集解】莊氏曰：以女而遇五男，既不可取，天地匹配，則能成品物。由是言之，若剛遇中正之柔，男得幽貞之女，則天下人倫之化乃得大行也。【疏】

姤之時義大矣哉！

【解】陸績曰：天地相遇，萬物亦然，故其義大矣。

【注】凡言義者，不盡於所見，中有意謂者也。

象曰天下有風姤

解 翟元曰天下有風風无不周布故君以施令告化四方之民矣

后以施命誥四方 釋文 誥李古報反鄭作詰起一反止也王肅同

解 虞翻曰后繼體之君姤陰在下故稱后與泰稱后同義也乾爲施巽爲命爲誥復震二月東方姤五月南方巽八月西方復十一月北方皆總在初故以告四方孔子行夏之時經用周家之月夫子傳彖象以皆夏家月是故復爲十一月姤五月矣

初六繫于金柅貞吉 釋文 柅徐乃履反又女紀反說文作檷讀若昵字林音乃米反王肅作抳從手子夏作鑈蜀才作尼

解 虞翻曰柅謂二也巽爲繩故繫柅乾爲金巽木入金柅之象也初四失正易位乃吉

故貞吉矣

【集解】馬融曰柅者在車之下所以止輪令不動者也【疏】王肅曰柅織績之物婦人所用【同】

有攸往見凶

【解】九家易曰絲繫于柅猶女繫于男故以喻初宜繫二也若能專心順二則吉故曰貞吉今既爲二所據不可往應四往則有凶故曰有攸往見凶也

【注】金者堅剛之物柅者制動之主謂九四也初六處遇之始以一柔而乘五剛體夫躁質得遇而通散而无主自縱者也柔之爲物不可以不牽臣妾之道不可以不貞故必繫於正應乃得貞吉也若不牽於而有攸往行則唯凶是見矣

羸豕孚蹢躅【釋文】羸劣隨反王肅同鄭力追反蹢直戟反徐治益反一本作躑古文作𨇨躅本亦作蠋古文作𨆌

【解】宋衷曰羸大索所以繫豕者也巽爲股又爲進退股而進退則蹢躅矣初應於四爲二所據不得從應故不安矣體巽爲風動搖之貌也虞翻曰以陰消陽往謂成坤遯子殺二否臣弒君夬時三動離爲見故有攸往見凶矣三夬之四在夬動而體坎坎爲豕爲孚巽繩操之故稱羸也巽爲舞爲進退操而舞故羸豕孚蹢躅以喻姤女望於五陽如豕蹢躅也

【注】羸豕謂牝豕也羣豕之中豭強而牝弱故謂之羸豕也孚猶務躁也夫陰質而躁恣者羸豕特甚焉言以不貞之陰失其所牽其爲淫醜若羸豕務蹢躅也

集解陸績曰羸讀爲累釋文

象曰繫于金柅柔道牽也

解虞翻曰陰道柔巽爲繩牽于二也

九二包有魚无咎不利賓釋文包本亦作庖同白交反鄭百交反荀作胞

解虞翻曰巽爲白茅在中稱包詩曰白茅包之魚謂初陰巽爲魚二雖失位陰陽相承故包有魚无咎賓謂四也乾尊稱賓二據四應故不利賓或以包爲庖廚也

注初陰而窮下故稱魚不正之陰處遇之始不能逆近者也初自樂來應已之廚非爲犯奪故无咎也擅人之物以爲已惠義所不爲故不利賓也

象曰包有魚義不及賓也

九三臀无膚其行次且厲无大咎

解 虞翻曰夬時動之坎爲臀艮爲膚二折艮體故臀无膚復震爲行其象不正故其行次且三得正位雖則危厲故无大咎矣案巽爲股三居上臀也爻非柔无膚行次且也

注 處下體之極而二據於初不爲已弃居不獲安行失其應不能牽據以固所處故曰臀无膚其行次且也然履得其位非爲妄處不遇其時故使危厲災非已招是以无大咎也

象曰其行次且行未牽也

解 虞翻曰在夬失位故牽羊在姤得正故未牽也

九四包无魚起凶

注 二有其魚故失之也无民而動失應而作是以凶也

象曰无魚之凶遠民也

解 崔憬曰雖與初應而失其位二有其魚而賓不及若起魚競涉遠行難終不遂心故曰无魚之凶遠民也謂初六矣

九五以杞包瓜含章 釋文 包白交反子夏作庖馬鄭百交反

解 虞翻曰杞杞柳木名也巽爲杞爲包乾圓稱瓜故以杞包瓜矣含章謂五也五欲使初四易位以陰含陽已得乘之故曰含章初之四體兌口故稱含也干寶曰初二體巽爲草木二人爲田田中之果蓏而蔓者瓜之象也

集解 子夏傳曰作杞匏瓜 **疏** 馬融曰杞大木也 **釋文** 鄭康成曰杞柳也 張氏曰杞苟杞也 **并同** 薛虞記曰杞杞柳也杞性柔韌宜屈撓以匏瓜 **疏** 史徵曰杞枸杞也瓜瓠瓜也杞生於肥地瓠瓜爲物繫而不食也 **口訣義**

有隕自天

解 虞翻曰隕落也乾爲天謂四隕之初初上承五故有隕自天矣

注 杞之爲物生於肥地者也包瓜爲物繫而不食者也九五履得尊位而不遇其應得地而不食含章而未發不遇其應命未流行然處得其所體剛居中志不舍命不可傾隕故曰有隕自天也

象曰九五含章中正也有隕自天志不舍命也

解 虞翻曰巽爲命也欲初之四承已故不舍命也

上九姤其角吝无咎

解 虞翻曰乾爲首位在首上故稱角動而得正故无咎

注 進之於極无所復遇遇角而已故曰姤其角也進而无遇獨恨而已不與物爭其道不害故无咎也

象曰姤其角上窮吝也

䷬ 坤下兌上

萃亨王假有廟 **釋文** 亨王肅本同馬鄭陸虞等並無此字

解 虞翻曰觀上之四也觀天爲王假至也艮爲廟體觀享祀故通上之四故假有廟致

孝享矣【疏】陸績曰：王五廟上也。王者聚百物以祭其先，諸侯助祭於廟中。假，大也。言五親奉上矣。

【注】聚乃通也。假，至也。王以聚至有廟也。

【集解】周宏正曰：鬼神享德，不在食也。【口訣義】

利見大人，亨，利貞。

【解】虞翻曰：大人謂五。三四失位，利之正，變成離，離為見，故利見大人，亨，利貞，聚以正也。

【注】聚得大人，乃得通而利貞也。

用大牲吉，利有攸往。

【解】鄭康成曰：萃，聚也。坤為順，兌為悅，臣下以順道承事其君，悅德居上待之，上下相應有事而和通故曰萃亨也假至也牙有艮巽巽爲木艮爲闕木在闕上宮室之象也四本震爻震爲長子五本坎爻坎爲隱伏居尊而隱伏鬼神之象長子入闕升堂祭祖禰之禮也故曰王假有廟二本離爻也離爲目居正應五故利見大人矣大牲牛也言大人有嘉會時可幹事必殺牛而盟既盟則可以往故曰利往虞翻曰坤爲牛故曰大牲四之三折坤得正故用大牲吉三往之四故利有攸往順天命也　案坤爲牛巽木下剋坤土殺牛之象也

注全下聚道用大牲乃吉也聚道不全而用大牲神不福也

彖曰萃聚也順以說剛中而應故聚也

解荀爽曰謂五以剛居中羣陰順悅而從之故能聚眾也

注 但順而說則邪佞之道也剛而違於中應則強亢之德也何由得聚順說而以剛爲主主剛而履中履中以應故得聚也

王假有廟致孝享也

解 虞翻曰享享祀也五至初有觀象謂享坤牛故致孝享矣

注 全聚乃得致孝之享也

利見大人亨聚以正也

解 九家易曰五以正聚陽故曰利貞 虞翻曰坤爲聚坤之三四故聚以正也

注 大人體中正者也通聚以正聚乃得全也

用大牲吉利有攸往順天命也

解　虞翻曰坤爲順巽爲命三往之四故順天命也

注　順以說而不損剛順天命者也天德剛而不違中順天而說則以剛爲主也

觀其所聚而天地萬物之情可見矣

解　虞翻曰三四易位成離坎坎月離日日以見天月以見地故天地之情可見矣與大壯咸恒同義也

注　方以類聚物以羣分情同而後乃聚氣合而後乃羣

象曰澤上於地萃

解　荀爽曰澤者卑下流潦歸之萬物生焉故謂之萃也

君子以除戎器戒不虞　釋文　除本亦作儲又作治荀作慮

解 虞翻曰君子謂五除修戎兵也詩曰修爾車馬弓矢戎兵陽在三四爲修坤爲器三四之正離爲戎兵甲胄飛矢坎爲弓弧巽爲繩艮爲石謂救甲胄鍛厲矛矢故除戎器也坎爲寇坤爲亂故戒不虞矣

注 聚而无防則衆心生

集解 鄭康成曰除除去也 **釋文** 王肅姚信陸績曰除猶脩治也蜀才曰除去戎器脩行文德也 **並同**

初六有孚不終乃亂乃萃

解 虞翻曰孚謂五也初四易位五坎中故有孚失正當變坤爲終故不終萃聚也坤爲聚故乃亂乃萃失位不變則相聚爲亂故象曰其志亂也

【注】有應在四而三承之心懷嫌疑故有孚不終也不能守道以結至好迷務競爭故乃亂乃萃也

若號一握爲笑勿恤往无咎【釋文】若號絶句戶報反馬鄭王肅王廙戶羔反握傅氏作渥

【解】虞翻曰巽爲號艮爲手初稱一故一握初動成震震爲笑四動成坎坎爲恤故若號一握爲笑勿恤初之四得正故往无咎矣【注】爲正配三以近寵若安夫卑退謙以自牧一握者小之貌也爲笑者懦劣之貌也已則勿恤而往无咎也

【集解】鄭康成曰握讀爲夫三爲屋之屋蜀才同【釋文】

象曰乃亂乃萃其志亂也

解虞翻曰應巽爲繩艮爲手故引吉得正應五故无咎利引四之初使避已已得之五也

六二引吉无咎

注居萃之時體柔當位處坤之中已獨處正與衆相殊異操而聚民之多僻獨正者危未能變體以遠於害故必見引然後乃吉而无咎也

集解王肅曰六二與九五相應俱履貞正引由迎也爲吉所迎何咎之有舊唐書

孚乃利用禴釋文禴蜀才作躍劉作𥛱

解虞翻曰孚爲五禴夏祭也體觀象故利用禴四之三故用大牲離爲夏故禴祭詩曰

禴祠烝嘗是其義

注 禴殷春祭名也四時祭之省者也居聚之時處於中正而行以忠信故可以省薄薦於鬼神也

集解 馬融曰禴殷春祭名王肅同鄭康成曰禴夏祭名也并釋文

象曰引吉无咎中未變也

解 虞翻曰二得正故不變也

六三萃如嗟如无攸利往无咎小吝

解 虞翻曰坤爲萃故萃如巽爲號故嗟如失正故无攸利動得位故往无咎小吝謂往之四

【注】履非其位以比於四四亦失位不正相聚相聚不正患所生也干人之應患所起也故萃如嗟如无攸往也上六亦无應而獨立處極而憂危思援而求朋巽以待物者也與其萃於不正不若之於同志則可以往而无咎也二陰相合猶不若一陰一陽之應故有小吝也

象曰往无咎上巽也

【解】虞翻曰動之四故上巽

九四大吉无咎

【注】履非其位而下據三陰得其所據失其所處處聚之時不正而據故必大吉立夫大功然後无咎也

象曰：大吉无咎，位不當也。

【解】虞翻曰：以陽居陰，故位不當。動而得正，承五應初，故大吉而无咎矣。

九五：萃有位，无咎。匪孚，元永貞，悔亡。

【解】虞翻曰：得位居中，故有位无咎。匪孚謂四也。四變之正，則五體皆正，故元永貞。與比象同義。四動之初，故悔亡。

【注】處聚之時，最得盛位，故曰萃有位也。四專而據，已德不行，自守而已，故曰无咎匪孚。夫脩仁守正，久必悔消，故曰元永貞，悔亡。

象曰：萃有位，志未光也。【釋文】未光也，一本作志未光也。

【解】虞翻曰：陽在坎中，故志未光，與屯五同義。

上六齎資涕洟无咎【釋文】齎，徐將池反，王肅將啼反。咨音諮，又將利反。涕，徐音體。洟，他麗反，又音夷。

【解】虞翻曰：齎，持。資，賻也。貨財喪稱賻。自目曰涕，自鼻稱洟。坤爲財，巽爲進，故齎資也。三之四體離坎艮，爲鼻涕淚流鼻目，故涕洟得應，故三无咎。上體大過死象，故有齎資涕洟之哀。

【注】處聚之時，居於上極，五非所乘，内无應援，處上獨立，近遠无助，危莫甚焉。齎咨，嗟歎之辭也。若能知危之至，懼禍之深，憂病之甚，至於涕洟，不敢自安，亦衆所不害，故得无咎也。

【集解】馬融曰：齎咨，悲聲怨聲。【釋文】鄭康成曰：齎咨，嗟歎之辭也。自目曰涕，自鼻曰

渙　同

象曰：齎資涕洟，未安上也。

解　荀爽曰：此本否卦。上九陽爻見滅遷移，以喻夏桀殷紂。以上六陰爻代之，若夏之後封東樓公于杞，殷之後封微子于宋，去其骨肉，臣服異姓，受人封土，未安居位，故曰齎資涕洟，未安上也。虞翻曰：乘剛遠應，故未安上也。

䷭　巽下坤上

升　釋文　升，鄭本作昇。

解　鄭康成曰：升，上也。坤地巽木，木生地中，日長而上，猶聖人在諸侯之中，明德日益高大也，故謂之升。升進益之象也。

注 巽順可以升

集解 馬融曰升高也 **釋文**

元亨

解 虞翻曰臨初之三又有臨彖剛中而應故元亨也

集解 褚氏曰猶人日思善道進而不已其德日新故能亨也 **口訣義**

用見大人勿恤 **釋文** 用見本或作利見

解 虞翻曰謂二當之五爲大人離爲見坎爲恤二之五得正故用見大人勿恤有慶也

注 陽爻不當尊位无嚴剛之正則未免於憂故用見大人乃勿恤也

南征吉

解　虞翻曰：離南方卦，二之五成離，故南征吉，志行也。

注　以柔之南，則麗乎大明也。

彖曰：柔以時升，

解　虞翻曰：柔謂五，坤也。升謂二，坤邑无君，二當升五虛，震兌爲春秋，二升坎離爲冬夏，四時象正，故柔以時升也。

注　柔以其時乃得升也。

巽而順，剛中而應，是以大亨。

解　荀爽曰：謂二以剛居中而來應五，故能大亨，上居尊位也。

注　純柔則不能自升，剛亢則物不從。既以時升，又巽而順，剛中而應，以此而升，故得大

亨

用見大人勿恤有慶也

解 荀爽曰大人天子謂升居五見爲大人羣陰有主无所復憂而有慶也

南征吉志行也

解 虞翻曰二之五坎爲志震爲行 注 巽順以升至于大明志行之謂也

象曰地中生木升

解 荀爽曰地謂坤木謂巽地中生木以微至著升之象也

君子以順德積小以成高大 釋文 順如字王肅同本又作愼師同

姚本德作得以高大本或作以成高大【按】史徵本作成高大

【解】虞翻曰君子謂三小謂陽息復時復小爲德德之本志二成臨臨者大也臨初之三巽爲高二之五艮爲順坤爲積故順德積小成高大

【集解】何妥曰君子謹習爲先脩習道德積其微小以至高大【口訣義】史徵曰案此義順字恐當爲愼也【同】

初六允升大吉【按】說文引作粇升與施易同

【解】荀爽曰謂一體相隨允然俱升初欲與巽一體升居坤上位尊得正故大吉也允當也巽卦三爻皆升者也雖无其應處

【注】升之初與九二九三合志俱升當升之時升必大得是以大吉也

集解 施犨曰：犹，進也。漢書儒林傳

象曰：允升大吉，上合志也。

解 九家易曰：謂初失正，乃與二陽允然合志，俱升五位，故曰上合志也。

九二：孚乃利用禴，无咎。

解 虞翻曰：禴，夏祭也。孚，謂二之五成坎為孚，離為夏，故乃利用禴，无咎矣。

注 與五為應，往必見任，體夫剛德，進不求寵，閑邪存誠，志在大業，故乃利用納約於神明矣。

象曰：九二之孚，有喜也。

解 虞翻曰：升五得位，故有喜。干寶曰：剛中而應，故孚也。又言乃利用禴，於春時也，非時而祭曰禴然則文王儉以恤民四時之祭皆以禴禮神享德與信不求備也故旣濟九五曰東鄰殺牛不如西鄰之禴祀實受其福九五坎坎爲豕然則禴祭以豕而已不奢盈於禮故曰有喜矣

九三升虛邑【釋文】虛如字空也徐去餘反

【解】荀爽曰坤稱邑也五虛无君利二上居之故曰升虛邑无所邑也

【注】履得其位以陽升陰以斯而舉莫之違距故若升虛邑也

【集解】馬融曰虛丘也【釋文】

象曰升虛邑无所疑也

【解】虞翻曰坎爲疑上得中故无所疑也

【注】往必得邑

六四王用亨于岐山吉无咎【釋文】亨許庚反通也馬鄭陸王肅許兩反岐其宜反或祁支反

【解】荀爽曰此本升卦也巽升坤上據三成艮巽爲岐艮爲山王謂五也通有兩體位正衆服故吉也四能與衆陰退避當升者故无咎也

【注】處升之際下升而進可納而不可距也距下之道攘來自專則殃咎至焉若能不距而納順物之情以通庶志則得吉而无咎矣岐山之會順物之情无不納也

【集解】馬融曰亨祭也【釋文】鄭康成曰亨獻也【同】陸希聲曰升之六二柔以時升太王之德隨之上六天下悅隨文王之德太王在岐直曰岐山武王在鎬故曰西山【撮要】

象曰：王用亨于岐山，順事也。

解　崔憬曰：爲順之初，在升當位，近比于五，乘剛于三，宜以進德可修守。此象大王爲狄所逼，徙居岐山之下，一年成邑，二年成都，三年五倍其初，通而王矣，故曰王用亨於岐山。以其用通，避于狄難，順于時事，故吉无咎。

六五：貞吉，升階。

解　虞翻曰：二之五，故貞吉。巽爲高，坤爲土，震升高，故升階也。

注　升得尊位，體柔而應，納而不拒，任而不專，故得貞吉，升階而尊也。

象曰：貞吉升階，大得志也。

解　荀爽曰：陰中居中，爲陽作階，使升居五，已下降二，與陽相應，故吉而得志。

上六冥升利于不息之貞

解 荀爽曰坤性暗昧今升在上故曰冥升也陰用事爲消陽用事爲息陰正在上陽道不息陰之所利故曰利于不息之貞

注 處貞之極進而不息者也進而不息故雖冥猶升也故施於不息之正則可用於爲物之主則喪矣終於不息消之道也

象曰冥升在上消不富也

解 荀爽曰陰升失實故消不富也

注 勞不可久也

䷮ 坎下兌上

困亨

解 鄭康成曰坎爲月互體離離爲日兌爲暗昧日所入也今上掩日月之明猶君子處亂代爲小人所不容故謂之困也君子雖困居險能說是以通而无咎也

解 虞翻曰否二之上乾坤交故通也

注 窮必通也處困而不能自通者小人也

貞大人吉无咎

解 虞翻曰貞大人吉謂五也在困无應宜靜則无咎故貞大人吉无咎

注 處困而得无咎吉乃免也

有言不信

解虞翻曰震爲言折入兌故有言不信尚口乃窮

象曰困剛揜也釋文揜本又作掩於檢反李於範反虞作弇

解荀爽曰謂二五爲陰所揜也

注剛則揜於柔也

險以說

解荀爽曰此本否卦陽降爲險陰升爲說也

困而不失其所亨其唯君子乎

解荀爽曰謂二雖揜陰陷險猶不失中與正陰合故通也喻君子雖陷險中不失中和之行也

注 處險而不改其說困而不失其所亨也

貞大人吉以剛中也

解 荀爽曰謂五雖掩于陰近无所據遠无所應體剛得中正居王位則吉无咎也

注 處困而用剛不失其中履正而能體大者也能正而不能大博未能濟困者也故曰貞大人吉也

有言不信尚口乃窮也

解 荀爽曰陰從二升上六成兌爲有言失中爲不信動而乘陽故曰尚口乃窮也虞翻曰兌爲口上變口滅故尚口乃窮

注 處困而言不見信之時也非行言之時而欲用言以兌必窮者也其言在於貞大人

口何爲乎

象曰澤无水困

注 澤无水則水在澤下水在澤下困之象也

君子以致命遂志

解 虞翻曰君子謂三伏陽也否坤爲致巽爲命坎爲志三入陰中故致命遂志也

注 處困而屈其志者小人也君子固窮道可忘乎

初六臀困于株木

解 九家易曰臀謂四株木三也三體爲木澤中无水兌金傷木故枯爲株也初者四應欲進之四四困于三故曰臀困于株木也干寶曰兌爲孔穴坎爲隱伏隱伏在下而漏

孔穴臀之象也

【注】最處底下沈滯卑困居无所安故曰臀困于株木也

【集解】薛希聲曰坎於木爲堅多心株木之象【會通】

入於幽谷三歲不覿【釋文】谷徐古木反

【解】九家易曰幽谷二也此本否卦謂陰來入坎與初同體故曰入幽谷三者陽數謂陽陷險中爲陰所掩中不得見故曰三歲不覿也

【注】欲之其應二隔其路居則困于株木進不獲拯必隱遯者也故曰入於幽谷也困之爲道不過數歲者也以困而藏困解乃出故曰三歲不覿也

象曰入於幽谷幽不明也

解 荀爽曰：爲陰所揜，故不明矣。

注 言幽者不明之辭也。入於不明以自藏也。

九二困於酒食朱紱方來

解 案二本陰位，中饋之職，坎爲酒食，上爲宗廟。今二陰升上，則酒食入廟，故困於酒食也。上九降二，故朱紱方來。朱紱，宗廟之服，乾爲大赤，朱紱之象也。

以陽居陰，尚謙者也。居困之時，處得其中，

注 體夫剛質而用中履謙，應不在一，心无所私，盛莫先焉。夫謙以待物，物之所歸；剛以處險，難之所濟；履中而不失其宜，无應則心无私恃。以斯處困，物莫不至，不勝豐衍，故曰困于酒食，美之至矣。坎，北方之卦也；朱紱，南方之物也。處困以斯，能招異方者也，故曰朱紱方來也。

集解鄭康成曰：二據初，辰在未，未爲土，此二爲大夫有地之象。未上值天廚，酒食象。困于酒食者，采地薄，不足已用也。二與日爲體，離爲鎮霍，爻四爲諸侯，有明德受命當王者。離爲火，火色赤，四爻辰在午，時離氣赤爲朱是也。文王將王，天子制用朱紱。**儀禮疏**

利用享祀，征凶，无咎。

解荀爽曰：二升在廟，五親奉之，故利用享祀。陰動而上，失中乘陽，陽下而陷，爲陰所掩，故曰征凶。陽降來二，雖位不正，得中有實；陰雖去中，上得居正，而皆免咎，故曰无咎也。

注豐衍盈盛，故利用享祀。盈而又進，傾之道也。以此而征，凶誰咎乎？故曰征凶无咎。

象曰：困於酒食，中有慶也。

解翟元曰：陽從上來，居中得位，富有二陰，故中有慶也。

六三困於石據於蒺蔾

【解】虞翻曰二變正時三在艮山下故困於石蒺蔾木名坎爲蒺蔾二變艮手據坎故據蒺蔾者也　案三居坎上坎爲蒺棘而木多心蒺蔾之象

入于其宮不見其妻凶

【解】虞翻曰巽爲入二動艮爲宮兑爲妻謂上无應也三在陰下離象毀壞隱在坤中死其將至故不見其妻凶也

【注】石之爲物堅而不納者也謂四也三以陰居陽志武者也四自納初不受已者二非所據剛非所乘上比困石下據蒺蔾无應而入焉得四偶在困處斯凶其宜也

象曰據于蒺蔾乘剛也入于其宮不見其妻不

祥也

解　九家易曰：此本否卦，二四同宮，爲艮，艮爲門闕，宮之象也。六三居困而位不正，困于民內，无仁義恩親，戚叛逆誅將加身，入宮无妻，非常之困，故曰不祥也。

九四：來徐徐，困于金車，吝，有終。釋文　徐徐，子夏作荼荼，翟同，荼音圖。金車，本亦作金輿。

解　虞翻曰：來欲之初，徐徐，舒遲也。見險，故來徐徐。否乾爲車，之應歷坎，困于金車。各易位得正，故吝有終也。

注　金車謂二也。二剛以載者也，故謂之金車。徐徐者，疑懼之辭也。志在於初而隔於二，履不當位，威命不行，弃之則不能，欲往則畏二，故曰來徐徐，困于金車也。有應而不能濟

之故曰吝也然以陽居陰履謙之道量力而處不與二爭雖不當位物終與之故曰有終也

【集解】子夏傳曰荼荼內不定之意翟元同【釋文】馬融曰徐徐安行貌【同】何氏曰九二以剛德勝故曰金車也【疏】

象曰來徐徐志在下也

【注】下謂初也

雖不當位有與也

【解】崔憬曰位雖不當故吝也有與于援故有終也

九五劓刖困于赤紱【釋文】劓徐魚器反刖徐五刮反又音月荀王肅本劓

刖作臲卼京作劓劊

解虞翻曰割鼻曰劓斷足曰刖四動時震爲足艮爲鼻離爲兵兑爲刑故劓刖也赤紱謂二二否乾爲朱故赤坤爲紱二未變應五故困于赤紱也

注以陽居陽任其壯者也不能以謙致物物則不附忿物不附而用其壯猛行其威刑異方愈乖遐邇愈叛刑之欲以得乃益所以失也故曰劓刖困于赤紱也

集解文荀爽曰臲卼不安貌王肅陸績同釋鄭康成曰劓刖當爲倪仉同又曰朱深曰赤王氏陸希聲曰五以剛中處位能去小人以救困者也上六鼻之象六三足之象皆掩剛者故刑而去之會通

乃徐有說

解 虞翻曰兌爲說坤爲徐二動應已故乃徐有說也

注 二以謙得之五以剛失之體在中直能不遂迷困而後能用其道者也致物之功不在于暴故曰徐也困而後乃徐徐則有說矣故曰困于赤紱乃徐有說也

利用祭祀 **釋文** 祭祀本亦作享祀

解 崔憬曰劓刖刑之小者也於困之時不崇柔德以剛遇剛雖行其小刑而失其大柄故言劓刖也赤紱天子祭服之飾所以稱困者被奪其政唯得祭祀若春秋傳曰政由甯氏祭則寡人故曰困于赤紱居中以直在困思通初雖暫窮終則必喜故曰乃徐有說所以險而能悅窮而能通者在困于赤紱乎故曰利用祭祀也　案五應在二二乎體離離爲文明赤紱之象也

注 祭祀所以受福也履夫尊位困而能改不遂其迷以斯祭祀必得福焉故曰利用祭祀也

象曰劓刖志未得也

解 陸績曰无據无應故志未得也二言朱紱此言赤紱二言享祀此言祭祀傳寫言耳无他義也謂二困五三困四五初困上斯乃迭困之義也

乃徐有説以中直也

解 崔憬曰以其居中當位故有悅

利用祭祀受福也

解 荀爽曰謂五爻合用據國當位而主祭祀故受福也

上六困于葛藟于臲卼【釋文】藟又作虆臲五結反王肅研喆反說文作劓牛列反薛同卼五骨反又音月說文作𡾊薛又作杌字【同】

【解】虞翻曰巽爲草莽稱爲葛藟謂三也兌爲刑人故困于葛藟于臲卼也

【注】居困之極而乘於剛下无其應行則愈繞者也行則纏繞居不獲安故曰困乎葛藟于臲卼也下句无困因于上也

曰動悔有悔征吉

【解】虞翻曰乘陽故動悔變而失正故有悔三已變正已得應之故征吉也

【注】處困之極行无通路居无所安困之至也凡物窮則思變困則謀通處至困之地用謀之時也曰者思謀之辭也謀之所行有隙則獲言將何以通至困乎曰動悔令生有悔

以征則濟矣故曰動悔有悔征吉也

集解 向秀曰曰言其无不然 **釋文**

象曰困于葛藟未當也

解 虞翻曰謂三未變當位應上故也

所處未當故

注 致此困也

動悔有悔吉行也

解 虞翻曰行謂三變乃得當位之應故吉行者也

䷯ 巽下 坎上

井 **釋文** 井精領反字林作井子挺反

解 鄭康成曰坎水也巽木桔槔也手體兌離外堅中虛也兌爲暗澤泉口也言桔槔引瓶下入泉口汲水而出井之象也井以汲人水无空竭猶君子以政教養天下惠澤无窮也

集解 宋衷曰世本云化益作井化益伯益也堯臣 **釋文** 鄭康成曰井法也 周氏曰井以不變更爲義 **并同** 先儒曰井以清絜爲義 **口訣義**

改邑不改井

解 虞翻曰泰初之五也坤爲邑乾初之五折坤故改邑初爲舊井四應甃之故不改井

注 井以不變爲德者也

无喪无得往來井井

解 荀爽曰陰來居初有實爲无喪失中爲无陰得也又曰此本泰卦陽往居五得坎爲井陰來在下亦爲井故曰往來井井也 虞翻曰无喪泰初之五坎象毀壞故无喪五來之初失位无應无故得坎爲通往來井井往謂之五來謂之初也

注 德有常也不渝變也

汔至亦未繘井 釋文 汔徐許訖反幾也王肅音其乞反繘音橘徐又居密反又其律反又音述

解 荀爽曰汔至者陰來居初下至汔竟也繘者所以出水通井道也今乃在初下得應五欲未繘也繘者綆汲之具也 虞翻曰巽繩爲繘汔幾也謂二也幾至初改才繘井未有功也

注 已來至而未出井也

集解 鄭康成曰繘綆也釋文

羸其瓶凶 釋文 羸律悲反徐力追反蜀才作累

解 荀爽曰井謂二瓶謂初初欲應五今爲二所拘羸故凶也 虞翻曰羸鉤羅也艮爲手巽爲繘離爲瓶手繘折其中故羸其瓶體兌毀缺瓶缺漏凶矣 干寶曰水殷德也木周德也夫井德之地也所以養民性命而清潔之主者也自震化行至于五世故殷紂比屋之亂俗而不易成湯昭格之法度也故曰改邑不改井二代之制各因時宜損益雖異囊括則同故曰无喪无得往來井井也當殷之末井道之窮故曰汔至周德雖興未及革正故曰亦未繘井井泥爲穢百姓无仰比者之間交受塗炭故曰羸其瓶凶矣

【注】井道以已出爲功也幾至而覆與未汲同也

【集解】鄭康成曰羸讀曰虆【釋文】

彖曰巽乎水而上水井

【解】荀爽曰巽乎水謂陰下爲巽也而上謂陽上謂坎也木入水出井之象也

【注】音舉上之上

井養而不窮也【釋文】養如字徐以上反

【解】虞翻曰兌口飲水坎爲通往來井井故養不窮也

改邑不改井乃以剛中也

【解】荀爽曰剛得中故爲改邑柔不得中故爲不改井也

注 以剛處中故能定居其所而不變也

汔至亦未繘井未有功也

解 虞翻曰謂二未變應五故未有功也

羸其瓶是以凶也

注 井以已成爲功

象曰木上有水井 釋文 上如字師又時掌反

注 木上有水井之象也上水以養養而不窮者也

君子以勞民勸相 釋文 相息亮反王肅如字

解 虞翻曰君子謂泰乾也坤爲民初上成坎爲勸故勞民勸相相助也謂以陽助坤矣

【注】相猶助也。可以勞民勸助，莫若養而不窮也。

【集解】周宏正曰：勸助民人使功曰濟。【口訣義】

初六：井泥不食，舊井无禽。

【解】干寶曰：在井之下，體本土爻，故曰泥也。井而爲泥，則不可食，故曰不食。此託紂之穢政不可以養民也。舊井，謂殷之未喪師也。亦皆清潔，无水禽之穢，又況泥土乎？故曰舊井无禽矣。

【注】最在井底，上又无應，沈滯滓穢，故曰井泥不食也。井泥而不可食，則是久井不見渫治者也。久井不見渫治，禽所不嚮，而況人乎？一時所共弃舍也。井者不變之物，居德之地，恒德至賤，物无取也。

象曰井泥不食下也舊井无禽時舍也

【解】虞翻曰食用也初下稱泥巽爲木果无噬嗑食象下而多泥故不食也乾爲舊位在陰下故舊井无禽而舍也謂時舍于初非其位也與乾二同義 崔憬曰處井之下无應于上則是所用之井不汲以其多塗久廢之井不獲以其時舍故曰井泥不食舊井無禽禽古擒字擒猶獲也

九二井谷射鮒甕敝漏【釋文】谷古木反又音浴射食亦反徐食夜反鄭王肅皆音亦荀作耶甕屋送反李於鍾反鄭作甕說文作罋敝婢世反王肅徐扶滅反

【解】虞翻曰巽爲谷爲鮒鮒小鮮也離爲甕甕瓶毀缺羸其瓶凶故甕敝漏也 案魚陰虫也初處井下體又陰爻魚之象也

注谿谷出水，從上注下，水常射焉。井之爲道，以下給上者也，而无應於上，反下與初，故曰井谷射鮒。鮒謂初也。失井之道，水不上出，而反下注，故曰甕敝漏也。夫處上宜下，處下宜上，井已下矣，而復下注，其道不交，則莫之與也。

集解子夏傳曰：鮒謂蝦蟇也。**釋文**鄭康成曰：九二坎爻也，坎爲水，上直巽，九三艮爻也，艮爲山，山上有井，必因谷水所生魚，無大魚，但多鮒魚耳，言微小也。夫感動天地，此魚之至大，射鮒井谷，此魚之至小，故以相況。**文選注**又曰：射，厭也。甕，停水器也。**釋文**王肅曰：射，厭也。鮒，小魚也。**御覽**

象曰：井谷射鮒，无與也。

解崔憬曰：唯得於鮒，无與於人也。井之爲道，上汲者也，今與五非應，與初比，則是若谷

水不注唯及於魚故曰井谷射鮒也
甕敝漏者取其水下注不汲之義也

九三井渫不食爲我心惻 **釋文** 渫息列反徐又食列反 **按** 唐石經渫作㴱

解 荀爽曰渫去穢濁清絜之義意也三者得正故曰井渫不得據陰喻不得用故曰不食道既不行故我心惻

注 渫不停污之謂也處下卦之上履得其位而應於上得井之義也當井之義而不見食修已全絜而不見用故爲我心惻也爲猶使也

集解 鄭康成曰謂已浚渫也猶臣修正其身以事君 **文選注** 向秀曰渫者浚治去泥濁也 **史記注** 黄穎曰浚治也 **釋文** 張璠曰可爲惻然傷道未行也 **史記注**

可用汲王明並受其福

【解】荀爽曰謂五可用汲三則王道明而天下並受其福

【注】不下注而應上故可用汲也王明則見昭明既嘉其行又欽其用故曰王明並受其福也

【集解】京房曰言我道可汲而用也【史記注】

象曰井渫不食行惻也求王明受福也

【解】干寶曰此託殷之公侯時有賢者獨守成湯之法度而不見任謂微箕之倫也故曰井渫不食爲我心惻惻傷悼也民乃外附故曰可用汲周德求被故曰王明王德其民民得其王故曰求王明受福也

注 行感於誠故曰惻也

六四井甃无咎

解 荀爽曰坎性下降嫌于從三能自修正以甃輔五故无咎也

注 得位而无應自守而不能給上可以修井之壞補過而已

集解 子夏傳曰甃脩治也 **釋文** 馬融曰爲瓦裹下達上也 干寶曰以甎壘井曰甃[illegible]同

象曰井甃无咎修井也

解 虞翻曰修治也以瓦甓壘井稱甃坤爲土初之五成離離火燒土爲瓦治象故曰井甃无咎修井也

九五井洌寒泉食【釋文】洌音列王肅音例

【解】虞翻曰泉自下出稱井周七月夏之五月陰氣在下二已變坎十一月爲寒泉初二已變體噬嗑食故洌寒泉食矣

【注】洌潔也居中得正體剛不橈不食不義中正高潔故井洌寒泉然後乃食也

象曰寒泉之食中正也

【解】崔憬曰洌清潔也居中得中而比於上則是井潔水清既寒且潔汲上可食於人者也

上六井收勿幕有孚元吉【釋文】收徐詩救反又如字荀作甃干本勿作网

解虞翻曰幕蓋也收謂以鹿盧收繘也坎爲車應巽繩爲繘故井收勿幕有孚謂五坎坎爲孚故元吉也

注處井上極水已出井井功大成在此爻矣故曰井收也羣下仰之以濟淵泉由之以通者也幕猶覆也不擅其有不私其利則物歸之往無窮矣故曰勿幕有孚元吉也

集解馬融曰收汲也釋文陸績曰收井幹也同

象曰元吉在上大成也

解虞翻曰謂初二已變成既濟定故大成也干寶曰處井上位在瓶之水也故曰井收幕覆也井以養性政以養德无覆水泉而不惡民无蘊典禮而不與教故曰井收勿幕勿幕則教信于民民服教則大化成也

䷰ 離下兌上

革

【解】鄭康成曰：革，改也。水火相息而更用事，猶王者受命，改正朔，易服色，故謂之革也。【集解】馬融曰：革，改也。【釋文】

巳日乃孚，元亨利貞，悔亡。

【解】虞翻曰：遯上之初，與蒙旁通。悔亡謂四也。四失正，動得位，故悔亡。離爲日，孚謂坎，四動體離，五在坎中，故巳日乃孚。以成既濟，乾道變化，各正性命，保合太和，乃利貞，故元亨利貞悔亡矣。與乾彖同義也。

【注】夫民可與習常，難與適變；可與樂成，難與慮始。故革之爲道，即日不孚，巳日乃孚也。

孚然後乃得元亨利貞悔亡也巳日而不孚革不當也悔吝之所生生乎變動者也革而當其悔乃亡也

【集解】宋衷曰人心習常不說改易及變之後樂其所成故即日不孚巳日乃孚矣【口訣義】

彖曰革水火相息【釋文】息如字說文作熄

【集解】虞翻曰息長也離爲火兌爲水繫曰潤之以風雨風巽雨兌也四革之正坎見故獨于此稱水也

【集解】馬融曰息滅也【釋文】

二女同居其志不相得曰革

解虞翻曰二女離兌體同入象蒙艮爲居故二女同居四變體兩坎象二女有志離火志上兌水志下故其志不相得坎爲志也

注凡不合然後乃變生變之所生生於不合者也故取不合之象以爲革也息者生變之謂也火欲上而澤欲下水火相戰而後生變者也二女同居而有水火之性近而不相得也

巳日乃孚革而信之釋文革而信之一本無之字

解干寶曰天命巳至之日也乃孚大信著也武王陳兵孟津之上諸侯不期而會者八百國皆曰紂可伐矣武王曰爾未知天命未可也還歸二年紂殺比干囚箕子爾乃伐之所謂巳日孚革而信也

文明以說大亨以正革而當其悔乃亡

解 虞翻曰文明爲離說兌也大亨謂乾四動成既濟定故大亨以正革而當位故悔乃亡也

注 夫所以得革而信者文明以說也文明以說履正而行以斯爲革應天順民大亨以正者也革而大亨以正非當如何

天地革而四時成

解 虞翻曰謂五位成乾爲天蒙坤爲地震春兌秋四之正坎冬離夏則四時具坤革而成乾故天地革而四時成也

湯武革命順乎天而應乎人

解 虞翻曰湯武謂乾乾爲聖人天謂五人謂三四動順五應三故順天應人巽爲命也

革之時大矣哉

解 虞翻曰革天地成四時誅二叔除民害天下定武功成故大矣哉也

象曰澤中有火革

解 崔憬曰火就燥澤資濕二物不相得終宜易之故曰澤中有火革也

君子以治歷明時

解 虞翻曰君子遁乾也歷象謂日月星辰也離爲明坎爲月離爲日蒙艮爲星四動成坎離日月德正天地革四時成故君子以治歷明時也

注 歷數時會存乎變也

初九鞏用黄牛之革

解 干寶曰鞏固也離爲牝牛離爻本坤黄牛之象也在革之初而无應據未可以動故曰鞏用黄牛之革此喻文王雖有聖德天下歸周三分有二而服事殷其義也

注 在革之始革道未成固夫常中未能應變者也此可以守成不可以有爲也鞏固也黄中也牛之革堅韌不可變也固之所用常中堅韌不肯變也

集解 馬融曰鞏固也 釋文

象曰鞏用黄牛不可以有爲也

解 虞翻曰得位无應動而必凶故不可以有爲也

六二巳日乃革之征吉无咎

【解】荀爽曰：日以喻君子，謂五已居位爲君，二乃革意去三應五，故曰巳日乃革之，上行用五，去卑事尊，故曰征吉无咎也。

【注】陰之爲物，不能先唱，順從者也，不能自革，革已乃能從之，故曰巳日乃革之也。二與五雖有水火殊體之異，同處厥中，陰陽相應，往必合志，不憂咎也，是以征吉而无咎。

彖曰：巳日革之，行有嘉也。【釋文】行如字，又下孟反。

【解】虞翻曰：嘉謂五，乾爲嘉，四動成五，故行有嘉也。崔憬曰：得位以正，居中有應，則是湯武行善，桀紂行惡，各終其日，然後革之，故曰巳日乃革之，行此有嘉。

九三：征凶，貞厲。

【解】荀爽曰：三應于上，欲往應之，爲陰所乘，故曰征凶者，正居三而據二陰，則五來危之

故曰貞厲也

革言三就有孚

【疏】翟元曰言三就上二陽乾共有信據于三陰故曰革言三就有孚于二矣崔憬曰雖得位以正而未可頓革故以言就之大安者有其危也故受命之君雖誅元惡未改其命者以卽行改命習俗不安故曰征凶猶以正自危故曰貞厲是以武王克紂不卽行周命乃反商政一就也釋箕子囚封比干墓式商容閭二就也散鹿臺之財發巨橋之粟大賚于四海三就也故曰革言三就

【注】已處火極上卦三爻雖體水性皆從革者也自四至上從命而變不敢有違故言革言三就其言實誠故曰有孚革言三就有孚而猶征之凶其宜也

象曰：革言三就，又何之矣。

解 虞翻曰：四動成既濟定，故又何之矣。

九四：悔亡，有孚改命吉。

解 虞翻曰：革而當，其悔乃亡。孚謂五也。巽爲命，四動五坎改巽，五改命，吉。四乾爲君，進退無恒，在離焚棄，體大過死，傳以比桀紂。湯武革命，順天應人，故改命吉也。

注 初九處下卦之下，九四處上卦之下，故能變也。无應，悔也。與水火相比，能變者也，是以悔亡。處水火之際，居會變之始，能不固吝，不疑於下，信志改命，不失時顯，是以吉也。有孚則見信矣，見信以改命，則物安而无違，故曰孚悔亡有孚改命吉也。處上體之下，始宜命也。

象曰改命之吉信志也

解 虞翻曰四動成坎故信志也 干寶曰爻動入上象喻紂之郊也以逆取而四海順之動凶器而前歌後舞故曰悔亡也中流而白魚入舟天命信矣故曰有孚甲子夜陣雨甚至水德賓服之祥也故曰改命之吉信志也

注 信志而行

九五大人虎變未占有孚

解 馬融曰大人虎變虎變威德折衝萬里望風而信以喻舜舜干羽而有苗自服周公修文德越裳獻雉故曰未占有孚矣 虞翻曰乾爲大人謂五也蒙坤爲虎變傳論湯武以坤臣爲君占視也離爲占四未之正五未在坎故未占有孚也

注 未占而孚合時心也

象曰大人虎變其文炳也

解 宋衷曰陽稱大五以陽居中故曰大人兌爲白虎九者變爻故曰大人虎變其文炳也虞翻曰乾爲大明動成離故其文炳也

上六君子豹變

解 虞翻曰蒙艮爲君子爲豹從乾而更故君子豹變也

小人革面征凶居貞吉

解 虞翻曰陰稱小人也面謂四革爲離以順承五故小人革面乘陽失正故征凶得位故居貞吉蒙艮爲居也 案兌爲口乾爲首今口在首上面之象也乾爲大人虎變也兌

爲小人革面也

注 居變之終變道已成君子處之能成其文小人樂成則革面以順上也改命創制變道已成功成則事損事損則无爲故居則得正而吉征則躁擾而凶也

象曰君子豹變其文蔚也 釋文 蔚音尉又紆弗反說文作斐

解 陸績曰兌之陽爻稱虎陰爻稱豹豹虎類而小者也君子小于大人故曰豹變其文蔚也 虞翻曰蔚蔽也兌小故其文蔚也

小人革面順以從君也

解 虞翻曰乾君謂五也四變順五故順以從君也 干寶曰君子大賢次聖之人謂若太公周召之徒也豹虎之屬蔚炳之次也君聖臣賢殷之頑民皆改志從化故曰小人革

面天下既定必倒載干戈包之以虎皮將卒之士使爲諸侯故曰征凶居貞吉得正有應

君子之象也

䷱ 巽下離上

鼎

【解】鄭康成曰鼎象也卦有木火之用互體乾兌乾爲金兌爲澤澤鍾金而含水爨以木火鼎亨熟物之象鼎亨熟以養人猶聖君興仁義之道以教天下也故謂之鼎矣

【集解】荀爽曰三鼎形同以足爲巽【董遹廣川書跋】

元吉亨

【解】虞翻曰大壯上之初與屯旁通天地交柔進上行得中應乾五剛故元吉是亨也

【注】革去故而鼎取新，取新而當其人，易故而法制齊明，吉然後乃亨，故先元吉而後亨也。鼎者成變之卦也。革既變矣，則制器立法以成之焉。變而无制，亂可待也。法制應時然後乃吉，賢愚有別，尊卑有序，然後乃亨，故先元吉而後乃亨。

【集解】何妥曰：古者鑄金爲此器，能調五味，變故取新，以成烹飪之用，以供宗廟，次養聖賢。天子以天下爲鼎，諸侯以國爲鼎，變故成新，尤須當理，故先元吉而後亨通。【口訣義】

彖曰：鼎，象也。以木巽火，亨飪也。【釋文】亨本又作亯，同，普庚反。煮也。飪，入甚反，徐而鴆反。【校】說文引作孰飪，其義爲長。

【解】荀爽曰：震入離下，中有乾象，木火在外，金在其內，鼎鑊烹飪之象也。九家易曰：鼎言象者，卦也。水火二有乾兌，乾金兌澤，澤者水也。鑊以木火，是鼎鑊烹飪之象，亦象三公之位上則調和陰陽下而撫育百姓鼎能熟物養人故云象也牛鼎受一斛天子飾以黃金諸侯白金三足以象三台足上皆作鼻目爲飾也羊鼎五斗天子飾以黃金諸侯白金大夫以銅豕鼎三斗天子飾以黃金諸侯白金大夫銅上鐵三鼎形同飪煮肉上離陰爻爲肉也虞翻曰六十四卦皆觀繫辭而獨于鼎言象何也象事知器故獨言象也

注 法象也亨飪鼎之用也

聖人亨以享上帝而大亨以養聖賢**釋文** 香兩反 以享

解 虞翻曰聖人謂乾初四易位體大畜震爲帝在乾天上故曰上帝體頤象三動一嗑食故以享上帝也大亨謂天地養萬物聖人養賢以及萬民賢之能者稱聖人矣

注 亨者鼎之所爲也革去故而鼎成新故爲亨飪調和之器也去故取新聖賢不可失

也飪熟也天下莫不用之而聖人用之乃上以亨上帝而下以大亨養聖賢也

巽而耳目聰明

解 虞翻曰謂三也三在巽上動成坎離有兩坎兩離象乃稱聰明日月相推而明生焉故巽而耳目聰明眇能視不足以有明聞言不信聰不明皆有一離一坎象故

注 聖賢獲養則已不爲而成矣故巽而耳目聰明也

柔進而上行得中而應乎剛是以元亨

解 虞翻曰柔謂五得上中應乾五剛巽爲進震爲行非謂應二剛與睽五同義也

注 謂五也有斯二德故能成新而獲大亨也

象曰木上有火鼎

【解】荀爽曰木火相因金在其間調和五味所以養人鼎之象也

君子以正位凝命【釋文】凝翟作擬

【解】虞翻曰君子謂三也鼎五爻失正獨三得位故以正位凝成也體姤謂陰如凝初巽爲命故君子以正位凝命也

【注】凝者嚴整之貌也鼎者取新成變者也革去故而鼎成新正位者明尊卑之序也凝命者以成教命之嚴也

【集解】鄭康成曰凝成也【釋文】翟元曰凝度也【同】

初六鼎顛趾

【解】虞翻曰趾足也應在四大壯震爲足折入大過大過顛也故鼎顛趾也

注凡陽爲實而陰爲虛鼎之爲物下實而上虛而今陰在下則是爲覆鼎也鼎覆則趾倒矣

利出否得妾以其子无咎釋文出徐尺遂反或如字

解虞翻曰初陰在下故否利出之四故曰利出兌爲妻妾四變得正成震震爲長子繼世守宗廟而爲祭主故得妾以其子无咎矣

注否謂不善之物也取妾以爲室主亦顛趾之義也處鼎之初將在納新施鼎以出穢得妾以爲子故无咎也

集解鄭康成曰顛踣也趾足也無事曰趾陳設曰足爻體巽爲股初爻在股之下足象也足所以承正鼎也初陰爻而柔與乾同體以否正承乾乾爲君以喻君夫人事君若

失正禮踣其爲足之道情無怨則當以和義處之然如否者嫁於天子雖失禮无出道廢遠之而已若其无子不廢遠之后尊如故其犯六出則廢之遠之子廢坤爲順又爲子母牛今在后妃之旁側妾之例也有順德子必賢賢而立以爲世子又何咎也【儀禮疏】

象曰鼎顛趾未悖也

【解】荀爽曰以陰承陽故未悖也

【注】倒以寫否故未悖也

利出否以從貴也

【解】虞翻曰出初之四承乾五故以從貴也

【注】棄穢以納新也

九二鼎有實我仇有疾不我能卽吉

解虞翻曰二爲實故鼎有實也坤爲我謂四也二據四婦故相與爲仇謂三變時四體坎坎爲疾故我仇有疾四之二歷險二動得正故不我能卽吉

注以陽之質處鼎之初有實者也有實之物不可復加益之則溢反傷其實我仇謂五也困於乘剛之疾不能就我則我不溢得全其吉也

集解鄭康成曰怨耦曰仇〔釋文〕

象曰鼎有實愼所之也

解虞翻曰二變之正艮爲順

注有實之鼎不可復有所取才任已極不可復有所加

我仇有疾終无尤也

解 虞翻曰不我能即吉故終无尤也

九三鼎耳革其行塞雉膏不食

解 虞翻曰動成兩坎坎爲耳而革在乾故鼎耳革初四變時震爲行鼎以耳行伏坎震折而入乾故其行塞離爲雉坎爲膏初四已變三動體頤頤中无物離象不見故雉膏不食

注 鼎之爲義空中以待物者也而三處下體之上以陽居陽守實无應无所納受耳宜空以待鉉而反全其實塞故曰鼎耳革其行塞雖有雉膏而終不能實也

集解 鄭康成曰雉膏食之美者 **釋文**

方雨虧悔終吉

解 虞翻曰謂四已變三動成坤坤爲方坎爲雨故曰方雨三動虧乾而失位悔也終復之正故方雨虧悔終吉也

注 雨者陰陽交和不偏亢者也雖體陽爻而統屬陰卦若不全任剛亢務在和通方雨則悔虧終則吉也

象曰鼎耳革失其義也

解 虞翻曰鼎以耳行耳革行塞故失其義也

九四鼎折足覆公餗其形渥凶 **釋文** 渥於角反沾也鄭作剭音屋

解 九家易曰：鼎者三足一體，猶三公承天子也。三公謂調陰陽，鼎謂調五味。足折餗覆，猶三公不勝其任，傾敗天子之美，故曰覆餗也。虞翻曰：謂四變時震爲足，足折入兌，故鼎折足。兌渥爲形，渥，大形也。鼎足折，則公餗覆，言不勝任。象入大過死凶，故鼎折足，覆公餗，其形渥，凶。案：餗者，雉膏之屬。公者，四爲諸侯，上公之位，故曰公餗。

注 處上體之下，而又應初，既承且施，非已所堪，故曰鼎折足也。初已出否，至四所盛則已絜矣，故曰覆公餗也。渥，沾濡之貌也。既覆公餗，體爲渥沾，知小謀大，不堪其任，受其至辱，災及其身，故曰其形渥，凶也。

集解 馬融曰：餗，鍵也。釋文 又曰：餗謂糜也。穀梁疏 鄭康成曰：糝謂之餗。震爲足，竹萌曰筍，筍者，餗之爲菜也，是八珍之食。周禮疏 又曰：餗，美饌。鼎三足，三公象，若三公

傾覆王之美道屋中形之**周禮疏**
虞翻曰餗八珍之具也**釋文**

象曰覆公餗信如何也

解九家易曰渥者厚大言罪重也既覆公餗信有大罪刑罰當加无可如何也

注不量其力果致凶災信之如何

六五鼎黃耳金鉉利貞**釋文**鉉玄典反徐又古玄反又古冥反一音古螢反

解虞翻曰離爲黃三變坎爲耳故鼎黃耳鉉謂三貫鼎兩耳乾爲金故金鉉動而得正故利貞　干寶曰凡舉鼎者鉉也尚三公者王也金喻可貴中之美也故曰金鉉鉉鼎得其物施令得其道故曰利貞也

注 居中以柔能以通理納乎剛正故曰黃耳金鉉利貞也耳黃則能納剛正以自舉也

集解 馬融曰鉉扛鼎而舉之也 釋文 鄭康成曰金鉉喻明道能舉君之官職也 唐律疏議注

象曰鼎黃耳中以爲實也

解 宋衷曰五當耳中色黃故曰鼎黃耳兌爲金又正秋故曰金鉉公侯謂五也上尊故玉下卑故金金和良可柔屈喻諸侯順天子 陸績曰得中承陽故曰中以爲實

注 以中爲實所受不妄也

上九鼎玉鉉大吉无不利

解 虞翻曰鉉謂三乾爲玉鉉體大有上九自天祐之位貴據五三動承上故大吉无不

利謂三虧悔應上成未濟雖不當位六位相應故剛柔節彖曰巽耳目聰明爲此九三發也　干寶曰玉又貴於金者凡烹飪之事自鑊升於鼎載於俎入於口馨香上達動而彌貴故鼎之義上爻愈吉也鼎主烹飪不失其和金玉鉉之不失其所公卿仁賢天王聖明之象也君臣相臨剛柔得節故曰吉无不利

注 處鼎之終鼎道之成也居鼎之成體剛履柔用勁施鉉以斯處上高不誡亢得夫剛柔之節能舉其任者也應不在一則靡所不舉故曰大吉无不利也

象曰玉鉉在上剛柔節也

解 宋衷曰以金承玉君臣之節上體乾爲玉故曰玉鉉雖非其位陰陽相承剛柔之節也

☳☳震下震上

震亨

【解】鄭康成曰震爲雷雷動物之氣也雷之發聲猶人君出政教以動國中之人也故謂之震人君有善聲教則嘉會之禮通矣

【注】懼以威則是以亨

震來虩虩【釋文】虩虩荀作愬愬

【解】虞翻曰臨二之四天地交故通虩虩謂四也來應初命四變而來應已四失位多懼故虩虩之內曰來也

【集解】馬融鄭康成曰虩虩恐懼貌【釋文】陸希聲曰虩蠅虎始在穴中跳躍而出象

人心之恐動也【撮要】

笑言啞啞【釋文】言亦作語

【解】虞翻曰啞啞笑且言謂初也得正有則故笑言啞啞後有則也

【注】震之爲義威至而後乃懼也故曰震來虩虩恐懼之貌也震者驚駭怠惰以肅解慢者也故震來虩虩恐致福也笑言啞啞後有則也

【集解】馬融曰啞啞笑聲【釋文】鄭康成曰啞啞樂也【同】

震驚百里不喪匕鬯

【解】鄭康成曰雷發聲聞于百里古者諸侯之象諸侯之教令能警戒其國內則守其宗廟社稷爲之祭主不亡匕與鬯也人君於祭之禮七牲體薦鬯而已其餘不親爲也升牢

於俎君匕之臣載之鬯秬酒芬芳條鬯因名焉　虞翻曰謂陽從臨二陰爲百二十舉其大數故當震百里也坎爲棘棘上震爲鬯坤爲喪二上之坤成震體坎得其匕鬯故不喪匕鬯也

【注】威震驚乎百里則是可以不喪匕鬯矣所以載鼎實鬯香酒奉宗廟之盛也

【集解】鄭康成曰驚之言警戒也【詩疏】又曰鬯者秬黍之酒其氣調暢故謂之鬯【疏】陸績曰匕者棘匕橈鼎之器　先儒云雷之發聲聞乎百里故古帝王制國公侯地方百里故以象焉　又云匕形似畢但不兩岐耳以棘木爲之長二尺刊柄與末詩云有捄棘匕是也用棘者取其赤心之義【并同】

彖曰震亨震來虩虩恐致福也

解 虞翻曰懼變承五應初故恐致福也

笑言啞啞後有則也

解 虞翻曰則法也坎爲則也

震驚百里驚遠而懼邇也

解 虞翻曰遠謂四近謂初震爲百謂四出驚遠初動懼之近也

注 威震驚乎百里則惰者懼於近也

出可以守宗廟社稷以爲祭主也

解 虞翻曰謂五出之正震爲守艮爲宗廟社稷長主祭器故以祭主器故以爲祭主也干寶曰周木德震之正象也爲殷諸侯殷諸侯之制其地百里是以文王小心翼翼昭

事上帝聿懷多福厥德不回以受方國故以百世而臣諸侯也爲諸侯故主社稷爲長子而爲祭主也祭禮薦陳甚多而經獨言不喪匕鬯者上牲體薦鬯酒人君所自親也

注 明所以堪長子之義也不喪匕鬯則已出可以守宗廟

集解 王肅曰在有靈而尊者莫若於天有靈而貴者莫若於王有聲而威者莫若於雷有政而嚴者莫若於侯是以天子當乾諸侯用震地不過一同雷不過百里政行百里則匕鬯亦不喪祭祀國家大事不喪宗廟安矣處則諸侯執其政出則長子掌其祀御覽

象曰洊雷震君子以恐懼修省

釋文 洊在薦反徐又在悶反

解 虞翻曰君子謂臨二二出之坤四體以修身坤爲身二之四以陽照坤故以恐懼修省老子曰修之身德乃貞也

初九震來虩虩後笑言啞啞吉

解 虞翻曰虩虩謂四也初位在下故言後笑言啞啞得位吉故也 干寶曰得震之正首震之象者震來虩虩羑里之危也笑言啞啞後受方國也

注 體夫剛德為卦之先能以恐懼脩其德也

象曰震來虩虩恐致福也

解 虞翻曰陽稱福

笑言啞啞後有則也

解 虞翻曰得正故有則也

六二震來厲億喪貝躋于九陵勿逐七日得 釋文

億本又作意同於其反辭也鄭於力反喪息浪反荀如字貝如字荀作敗躋本又作隮

【疏】虞翻曰厲危也乘剛故用億惜辭也坤爲喪三動離爲蠃蚌故稱貝在艮山下故稱陵震爲足足乘初九故躋于九陵震爲逐謂四已體服象故喪貝勿逐三動時離爲震數亡故七日得者也　干寶曰六二木爻震之身也得位无應而以乘剛爲危此託文王之得累功以被囚爲禍也故曰震來厲億歎辭也貝寶貨也產乎東方行乎大塗也此以喻紂拘文王閎天之徒乃於江淮之浦求盈箱之貝而以賂紂也故曰億喪貝貝小物而方升于九陵今雖喪之猶外府也故曰勿逐七日得七日得者七年之日也故書曰誕保文武受命惟七年是也

【注】震之爲義威駭怠懈肅整惰慢者也初幹其任而二乘之震來則危喪其資貨亡其

所處矣故曰震來厲億喪貝億辭也貝資貨糧用之屬也犯逆受戮无應而行行無所舍威嚴大行物莫之納无糧而走雖復超越陵嶮必困於窮困不過七日故曰勿逐七日得也

集解 鄭康成曰十萬曰億 **釋文**

象曰震來厲乘剛也

六三震蘇蘇震行无眚

解 虞翻曰死而復生稱蘇三死坤中動出得正震爲生故蘇蘇坎爲眚三出得正坎象不見故无眚春秋傳曰晋獲秦諜六日而蘇也

注 不當其位位非所處故懼蘇蘇也而无乘剛之逆故可以懼行而无眚也

集解馬融曰蘇蘇尸禄素餐貌 釋文 鄭康成曰蘇蘇不安也王肅曰蘇蘇躁動貌并同

象曰震蘇蘇位不當也

九四震遂泥 釋文 泥乃計反荀本遂作隊泥音乃低反

解 虞翻曰坤土得雨爲泥位在坎中故遂泥也

注 處四陰之中居恐懼之時爲衆陰之主宜勇其身以安於衆若其震也遂困難矣履夫不正不能除恐使物安已德未光也

集解 鄭衆曰身既不安豈能安衆 口訣義

象曰震遂泥未光也

解 虞翻曰在坎陰中與屯五同義故未光也

六五震往來厲

解 虞翻曰往謂乘陽來謂應陰失位乘剛故往來厲也

注 往則无應來則乘剛恐而往來不免於危

億无喪有事

解 虞翻曰坤爲喪也事謂祭祀之事出而體隨王享于西山則可以宗廟社稷爲祭主故无喪有事也

注 夫處震之時而得尊位斯乃有事之機也而懼往來將喪其事故曰億无喪有事也

象曰震往來厲危行也

【解】虞翻曰乘剛山頂故危行也

其事在中大无喪也

【解】虞翻曰動出得正故无喪

【注】大則无喪往來乃危也

上六震索索視矍矍【釋文】視如字徐市至反矍矍俱縛反徐許縛反

【解】虞翻曰上謂四也欲之三隔坎故震索索三已動應在離故矍矍者也

【注】處震之極極震者也居震之極求中未得故懼而索索視而矍矍无所安親也

【集解】馬融曰索索內不安貌矍矍中未得之貌【釋文】鄭康成曰索索猶縮縮足不正也矍矍目不正【同】

征凶，震不于其躬，于其鄰，无咎，婚媾有言。

【解】虞翻曰：上得位，震爲征，故征凶。四變時坤爲躬，鄰謂五也。四上之五，震東兌西，故稱鄰。之五得正，故不于其躬，于其鄰，无咎。謂三已變，上應三，震爲言，故婚媾有言。

【注】已處動極而復征焉，凶其宜也。若恐非已造，彼動故懼，懼鄰而戒，合於備豫，故无咎也。極懼相疑，故雖婚媾而有言也。

象曰：震索索，中未得也。

【解】虞翻曰：四未之五，故中未得也。

雖凶无咎，畏鄰戒也。

【解】虞翻曰：謂五正位，已乘之逆，謂鄰戒也。

☶☶ 艮下艮上

艮其背 釋文 背必內反徐甫載反

解 鄭康成曰艮爲山山立峙各于其所无相順之時猶君在上臣在下恩敬不相於通故謂之艮也

注 目无患也

集解 鄭康成曰艮之言很也 釋文

不獲其身

注 所止在後故不得其身也

行其庭不見其人无咎

解 虞翻曰：觀五之三也。艮爲多節，故稱背。觀坤爲身，觀五之三，折坤爲背，故艮二其背。坤象不見，故不獲其身。震爲行人，艮爲庭，坎爲隱伏，故行其庭不見其人。三得正，故无咎。象艮爲門闕，今純艮重其門闕，兩門之間，庭中之象。

注 相背故也。凡物對面而不相通，否之道也。艮者止而不相交通之卦也。各止而不相與，何得无咎？唯不相見乃可也。施止於背，不相隔物，欲得其所止也。背者无見之物也。无見則自然靜止，靜止而無見，則不獲其身矣。相背者雖近而不相見，故行其庭不見其人也。夫施止不於无見，令物自然而止，而强正之，則姦邪並興。近而不相得則凶，其得无咎，艮其背，不獲其身，行其庭不見其人故也。

彖曰：艮，止也。

解 虞翻曰位窮於上故也

時止則止時行則行

解 虞翻曰時止謂上陽窮止故止時行謂三體處震爲行也

動靜不失其時其道光明

解 虞翻曰動謂三靜謂上艮止則止震行則行故不失時五動成離故其道光明

注 止道不可常用必施於不可以行適於其時道乃光明也

艮其止止其所也

解 虞翻曰謂兩象各止其所

注 易背曰止以明背即止也施止不可於面施背乃可也施止於止不施止於行得其

所矣故曰艮其止止其所也

上下敵應不相與也【釋文】應應對之應又音膺

【解】虞翻曰艮其背背也兩象相背故不相與也

是以不獲其身行其庭不見其人无咎也

【解】案其義已見繇辭也

象曰兼山艮君子以思不出其位

【解】虞翻曰君子謂三也三君子位震爲出坎爲隱伏爲思故以思不出其位也

【注】各止其所不侵害也

初六艮其趾无咎利永貞【釋文】趾如字荀作止

解 虞翻曰震爲趾故艮其趾矣失謂變得正故无咎永貞也

注 處止之初行无所之故止其趾乃得无咎至靜而定故利永貞

象曰艮其趾未失正也

解 虞翻曰動而得正故未失正也

六二艮其腓不拯其隨其心不快 釋文 腓符非反本又作肥義與咸卦同 承音拯救之拯

解 虞翻曰巽長爲股艮小爲腓拯取也隨謂下二陰艮爲止震爲動故不拯其隨坎爲心故其心不快

注 隨謂趾也止其腓故其趾不拯也腓體躁而處止而不得拯其隨又不能退聽安靜

故其心不快也

集解 馬融曰承舉也釋文案漢上傳引承作拼

象曰其心不快不拯其隨未爲聽也 按從李氏本

解 虞翻曰坎爲耳故未爲聽也

九三艮其限列其夤厲閽心 釋文 夤引眞反鄭本作䏰徐又音肩荀作腎薰荀作動

解 虞翻曰限腰帶處也坎爲腰五來之三故艮其限夤脇肉艮爲背坎爲脊艮爲手震起艮止故裂其夤坎爲心厲危也艮爲閽閽守門人坎盜動門故厲閽心古閽作熏字馬因言熏灼其心未聞易道以坎水熏灼人也荀氏以熏爲誤或作動皆非也

注　限身之中也三當兩象之中故曰艮其限夤當中脊之肉也止加其身中體而分故列其夤而憂危薰心也艮之爲義各止於其所上下不相與至中則列矣列加其夤危莫甚焉危亡之憂乃薰灼其心也施止體中其體分焉體分兩主大器喪矣

集解　馬融曰限要也　鄭康成荀爽虞翻同　釋文　又曰夤夾脊肉也　荀爽曰互體有坎坎爲腎互體有震震爲動　并同　王肅曰熏灼其心　漢上傳

象曰艮其限危闇心也

解　虞翻曰坎爲心坎盜動門故危闇心也

六四艮其身无咎

解　虞翻曰身腹也觀坤爲身故艮其身得艮位承五故无咎或謂妊身也五動則四體

離婦離爲大腹孕之象也故艮其身得正承五而受陽施故无咎詩曰太任有身生此文王也

注 中上稱身履得其位止求諸身得其所處故不陷於咎也

象曰艮其身止諸躬也

解 虞翻曰艮爲止五動承四則妊身故止諸躬也

注 自止其躬不分全體

六五艮其輔言有序悔亡 **按** 李氏本序作孚

解 虞翻曰輔面頰骨上頰車者也三止上體頤象艮爲止在坎車上故艮其輔謂輔車相依震爲言五失位悔也動得正故言有孚悔亡也

【注】施止於輔以處於中故口无擇言能亡其悔也

象曰艮其輔以中正也

【解】虞翻曰五動之中故以正中也

【注】能用中正故言有序也

上九敦艮吉

【解】虞翻曰无應靜止下據二陰故敦艮吉也

【注】居止之極極止者也敦重在上不陷非妄宜其吉也

象曰敦艮之吉以厚終也

【解】虞翻曰坤爲厚陽上據坤故以厚終也

䷴ 艮下巽上

漸女歸吉利貞

解 虞翻曰否三之四女謂四歸嫁也坤三之四承五進得位往有功反成歸妹兌女歸吉初上失位故利貞可以正邪也

注 漸者漸進之卦也止而巽以斯適進漸進者也以止巽爲進故女歸吉也進而用正故利貞也

彖曰漸之進也女歸吉也釋文王肅本作女歸吉利貞

解 虞翻曰三進四得位陰陽體正故吉也

注 之於進也

進得位往有功也

【解】虞翻曰功謂五四進承五故往有功巽爲進也

進以正可以正邦也其位剛得中也

【解】虞翻曰謂初已變爲家人四進已正而上不正三動成坤爲邦上來反三故進以正可以正邦其位剛得中與家人道正同義三在外體之中故稱得中乾文言曰中不在人謂三也此可謂上變既濟定者也

【注】以漸進得位也

止而巽動不窮也

【解】虞翻曰止艮也三變震爲動上之三據坤動震成坎坎爲通故動不窮往來不窮謂

之通

象曰山上有水漸君子以居賢德善俗【釋文】王肅作善風俗

【解】虞翻曰君子謂否乾乾爲賢德坤陰小人柔弱爲俗乾四之坤爲艮爲居以陽善陰故以居賢德善俗也

【注】賢德以止巽則居風俗以止巽則善

【集解】侯果曰賢者德成之名德是資賢之實也【口訣義】

初六鴻漸于干小子厲有言无咎

【解】虞翻曰鴻大鴈也離五鴻漸進也小水從山流下稱干爲山爲小徑坎水流下山故

鴻漸于干也艮爲小子初失位故厲變得正三動受上成震震爲言故小子厲有言无咎也

注 鴻水鳥也適進之義始於下而升者也故以鴻爲喻六爻皆以進而履之爲義焉始進而位乎窮下又无其應若履于干危不可以安也始進而未得其位則困於小子窮於謗言故曰小子厲有言也困於小子讒諛之言未傷君子之義故曰无咎也

集解 **疏** 鄭康成曰干謂大水之傍故停水處**詩**陸績曰水畔稱干**釋文**荀爽王肅曰干山間澗水也翟元曰干涯也**并同**

象曰小子之厲義无咎也

解 虞翻曰動而得正故義无咎也

六二鴻漸于磐飲食衎衎吉

【解】虞翻曰艮爲山石坎爲聚聚石稱磐初已之正體噬嗑食坎水陽物並在頤中故飲食衎衎得正應五故吉

【注】磐山石之安者也進而得位居中而應本無祿養進而得之其爲歡樂願莫先焉

【集解】馬融曰山中石磐紆故稱磐也【疏】又曰衎衎饒衍也【釋文】王肅曰衎衎寬饒之貌【文選注】

象曰飲食衎衎不素飽也

【解】虞翻曰素空也承三應五故不素飽

九三鴻漸于陸

解 虞翻曰高平稱陸謂初已變坎水爲平三動之坤故漸于陸

注 陸高之頂也

集解 馬融曰山上高平曰陸 釋文

夫征不復

解 虞翻曰謂初已之正三動成震震爲征爲夫而復象坎陽死坤中坎象不見故夫征不復也

注 進而之陸與四相得不能復反者也

婦孕不育凶 釋文 孕以證反說文戈飦反荀作乘

解 虞翻曰孕姙娠也育生也巽爲婦離爲孕三動成坤離毀夫位故孕婦不育凶

注 夫征不復樂於邪配則婦亦不能執貞矣非夫而孕故不育也三本艮體而棄乎羣醜與四相得遂乃不反至使婦孕不育見利忘義貪進忘舊凶之道也

集解 荀爽成曰九三上與九五互體爲離離爲大腹孕之象也又互體爲坎坎爲丈夫坎爲水水流而去是夫征不復也夫既不復則婦人之道顛覆故孕而不育 禮記疏 又曰孕猶娠也 釋文

利禦寇 案 史徵本利有用字

解 虞翻曰禦當也坤爲用巽爲高艮爲山離爲戈兵甲冑坎爲震寇自上禦下三動坤順坎象不見故利用禦寇順象保保大也

注 巽體合好順而相保物莫能間故利禦寇也

象曰：夫征不復，離羣醜也。

【解】虞翻曰：坤三爻為醜，物三稱羣也。

【集解】鄭康成曰：離猶去也。【釋文】

婦孕不育，失其道也。

【解】虞翻曰：三動，動離毀陽，隕坤中，故失其道也。

利用禦寇，順相保也。【案】李氏本相作象。

【解】虞翻曰：三動坤順，坎象不見，故以順相保也。

六四：鴻漸于木，或得其桷，无咎。

【解】虞翻曰：巽為木。桷，椽也。方者謂之桷。巽為交，為長木；艮為小木；坎為脊；離為麗。小木

麗長木巽繩束之象脊之形椽桷象也故或得其桷得位順五故无咎四已承五又顧得三故或得其桷也矣

【注】鳥而之木得其宜也或得其桷遇安棲也雖乘于剛志相得也

【集解】馬融陸績曰桷榱也【釋文】翟元曰方曰桷桷椽也【同】

象曰或得其桷順以巽也

【解】虞翻曰坤爲順以巽五　案四居巽木口爻陰位正直桷之象也自二至五體有離坎離爲飛鳥而居坎水鴻之象也鴻隨陽鳥喻女從夫卦明漸義爻皆稱焉

九五鴻漸于陵婦三歲不孕

【解】虞翻曰陵丘婦謂四也三動受上時而四體半艮山故稱陵巽爲婦離爲孕坎爲歲

三動離壞故婦三歲不孕

集解陸績曰陵陸俱是高處然陵卑於陸也**口訣義**

終莫之勝吉

解虞翻曰莫无勝陵也得正居中故莫之勝吉上終變之三成旣濟定坎爲心故象曰得所願也

注陵次陸者也進得中位而隔乎三四不得與其應合故婦三歲不孕也各履正而居中三四不能入塞其塗者也不過三歲必得所願矣進以正邦三年有成成則道濟故不過三歲也

象曰終莫之勝吉得所願也

解 虞翻曰上之三既濟定故得所願也

上九鴻漸于陸

解 虞翻曰陸謂三也三坎爲平變而成坤故稱陸也

其羽可用爲儀吉

解 虞翻曰謂三變受成既濟與家人彖同義上之三稱正離爲鳥故其羽可用爲儀吉三動失位坎爲亂乾四止坤象曰不可亂彖曰進以正邦爲此爻發也三已得位又變受上權也孔子曰可與適道未可與權宜无惟焉

注 進處高潔不累於位无物可以屈其心而亂其志峨峨清遠儀可貴也故曰其羽可用爲儀吉

象曰其羽可用爲儀吉不可亂也

【解】虞翻曰坤爲亂上來正坤六爻得位成既濟定故不可亂也　干寶曰處漸高位斷漸之進順艮之言謹巽之全履坎之通據離之耀婦德既終母教又明有德而可受有儀而可象故曰其羽可可以爲儀不可亂也

䷵兌下震上

歸妹

【解】虞翻曰歸嫁也兌爲妹泰三之四坎月離日俱歸妹象陰陽之儀配日月則天地交而萬物通故嫁娶也

【注】妹者少女之稱也兌爲少陰震爲長陽少陰而乘長陽說以動嫁妹之象也

集解虞翻曰九女者貴其男女繼嗣宗享不絶也**口訣義**

征凶

解虞翻曰謂四也震爲征三之四不當位故征凶也

无攸利

解虞翻曰謂三也四之三失正无應以柔乘剛故无攸利也

彖曰歸妹天地之大義也

解虞翻曰乾天坤地三之四天地交以離日坎月戰陰陽陰陽之義配日月則萬物興故天地之大義乾主壬坤主癸日月會北震爲元黃天地之雜震東兌西離南坎北六十四卦此象最備四時正卦故天地之大義也

天地不交而萬物不興

解 虞翻曰乾三之坤四震爲興天地以離坎交陰陽故天地不交則萬物不興矣 王肅曰男女交而後人民蕃天地交然後萬物興故歸妹以及天地交之義也

歸妹人之終始也

解 虞翻曰人始生乾而終於坤故人之終始雜卦曰歸妹女之終謂陰終坤癸則乾始震庚也 干寶曰歸妹者衰落之女也父既没矣兄主其禮子續父業人道所以相終始也

說以動所歸妹也

注 陰陽既合長少又交天地之大義人倫之終始

釋文 所歸妹也本或作所以歸妹

解 虞翻曰說兌動震也謂震嫁兌所歸必妹也

注 少女而與長男交少女所不樂也而令說以動所歸必妹也雖與長男交嫁而係娣是以說也

征凶位不當也

解 崔憬曰中四爻皆失位以象歸妹非正嫡故征凶也

注 履於不正說動以進妖邪之道也

无攸利柔乘剛也

解 王肅曰以征則有不正之凶以處則有乘剛之逆也故无所利矣

注 以征則有不正之凶以處則有乘剛之逆

象曰：澤上有雷，歸妹。

解 干寶曰：雷薄于澤，八月九月將藏之時也。君子象之，故不敢恃當今之虞，而慮將來禍也。

君子以永終知敝。

解 虞翻曰：君子謂乾也。坤爲永終，爲敝；乾爲知。三之四爲永終，四之三兌爲毀折，故以永終知敝。崔憬曰：歸妹，人之終始也。始則征凶，終則无攸利，故君子以永終知敝爲戒者也。

注 歸妹相終始之道也，故以永終知敝。

初九：歸妹以娣，跛能履，征吉。

解 虞翻曰：震爲兄，故嫁妹。謂三也。初在三下，動而應四，故稱娣。履，禮也。初无應，變成二，坎爲曳，故跛而履。應在震，爲征，初爲娣，變爲陰，故征吉也。

注 少女而與長男爲耦，非敵之謂，是娣從之義也。娣，少女之稱也。少女之行，善莫若娣。夫承嗣以君之子，雖幼而不妄行；少女以娣，雖跛能履，斯乃恒久之義，吉而相承之道也。以斯而進，吉其宜也。

象曰：歸妹以娣，以恒也。跛能履吉，相承也。

解 虞翻曰：陽得正，故以恒。恒動初成二，故吉相承也。

九二：眇能視，利幽人之貞。

解 虞翻曰：視應五也。震上兑下，離目不正，故眇能視。幽人謂二。之初動，二在坎中，故稱

幽人變得正震喜兑説故利幽人之貞與履二同義也

注 雖失其位而居內處中眇猶能視足以保常也在內履中而能守其常故利幽人之貞也

象曰利幽人之貞未變常也

解 虞翻曰常恒也乘初未之五故未變常矣

六三歸妹以須反歸以娣 釋文 須荀陸作嬬

解 虞翻曰須需也初至五體需象故歸妹以須娣謂初也震爲反反馬歸也三失位四反得正兑進在四見初進之初在兑後故反歸以娣

注 室主猶存而求進焉進未值時故有須也不可以進故反歸待時以娣乃行也

【集解】鄭康成曰須有才智之稱天文有須女屈原之姊名女須【詩疏】陸績曰須妾也【釋文】陸希聲曰在天文織女爲貴須女爲賤【撮要】

象曰歸妹以須未當也

【解】虞翻曰三未變之陽故位未當

九四歸妹愆期遲歸有時【釋文】遲雉夷反一音直冀反

【解】虞翻曰愆過也謂二變三動之正體大過象坎月離日爲期三變日月不見故愆期坎爲曳震爲行曳故遲也歸謂反三震春兌秋坎冬離夏四時體正故歸有時也

【注】夫以不正无應而適人也必須彼道窮盡无所與交然後乃可以往故愆期遲歸以待時也

集解馬融曰愆過也陸績曰遲待也并釋文

象曰愆期之志有待而行也釋文有待而行也一本待作時

解虞翻曰待男行矣

六五帝乙歸妹其君之袂不如其娣之袂良

解虞翻曰三四已正震爲帝坤爲乙故曰帝乙泰乾爲良爲君乾在下爲小君則妹也袂口袂之飾也兌爲口乾爲衣故稱袂謂三失位无應娣妹謂二得中應五三動成乾爲良故其君之袂不如其娣之袂良故象曰以貴行也矣

注歸妹之中獨處貴位故謂之帝乙歸妹也袂衣袖所以爲禮容者也其君之袂謂帝乙所寵也即五也爲帝乙所崇飾故謂之其君之袂也配在九二兌少震長以長從少不

皆以少從長之爲美也故
曰不若其娣之袂良也

月幾望吉【釋文】幾音機又音祈荀作既

解 虞翻曰幾其也坎月離日兌西震東日月相對故曰幾望二之五四復三得正故吉也與小畜中孚月幾望同義也

注 位在乎中以貴而行極陰之盛以斯適配雖不若少往亦必合故曰月幾望吉也

彖曰帝乙歸妹不如其娣之袂良也

解 虞翻曰三復正乾爲良

其位在中以貴行也

解 虞翻曰三四復二之五成既濟五貴故以貴行也

上六女承筐无實【釋文】承匡鄭作筐

【解】虞翻曰女謂應三兌也自下受上稱承震為筐以陰應陰三四復位坎為虛故无實

象曰承虛筐也

【集解】鄭康成曰宗廟之禮主婦奉筐米【儀禮疏】又曰士昏禮云婦入三月而後祭行【詩疏】

士刲羊无血无攸利【釋文】刲若圭反一音工惠反

【解】虞翻曰刲刺也震為士兌為羊離為刀故士刲羊三四復位成泰坎象不見故无血坎三柔承剛故无攸利也

【注】羊謂三也處卦之窮仰无所承下又无應為女而承命則筐虛而莫之與為士而下

命則刲羊而无血刲羊而无血不應所命也進退莫與故曰无攸利也

集解馬融曰刲刺也釋文

象曰上六无實承虛筐也

解虞翻曰泰坤爲虛故承虛筐也

周易集解卷六終

周易集解卷七　　　　　　岱南閣叢書

賜進士及第署山東提刑按察使分巡兗沂曹濟黃河兵備道孫星衍集解

下經豐傳第七

☲離下
☳震上

豐亨【釋文】豐芳忠反字林匹忠反

【解】虞翻曰此卦三陰三陽之例當從泰二之四而豐三從噬嗑上來之三折四于五獄中而成豐故君子以折獄致刑陰陽交故通噬嗑所謂利用獄者此卦之謂也

【集解】鄭康成曰豐之言腆充滿意也【釋文】

王假之【釋文】假庚白反至也馬古雅反

【解】虞翻曰：乾爲王，假至也。謂四宜上至五，動之正成乾，故王假之尚大也。

【注】大而亨者，王之所至。

【集解】馬融曰：假，大也。【釋文】

勿憂宜日中

【解】虞翻曰五動之正則四變成離離日中當五在坎中坎爲憂故勿憂宜日中離兩離象照天下也日中則昃月盈則蝕天地盈虛與時消息　干寶曰豐坎宮陰世在五以其宜中而憂其測也坎爲夜離爲晝以離變坎至于天位日中之象也殷水德坎象晝敗而離居之周伐殷居王位之象也聖人德大而心小既居天位而戒懼不怠勿憂者勸勉之言也猶詩曰上帝臨爾无貳爾心言周德當天人之心宜居王位故宜日中

注 豐之爲義闡宏微細通夫隱滯者也爲天下之主而令微隱者不亨憂未已也故至豐亨乃得勿憂也用夫豐亨不憂之德宜處天中以徧照者也故曰宜日中也

彖曰豐大也明以動故豐

解 離爲日離下震上明以動之象明則見微動則成務故能大矣

注 音闡大之大也

王假之尚大也

解 姚信曰四體震王假大也四宜之五得其盛位謂之大

注 大者王之所尚故至之也

勿憂宜日中

解九家易曰震動而上故勿憂也日者君中者五君宜居五也謂陰處五日中之位當傾昃矣

宜照天下也

解虞翻曰五動成乾乾爲天四動成兩離重明麗正故宜照天下謂化成天下也

注以勿憂之德故宜照天下也

日中則昃釋文昃孟作稷

解荀爽曰豐者至盛故日中下居四日昃象也

月盈則食釋文食或作蝕非

解虞翻曰月之行生震見兌盈於乾甲五動成乾故月盈四變體噬嗑食故則食此豐

其屋蔀其家也

【集解】鄭康成曰：言皆行休已，無常盛也。【公羊疏】

天地盈虛，與時消息，而況於人乎？況於鬼神乎？

【解】虞翻曰：五息成乾爲盈，四消入坤爲虛，故天地盈虛也。豐之既濟，四時象具，乾爲神，人坤爲鬼，鬼神與人亦隨時消息，謂人謀鬼謀，百姓與能，與時消息。

【注】豐之爲用，困於昃食者也。施於未足則尚豐，施於已盈則方溢，不可以爲常，故具陳消息之道者也。

象曰：雷電皆至，豐。

【解】荀爽曰：豐者陰據不正，奪陽之位，而行以豐，故折獄致刑，以討除之也。

君子以折獄致刑

解　虞翻曰：君子謂三。噬嗑四失正，係在坎獄中，故上之三，折四入大過，死象，故折獄致刑。兌折爲刑，賁三得正，故无敢折獄也。

注　文明以動，不失情理也。

初九，遇其配主，釋文　配，鄭作妃。

解　虞翻曰：妃嬪，謂四也。四失位在震爲主，五動體姤遇，故遇其配主也。

注　處豐之初，其配在四，以陽適陽，以明之動，能相光大者也。

集解　鄭康成曰：嘉耦曰妃。釋文

雖旬无咎，往有尚。釋文　旬，如字，王肅尚純反，或音脣，荀作均，劉昞作鈞。

解 虞翻曰：謂四失位，變成坤應初。坤數十，四上而之五成離，離爲日。

注 旬，均也。雖均无咎，往有尚也。初、四俱陽爻，故曰均也。

集解 鄭康成曰：初脩禮上朝四，四以匹敵恩厚待之，雖留十日不爲咎。**詩疏**

象曰：雖旬无咎，過旬災也。

解 虞翻曰：體大，故過旬災。四上之五，坎爲災也。

注 過均則爭，交斯叛也。

六二：豐其蔀，日中見斗，往得疑疾，

釋文 蔀，音部，王廙同，蒲戸反，王肅普苟反，鄭、薛作菩，見斗，孟作見主。

解 虞翻曰：日蔽雲中稱蔀。蔀，小，謂四也。二利四之五，故豐其蔀。噬嗑離爲見，象在上爲門中艮爲斗斗七星也噬嗑艮爲星爲止坎爲北中巽爲高舞星上於中而舞者北斗之象也離上之三隱坎雲下故曰中見斗四往之五得正成坎坎爲疑疾故往得疑疾也

集解 馬融曰蔀小也　鄭康成曰蔀小席　薛氏同 **并釋文**　陸希聲曰蔀茂盛周匝之義 **漢上易**

有孚發若吉

解 虞翻曰坎爲孚四發之五成坎孚動而得位故有孚發若吉也

注 蔀覆曖鄣光明之物也處明動之時不能自豐以光大之德既處乎內而又以陰居陰所豐在蔀幽而无覩者也故曰豐其蔀日中見斗也日中者明之盛也斗見者闇之極也處盛明而豐其蔀故曰日中見斗不能自發故往得疑疾然履中當位處闇不邪有孚

者也若辭也有孚可以發其志不困於闇故獲吉也

象曰有孚發若信以發志也

【解】虞翻曰四發之五坎爲志也　九家易曰信者于五然後乃可發其順志

九三豐其沛日中見沫　【釋文】沛本或作旆謂旛幔又普貝反王廙豐蓋反又補賴反徐普蓋反子夏作芾鄭于作韋沫徐武蓋反又亡對反微昧之光也字林作昧亡太反云斗杓後星鄭作昧

【解】虞翻曰日在雲下稱沛沛不明也沫小星也噬嗑離日爲日艮爲沫故日中見沫上之三日入坎雲下故見沫也　九家易曰大暗謂之沛沛沫斗杓後小星也

【注】沛旛幔所以禦盛光也沫微昧之明也應在上六志在乎陰雖愈乎以陰處陰亦未

足以免於闕也所豐在沛日中則見沬之謂也

集解子夏傳曰芾小也昧星之小者**釋文**馬融曰昧星之小者　鄭康成干寶曰韋祭祀之蔽膝　服虔曰昧日中而昏也薛氏曰昧輔星也　姚信曰沛滂沛也　王肅曰沬音妹**并同**陸希聲曰沬者斗杓謂斗之輔星斗以象大臣槩以象家臣**撮要**

折其右肱无咎　**釋文**肱姚作股

解虞翻曰兌爲折爲右噬嗑艮爲肱上來之三折艮入兌故折其右肱之三得正故无咎也

注施明則見沬而已施用則折其右肱故可以自守而已未足用也

集解鄭康成曰三艮爻艮爲手互體爲巽巽又爲進退手而便於進退右肱也猶大

臣用事於君君能誅之故无咎【儀禮疏】

象曰豐其沛不可大事也

【解】虞翻曰利四之陰故不可大事

【注】明不足也

折其右肱終不可用也

【解】虞翻曰四死大過故終不可用

【注】離有左在不足用也

九四豐其蔀

【解】虞翻曰蔀蔽也噬嗑離日之坎雲中故豐其蔀象曰位不當也

注　以陽居陰，豐其蔀也

日中見斗

解　虞翻曰：噬嗑日在上爲中，止之三爲巽，巽爲入，日入坎雲下，幽伏不明，故日中見斗。象曰「幽不明」，是其義也。

遇其夷主吉

解　虞翻曰：震爲主，四行之正成明夷，則三體震爲夷主，故遇其夷主吉也。案：四，震上卦之下，以陽居陰，履非其位，而上比於五，故曰遇也。夷者，傷也。主者，五也。謂四不期相遇，而能上行，傷五則吉，故曰遇其夷主吉行也。

注　得初以發，夷主吉也

象曰豐其蔀位不當也日中見斗幽不明也

解 虞翻曰離上變入坎雲下故幽不明坎幽也

遇其夷主吉行也

解 虞翻曰動體明夷震爲行故曰吉行

六五來章有慶譽吉

解 虞翻曰在內稱來章顯也慶謂五陽出稱慶也譽謂二二多譽五發得正則來應二故來章有慶吉也

注 以陰之質來適尊陽之位能自光大章顯其德獲慶譽也

象曰六五之吉有慶也

解 虞翻曰動而成乾乾爲慶

上六豐其屋蔀其家 按說文豐其屋字作寷云大屋也

解 虞翻曰豐大蔀小也三至上體大壯屋象故豐其屋謂四五已變上動成家人大屋見則家人壞故蔀其家與泰二同義故象曰天際祥明以大壯爲屋象故也

注 屋藏蔭之物以陰處極而最在外不履於位深自幽隱絕跡深藏者也旣豐其屋又蔀其家屋厚家覆闇之甚也

闚其戶闃其无人三歲不覿凶 釋文 闃苦鶪反徐苦鶪反一音苦馘反姚作閴孟作窒並通作闃

解 虞翻曰謂從外闚三應闃空也四動時坤爲闔戶闔故闚其戶坤爲空虛三隱伏坎

中故闚其无人象曰自藏也四五易位噬嗑
離目爲闚闚人者言皆不見坎爲三歲坤冥
在上離象不見故三歲不覿凶 干寶曰在
豐之家居乾之位乾爲屋宇故曰豐其屋此
蓋記紂家之侈造瑤宮玉臺也蔀其家者以記
紂多傾宮之女也社稷既亡宮室虛曠故曰
闚其戶闃其无人也闃无人貌也三者天地人
之數也凡國於天地有興亡焉故王者之亡
其家也必天示其祥地出其妖人反其常非
斯三者亦弗之亡也故曰三歲不覿凶然則
瘠宗之成三年而後亡國矣 案上應于三
三乎離巽爲戶離爲目目而近戶闚之象也
既[illegible]豐家蔀若闚地戶闃寂无
人震木數三故三歲致凶於災
注雖闚其戶闃其无人棄其所處而自深藏
也處於明動尚大之時而深自幽隱以高
其行大道既濟而猶不見隱不爲賢更爲反
道凶其宜也三年豐道之成治道未濟隱猶

可也既濟而隱是以治爲亂者也

【集解】馬融鄭康成曰闃无人貌【釋文】

象曰豐其屋天際翔也【釋文】翔鄭王肅作祥【按】李鼎祚本亦作祥

【解】孟喜曰天降下惡祥也

【注】翳光最甚者也

【集解】鄭康成曰際當爲瘵瘵病也【釋文】

闚其戶闃其无人自藏也【釋文】藏如字衆家作戕慈羊反

【解】虞翻曰謂三隱伏坎中故自藏者也

【注】可以出而不出自藏之謂也非有爲而藏不出戶庭失時致凶況自藏乎凶其宜也

集解 馬融王肅曰戕殘也鄭康成曰戕傷也 **并釋文**

䷷ 艮下離上

旅小亨旅貞吉

解 虞翻曰賁初之四否三之五非乾坤往來也與噬嗑之豐同義小謂柔得貴位而順剛麗乎大明故旅小亨旅貞吉再言旅者謂四凶惡進退无恒无所容處故再言旅惡而惡之

注 不足全夫貞吉之道唯足以爲旅之貞吉故特重曰旅貞吉也

集解 王肅曰旅軍旅也 **釋文**

彖曰旅小亨

【疏】姚信曰：此本否卦，三五交易，去其本體，故曰客旅。荀爽曰：謂陰升居五，與陽通者也。

柔得中乎外而順乎剛，止而麗乎明，是以小亨旅貞吉也。

【疏】蜀才曰：否三升五，柔得中於外，上順於剛。九五降三，降不失正，止而麗乎明，所以小亨旅貞吉也。

【注】夫物失其主則散，柔乘於剛則乖，既乖且散，物皆羈旅，何由得小亨而貞吉乎？夫陽爲物長，而陰皆順陽，唯六五乘剛而復得中乎外，以承於上，陰各順陽，不爲乖逆，止而麗明，動不履妄，雖不及剛得尊位，恢弘大通，是以小亨，令附旅者不失其正，得其所安也。

旅之時義大矣哉

解 虞翻曰以離日麗天懸象著明莫大日月故義大也

注 旅者大散物皆失其所居之時也咸失其居物願所附豈非知者有爲之時

象曰山上有火旅

解 侯果曰火在山其勢非長久旅之象也

君子以明慎用刑而不留獄

解 虞翻曰君子謂三離謂明艮爲慎兌爲刑坎爲獄賁初之四獄象不見故以明慎用刑而不留獄與豐折獄同義者也

注 止以明之刑戮詳也

初六旅瑣瑣斯其所取災【釋文】瑣瑣或作璅字者非也

【疏】陸績曰瑣瑣小也艮爲小石故曰旅瑣瑣也履非其正應離之始離爲火艮爲山以應火災焚自取也故曰斯其所取災也

【注】最處下極寄旅不得所安而爲斯賤之役所取致災志窮且困

【集解】馬融曰瑣瑣疲獘貌【釋文】鄭康成曰瑣瑣猶小小也爻互體艮艮小石小小之象三爲聘客初與二其介也介當以篤實之人爲之而用小人瑣瑣然客主人爲言不能辭曰非禮不能對曰非禮每者不能以禮行之則其所以得罪【儀禮疏】王肅曰瑣瑣細小貌【釋文】

象曰旅瑣瑣志窮災也

解 虞翻曰：瑣瑣，最弊之貌也。失位遠應，之正介坎，坎爲災眚。艮手爲取，謂三動應坎，坎爲志，坤稱災，故曰志窮災也。

六二：旅即次，懷其資，得童僕，貞。 **釋文** 懷其資，本或作懷其資斧，非。

解 九家易曰：即，就；次，舍也。資，財也。以陰居二，即就其舍，承陽有實，故懷其資，故曰旅即次，懷其資也。初者卑賤，二得履之，故得僮僕。處和得位，故正居是，故曰得僮僕貞也。

注 次者，可以安行旅之地也。懷，來也。得位居中，體柔奉上，以此寄旅，必獲次舍，懷來資貨，得童僕之所正也。旅不可以處盛，故其美盛於童僕之正也。過斯以往，則見害矣。童僕之正，義足而已。

象曰得童僕貞終无尤也

解 虞翻曰艮爲童僕得正承三故得童僕貞而終无尤也　案六二履正體艮艮爲閽寺童僕貞之象也

九三旅焚其次喪其童僕貞厲

解 虞翻曰離爲火艮爲童僕三動艮壞故焚其次坤爲喪三動艮滅入坤故喪其童僕動而失正故貞厲矣

注 居下體之上與二相得以寄旅之身而爲施下之道與萌侵權主之所疑也故次焚僕喪而身危也

象曰旅焚其次亦以傷矣

【解】虞翻曰三動體剥故傷也

以旅與下其義喪也

【解】虞翻曰三變成坤坤爲下爲喪故其義喪也

九四旅于處得其資斧我心不快【釋文】資斧子夏傳及衆家並作齊斧虞喜志林云齊當作齋齋戒入廟而受斧

【解】虞翻曰巽爲處四焚棄惡人失位遠應故旅于處言无所從離爲資斧故得其資斧二動四坎爲心其位未至故我心不快也

【注】斧所以斫除荆棘以安其舍者也雖處上體之下不先於物然而不得其位不獲平坦之地客于所處不得其次而得其資斧之地故其心不快也

【集解】張軌曰：齊斧蓋黃鉞斧也。【釋文】張晏曰：齊，整齊也。應劭曰：齊，利也。【并同】

象曰：旅于處，未得位也。得其資斧，心未快也。

【解】案：九四失位而居艮上，艮爲山，山非平坦之地也。四體兑巽，巽爲木，兑爲金，木貫于金，郎資斧斫除荆棘之象者也。

六五：射雉一矢亡，

【解】虞翻曰：三變坎爲弓，離爲矢，故射雉。五變乾體，矢動雉飛，雉象不見，故一矢亡矣。

終以譽命。

【解】虞翻曰：譽謂二，巽爲命，五終變成乾，則二來應已，故終以譽命也。

【注】射雉以一矢而復亡之，明雖有雉，終不可得矣。寄旅而進，雖處于文明之中，居于貴

位此位終不可有也以其能知禍福之萌不安其處以乘其下而上承於上故終以譽而見命也

象曰：終以譽命，上逮也。【釋文】逮，音代，一音大計反。

【解】虞翻曰：逮，及也。謂二上及也。干寶曰：逮，離爲雉爲矢，巽爲木爲進退，艮爲手，兌爲決，有木在手，進退其體，矢決于外，射之象也。一陰升乾，故曰一矢，復非其位，下又无應，雖復射雉，終亦失之，故曰一矢亡也。一矢亡者，喻有損而小也。此記祿父爲王者後，雖小叛擾，終逮安周室，故曰終以譽命矣。

上九：鳥焚其巢，旅人先笑後號咷。

【解】虞翻曰：離爲鳥，爲火，巽爲木，爲高，四失位變震爲筐，巢之象也。今巢象不見，故鳥焚

其巢震爲笑震在前故先笑應在巽巽巽爲號咷巽象在後故後號咷

喪牛于易凶【釋文】于易以豉反王肅音亦

【解】虞翻曰謂三動時坤爲牛五動成乾乾爲易上失三五動應二故喪牛于易失位无應故凶也五動成遁六二執之用黃牛之革則旅家所喪牛也居高危而以爲宅巢之謂也客旅得上位故先笑也以旅而處於上極衆之所嫉也

【注】以不親之身而當嫉害之地必凶之道也故曰後號咷牛者稼穡之資以旅處上衆所同嫉故喪牛于易不在於難物莫之與危而不扶喪牛于易終莫之聞莫之聞則傷之者至矣

象曰以旅在上其義焚也【釋文】其義焚也一本作宜其焚也

【解】虞翻曰離火焚巢故其義焚也

【集解】馬融曰義宜也【釋文】

喪牛于易終莫之聞也【釋文】喪牛之凶本亦作喪牛于易

【解】虞翻曰坎耳入兌故終莫之聞侯果曰離爲鳥爲火巽爲木爲風鳥居木上巢之象也旅而瞻資物之所惡也喪牛甚易求之也難雖有智者莫之吉也

☴ 巽下巽上

巽小亨【校】說文易顨卦爲長女爲風字作顨

【注】全以巽爲德是以小亨也上下皆巽不違其令命乃行也故申命行事之時上下不可以不巽也

利有攸往

注 巽悌以行物无距也

利見大人

解 虞翻曰遁二之四柔得位而順五剛故小亨也大人謂五離目爲見二失位利正往應五故利有攸往利見大人矣

注 大人用之道愈隆

彖曰重巽以申命

解 陸績曰巽爲命令重命令者欲丁寧也

注 命乃行也未有不巽而命行也

剛巽乎中正而志行

【解】陸績曰二得中五得正體兩巽故曰剛巽乎中正也皆據陰故志行也　虞翻曰剛中正謂五也二失位動成坎坎爲志終變成震震爲行也

【注】以剛而能用巽處乎中正物所與也

柔皆順乎剛是以小亨

【解】陸績曰陰爲卦主故小亨

【注】明无違逆故得小亨

【集解】褚氏曰夫獻可替否其道乃宏柔皆順剛非大通之道所以文王係小亨之辭孔子致皆順之釋【疏】

利有攸往利見大人

解 彖其義已見繇辭

象曰隨風巽君子以申命行事

解 虞翻曰君子謂遯乾也巽爲命重象故申命變至三坤爲事震爲行故行事也荀爽曰巽爲號令兩巽相隨故申命也法教百端令行爲上貴必從故曰行事也

初六進退利武人之貞

解 虞翻曰巽爲進退乾爲武人初失位利之正爲乾故利武人之貞矣

注 處令之初未能服令者也故進退也成命齊邪莫善武人故利武人之貞以整之

象曰進退志疑也

解 荀爽曰：風性動，進退欲承五，爲二所據，故志以疑也。

注 巽順之志，進退疑懼。

利武人之貞，志治也。

解 虞翻曰：動而成乾，乾爲大明，故志治。乾元用九，天下治，是其義也。

九二：巽在牀下，

解 宋衷曰：巽爲木，二陽在上，初陰在下，故曰巽在牀下也。荀爽曰：牀下以喻近也。二者軍師，三者號令，故言牀下，以明將之所專，不過軍中事也。

用史巫紛若，吉，无咎。

解 荀爽曰：史以書勳，巫以告廟，紛變若順也。謂二以陽應陽，君所不臣，軍帥之象，征伐

既畢誓勳告廟當變而順五則吉故曰用史巫紛若吉無咎矣

【解】處巽之中既在下位而復以陽居陰卑巽之甚故曰巽在牀下也卑甚失正則入于咎過矣能以居中而施至卑於神祇而不用之于威勢則乃至于紛若之吉而亡其過矣故曰用史巫紛若吉无咎也

象曰紛若之吉得中也

【解】荀爽曰謂二以處中和故能變

九三頻巽吝

【解】虞翻曰頻頻也謂二已變三體坎艮坎為憂艮為鼻故頻頻巽為无應在險故吝也

【注】頻頻蹙不樂而窮不得已之謂也以其剛正而為四所乘志窮而巽是以吝也

象曰頻巽之吝志窮也

解 荀爽曰乘陽无據爲陰所乘號令不行故志窮也

六四悔亡田獲三品

解 虞翻曰田謂二也地中稱田失位无應悔也欲二之初已得應之故悔亡二動得正處中應五五多功故象曰有功也二動艮爲手故稱獲謂艮爲狼坎爲豕艮二之初離爲雉故獲三品矣巽翟元曰田獲三品下三爻也謂初雉爲雞二兌爲羊三離雉也穀梁傳曰春獵曰田夏曰苗秋曰蒐冬曰狩三品三品一爲乾豆二爲賓客三爲充君之庖註云上殺中心乾之爲豆實次殺中髀骼以供賓客下殺中腹充君之庖廚尊神敬客之義也

注 乘剛悔也然得位承五卑得所奉雖以柔御剛而依尊履正以斯行命必能獲強暴遠不仁者也獲而有益莫善三品故曰悔亡田獲三品一曰乾豆二曰賓客三曰充君之庖

象曰田獲三品有功也

九五貞吉悔亡无不利无初有終

解 虞翻曰得位處中故貞吉悔亡无不利也震巽相薄雷風无形當變之震矣巽究爲躁卦故无初有終也

先庚三日後庚三日吉

解 虞翻曰震庚也謂變初至二成離至三成震震主庚離爲日震三爻在前故先庚

三日謂益時也動四至五成離終上成震震爻在後故後庚三日也巽初失正終變成震得位故无初有終吉震究爲蕃鮮白謂巽曰巽究爲躁卦躁卦謂震也與蠱先甲三日後甲三日同義五動成蠱乾成于甲震成于庚陰陽天地之始終故經舉甲庚于蠱彖巽五也

注以陽居陽損於謙巽然秉乎中正以宣其令物莫之違故曰貞吉悔亡无不利也化不以漸卒以剛直用加於物故初皆不說也終於中正邪道以消故有終也申命令謂之庚夫以正齊物不可卒也民迷固久直不可肆也故先申三日令著之後復申三日然後誅而无咎怨矣甲庚皆申命之謂也

象曰九五之吉位正中也

【解】虞翻曰居中得正故吉也

上九巽在牀下

【解】虞翻曰牀下謂初也窮上反下而成震故巽在牀下象曰上窮也明當變窮上而復初者也　九家易曰上爲崇廟禮封賞出軍皆先告廟然後受行三軍之命將之所專故曰巽在牀下

喪其資斧貞凶

【解】虞翻曰變至三時離毀入坤坤爲喪離爲斧故喪其資斧三變失位故貞凶　荀爽曰軍罷師旋亦告于廟還斧于君故喪資斧正如其故不知臣節則凶故曰喪其資斧貞凶

注 處巽之極極巽過甚故曰巽在牀下也斧所以斷者也過巽失正喪所以斷故曰喪其資斧貞凶也

象曰巽在牀下上窮也

解 虞翻曰陽窮上反下故曰上窮也

喪其資斧正乎凶也

解 虞翻曰上應于三三動失正故曰正乎凶也

䷹ 兌下兌上

兌亨利貞

解 虞翻曰大壯五之三也剛中而柔外二失正動應五承三故亨利貞也

彖曰：兌，說也。

解 虞翻曰：兌口，故說也。

剛中而柔外，說以利貞。

解 虞翻曰：剛中謂二五，柔外謂三上也。二三四利之正，故說以利貞也。

注 說而違剛則諂，剛而違說則暴。剛中而柔外，所以說以利貞也。剛中故利貞，柔外故說亨。

是以順乎天而應乎人，

解 虞翻曰：大壯乾爲天，謂五也。人謂三矣。二變順五承三，故順乎天應乎人。坤爲順也。

注 天剛而不失說者也。

說以先民，民忘其勞【釋文】先，西薦反，又如字

【解】虞翻曰：謂二四已變成屯，故為勞。震喜兌說，坤為民，坎為心，民心喜說，有順比象，故忘其勞也。

說以犯難，民忘其死

【解】虞翻曰：體屯，故難也。三至上體大過，死。變成屯，民悅無疆，故民忘其死。坎心為忘，以坤為死也。

說之大，民勸矣哉

【解】虞翻曰：體比順象，故勞而不怨。震為喜笑，故人勸也。

象曰：麗澤，兌。君子以朋友講習【釋文】麗，鄭作離

【解】虞翻曰君子大壯乾也陽息見兌學以聚之問以辯之兌二陽同類為朋友伏艮為友坎為習震為講兌兩口對故朋友講習也【注】體猶連也施說之道莫盛於此【集解】鄭衆曰樂耽于酒則有沈酗之凶志累於樂則有傷性之患所以君子樂之美者、過于尚詩書敦習道義教之盛矣樂在斯焉【口訣義】鄭康成曰離猶併也【釋文】先儒云同處師門曰朋共執一志曰友友猶黨也【口訣義】

初九和兌吉

【解】虞翻曰得位四變應已故和兌吉矣【注】居兌之初應不在一无所黨係和兌之謂也說不在諂履斯而行未見有疑之者吉

其宜矣

象曰和兌之吉行未疑也

解 虞翻曰四變應初震爲行坎爲疑故行未疑也

九二孚兌吉悔亡

解 虞翻曰孚謂五也四已變五在坎中稱孚二動得位應之故孚兌吉悔亡矣

注 說不失中有孚者也失位而說孚吉乃悔亡也

象曰孚兌之吉信志也

解 虞翻曰二變應五謂已四變坎爲志故信志也

注 其志信也

六三來兌凶

解 虞翻曰從大壯來失位故來兌凶矣

注 以陰柔之質履非其位來求說者也非正而求說邪佞者也

象曰來兌之凶位不當也

解 案以陰居陽位故不當謟邪求悅所以必凶

九四商兌未寧介疾有喜

解 虞翻曰巽爲近利市三倍故稱商兌變之坎水性流震爲行謂二已變體比象故未寧與比不寧方來同義也坎爲疾故介疾得位承五故有喜

注 商商量裁制之謂也介隔也三爲佞說將近至尊故四以剛德裁而隔之匡內制外

是以未寧也處於幾近閑邪介疾宜其有喜也

【集解】馬融曰介大也鄭康成曰商隱度也【并釋文】

象曰九四之喜有慶也

【解】虞翻曰陽爲慶謂五也

九五孚于剝有厲

【解】虞翻曰孚謂五也二四變體剝象故孚于剝在坎未光有厲也

【注】比於上六而與相得處尊正之位不說信乎陽而說信乎陰孚於剝之義也剝之爲義小人道長之謂

象曰孚于剝位正當也

解　彖以陽居尊位應二比四孚剝有厲位正當也

注　以正當之位信於小人而疏君子故曰位正當也

上六引兌

解　虞翻曰无應乘陽動而之巽爲繩艮爲手應在三三未之正故引兌也

注　以夫陰質最處說後靜退者也故必見引然後乃說也

象曰上六引兌未光也

解　虞翻曰二四已變而體屯上三未爲離故未光也

䷺ 坎下巽上

渙亨

解 虞翻曰否四之二成坎震天地交故亨也

王假有廟 釋文 假庚白反梁武帝音賈

解 虞翻曰乾爲王假至也否體觀艮爲宗廟乾四之坤二故王假有廟王乃在中也

利涉大川利貞

解 虞翻曰坎爲大川渙舟檝象故涉大川乘木有功二失正變應五故利貞也

彖曰渙亨剛來而不窮柔得位乎外而上同 釋文 上如字又時掌反

解 盧氏曰此本否卦乾之九四來居坤中剛來成坎水流而不窮也坤之六二上升乾四柔得位乎外上承貴王與上同也

注 二以剛來居內而不窮於險四以柔得位乎外而與上同內剛而不險困之難外順而无違逆之乖是以亨利涉大川利貞也凡剛得暢而无忌回之累柔履正而同志乎剛則皆亨利涉大川利貞也

集解 先儒云剛來不窮釋亨德柔得位乎外釋利貞 疏

王假有廟王乃在中也

解 荀爽曰謂陽來居二在坤之中爲立廟假大也言受命之王居五大位上體之中上享天帝下立宗廟也

注 王乃在乎渙然之中故至有廟也

利涉大川乘木有功也

解虞翻曰巽爲木坎爲水故乘木有功也

注乘木卽涉難也木者專所以涉川也涉難而常用渙道必有功也

集解先儒云此卦坎下巽上乘木水上涉川之象故言乘木有功**疏**

象曰風行水上渙先王以享于帝立廟

解虞翻曰謂受命之王收集散民上享天帝下立宗廟也離上至四承五爲享帝陽下至二爲立廟也離日上爲宗廟而謂天帝宗廟之神所配食者王者所奉故繼於上至於宗宗廟其實在地地者陰中之陽有似廟中之神 九家易曰否乾爲先王享祭也震爲帝爲祭艮爲廟四之二殺坤大牲故以享帝立廟謂成旣濟有噬嗑食象故也

初六用拯馬壯吉**釋文**拯拯救之拯子夏作拼拼取也**按**說文引亦作抍

解 虞翻曰坎爲馬初失位正動體大壯得位故拯馬壯吉悔亡之矣

注 渙散也處散之初乖散未甚故可以遊行得其志而違於難也不在危劇而後乃逃竄故曰用拯馬壯吉

集解 馬融曰拯舉也 釋文 伏曼容曰拯濟也 王肅曰拯拔也 并同

象曰初六之吉順也

解 虞翻曰承二故順也

注 觀難而行不與險爭故曰順也

九二渙奔其机悔亡

解 虞翻曰震爲奔坎爲棘爲矯輮震爲足輮來有足艮肱據之憑机之象也渙宗廟中

故設机二失位變得正故渙奔其机悔亡也

注 机承物者也謂初也二俱无應與初相得而初得散道離散而奔得其所安故悔亡也

象曰渙奔其机得願也

解 虞翻曰動而得位故得願也

六三渙其躬无悔

解 荀爽曰體中曰躬謂渙三使承上爲志在外故无悔

注 渙之爲義內險而外安者也散躬志外不固所守與剛合志故得无悔也

象曰渙其躬志在外也

六四渙其羣元吉

解 虞翻曰謂二已變成坤坤三爻稱羣得位順五故元吉也

渙有丘匪夷所思 **釋文** 有丘姚作有近匪夷荀作匪弟

解 虞翻曰位半艮山故稱丘匪非也夷謂震四應在初三變坎爲思故匪夷所思也

解 盧氏曰自二居四離其羣侶渙其羣也得位承尊故元吉也下體有艮艮爲山丘

注 踰乎險難得位體巽與五合志內掌機密外宣化命者也故能散羣之險以光其道然處於卑順不可自專而爲散之任猶有丘虛匪夷之思雖得元吉所思不可忘也

象曰渙其羣元吉光大也

解 虞翻曰謂三已變成離故曰光大也

九五渙汗其大號

【解】九家易曰謂五建二爲諸侯使下君國故宣布號令百姓被澤若汗之出身不還反也此本否卦體乾爲首來下處二成坎水汗之象也陽稱大故曰渙汗其大號也

【集解】鄭康成曰號令也【文選注】王肅曰王者出令不可復返喻如身中汗出不可反也【北堂書鈔】

渙王居无咎

【解】荀爽曰布其德教王居其所故无咎矣

【注】處尊履正居巽之中散汗大號以蕩險阨者也爲渙之主唯王居之乃得无咎也

象曰王居无咎正位也

【解】虞翻曰：五爲王，艮爲居，正位居五，四陰順命，故王居无咎，正位也。

【注】正位不可以假人。

上九：渙其血去逖出，无咎。

【解】虞翻曰：應在三，坎爲血，爲逖，逖，憂也。三變也，觀坎象不見，故其血去逖出，无咎。

【注】逖，遠也。最遠于害，不近侵克，散其憂傷，遠出者也。散患於遠害之地，誰將咎之哉？

象曰：渙其血，遠害也。

【解】虞翻曰：乾爲遠，坤爲害，體遯上，故遠害也。

䷻ 兌下坎上

節亨

解 虞翻曰：泰三之五，天地交也。五當位以節，中正以通，故節亨也。

苦節不可貞

解 虞翻曰：謂上也。應在三，三變成離，火炎上作苦。位在火上，故苦節。雖得位，乘陽，故不可貞。

彖曰節亨剛柔分而剛得中

解 盧氏曰：此本泰卦。分乾九三上升坤五，分坤六五下處乾三，是剛柔分而剛得中也。

注 坎陽而兌陰也，陽上而陰下，剛柔分也。剛柔分而不亂，剛得中而爲制主，節之義也。節之大者，莫若剛柔分，男女別也。

苦節不可貞其道窮也

解 虞翻曰位極于上乘陽故窮也

注 爲節過苦則物所不能堪也物不能堪則不可復正也

說以行險

解 虞翻曰兌說坎險震爲行故說以行險也

當位以節中正以通

解 虞翻曰中正謂五坎爲通也

注 然後及亨也无說而行險過中而爲節則道窮也

天地節而四時成

解 虞翻曰泰乾天坤地震春兌秋坎冬三動離爲夏故天地節而四時成也

節以制度不傷財不害民

解虞翻曰：民手稱制，坤數十爲度，坤又爲害，爲民爲財，二動體剝，剝爲傷，三處復位成既濟定，坤剝不見，故節以制度不傷財不害民。

集解鄭康成曰：空府藏則傷財，力役繁則害民，二者奢泰之所致。後漢書注

象曰：澤上有水，節。釋文澤上有水上或作中今不用

解侯果曰：澤上有水，以堤防爲節。

君子以制數度，議德行。

解虞翻曰：君子泰乾也，艮止爲制，坤爲度，震爲議爲行，乾爲德，故以制數度議德行。乾三之五爲制數度，坤五之乾爲議德行也。

初九不出戶庭无咎

【解】虞翻曰泰坤爲戶艮爲庭震爲出初得位應四故不出戶庭无咎矣

【注】爲節之初將整離散而立制度者也故明於通塞慮於險僞不出戶庭愼密不失然後事濟而无咎也

象曰不出戶庭知通塞也

【解】虞翻曰坎爲通二變坤土壅初爲塞崔憬曰爲節之始有應於四四爲坎險不通之象以節崇塞雖不通可謂知通塞矣戶庭室庭也愼密守節故不出焉而无咎也案初九應四四互坎艮艮爲門闕四居艮中是爲內戶戶庭之象也

九二不出門庭凶

解　虞翻曰：變而之坤，艮爲門庭，二失位不變，出門應五則凶，故言不出門庭凶矣。

注　初已進之，至二宜宣其制矣，而故匿之，失時之極，則遂廢矣，故不出門庭則凶也。

象曰：不出門庭凶，失時極也。

解　虞翻曰：極，中也。未變之正，故失時極矣。

六三：不節若，則嗟若，无咎。

解　虞翻曰：三，節家君子也。失位，故節若。嗟，哀號聲。震爲音聲，爲出。三動得正，而體離坎，涕流出目，故則嗟若。得位乘二，故无咎也。

注　若，辭也。以陰處陽，以柔乘剛，違節之道，以至哀嗟。自已所致，无所怨咎，故曰无咎也。

象曰：不節之嗟，又誰咎也。

六四安節亨

解 虞翻曰二已變艮止坤安行正承五有應於初故安節亨

注 得位而順不改其節而能亨者也承上以斯得其道也

象曰安節之亨承上道也

解 九家易曰言四得正奉五上通于君故曰承上道也

九五甘節吉往有尚

解 虞翻曰得正居中坎爲美故甘節吉往謂二二失正變往應五故往有尚也

注 當位居中爲節之主不失其中不傷財不害民之謂也爲節之不苦非甘而何術斯以往往有尚也

象曰甘節之吉居位中也

解 虞翻曰艮爲居五爲中故居位中也

上六苦節貞凶悔亡

解 虞翻曰二三變在兩離火炎上作苦故苦節乘陽故貞凶得位故悔亡干寶曰彖稱苦節不可貞在此爻也稟險伏之教懷貪狼之志以苦節之性而遇甘節之主必受其誅華士少正卯之爻也故曰貞凶苦節既凶甘節志得故曰悔亡

注 過節之中以至亢極苦節者也以斯施人物所不堪正之凶也以斯修身行在无妄故得悔亡

象曰苦節貞凶其道窮也

【解】荀爽曰：乘陽于上，无應于下，故其道窮也。

䷼ 兌下
巽上

中孚

【解】虞翻曰：訟四之初也。坎孚象在中，謂二也。故稱中孚。此當從四陽二陰之剝遁，陰未及二而大壯陽已至四，故從訟來。二在訟時體爲鶴在坎陰中，故有鳴鶴在陰之象也。

【集解】荀爽曰：兩巽對合，外實中虛。【漢上叢說】鄭康成曰：中孚爲陽，貞於十一月子；小過爲陰，貞於六月未，法於乾坤。【漢上傳】

豚魚吉

【釋文】豚，黃作遯。

【解】案：坎爲孚。家訟四降初，折坎稱豚，初陰升四，體巽爲魚。中，二；孚，信也。謂二變應五，化坤成邦，故信及豚魚吉矣。虞氏以三至上體遁，便以豚魚爲遁魚，雖生曲象之異，見乃失化邦之中信也。

集解 鄭康成曰：三辰在亥，亥爲豕，爻失正，故變而從小名言豚耳。四辰在丑，丑爲鼈蟹，鼈蟹，魚之微者，爻得正，故變而從大名言魚耳。三體兌，兌爲澤，四上值天淵，二五皆坎爻，坎爲水，二侵澤則豚利，五亦以水灌淵則魚利。豚魚以喻小民也，而爲明君賢臣恩意所供養，故吉。詩疏

利涉大川

解 虞翻曰：坎爲大川，謂二已化邦，三利出涉坎，得位體渙，渙舟檝象，故利涉大川，乘木舟虛也。

利貞

【解】虞翻曰：謂二利之正而應五也。中孚以利貞，乃應于天也。

彖曰：中孚，柔在內而剛得中，說而巽，孚

【解】王肅曰：三四在內，二五得中，兌說而巽順，故孚也。

【注】有上四德，然後乃孚。

乃化邦也。

【解】虞翻曰：三化應五成坤，坤爲邦，故化邦也。

【注】信立而後邦乃化也。柔在內而剛得中，各當其所也。剛得中則直而正，柔在內則靜而順，說而以巽，則乖爭不作。如此則物无巧競，敦實之行著，而篤信發乎其中矣。

豚魚吉信及豚魚也

【解】虞翻曰豚魚謂四三也艮爲山陸豚所處二爲兑澤魚所在豚者卑賤魚者幽隱中信之道皆及之矣

【注】魚者蟲之隱者也豚者獸之微賤者也爭競之道不興中信之德淳著則雖微隱之物信皆及之

利涉大川乘木舟虛也

【解】王肅曰中孚之象外實內虛有似可乘虛木之舟也乘木於用舟之虛則終已无溺也

【注】用終孚以涉難若乘木舟虛也

【集解】鄭康成曰舟謂集板如今曰空木大爲之曰虛【詩疏】

中孚以利貞乃應乎天也

解 虞翻曰說乾爲天二動應乾故乃應乎天也

注 盛之至也

象曰澤上有風中孚

解 崔憬曰流風令于上布澤惠于下中孚之象也

君子以議獄緩死

解 虞翻曰君子謂乾也訟坎爲獄震爲議爲緩坤爲死乾四之初則二出坎獄兌說震喜坎獄不見故議獄緩死也

注 信發於中雖過可亮

初九虞吉有他不燕

解 荀爽曰震宴也初應于四宜自安虞无意于四則吉故曰虞吉也四者承五有他意于四則不安故曰有他燕也

注 虞猶專也爲信之始而應在四得乎專吉者也志未能變繫心於一故有它不燕也

集解 陸希聲曰燕安也有應於四宜從之而誠信未通未能及物故自守則吉而有他不燕 會通

象曰初九虞吉志未變也

解 荀爽曰初位潛藏未得變而應四也

九二鳴鶴在陰其子和之我有好爵吾與爾靡

之【釋文】好爵如字王肅呼報反靡本又作縻同亡池反散也徐又武寄反又亡彼反埤蒼作縻陸作䌕京作劘

【虞翻】曰靡共也震爲鳴訟離爲鶴坎爲陰夜鶴知夜半故鳴鶴在陰二動成坤體益五艮爲子震巽同聲者相應故其子和之坤爲身故稱我五謂五也離爲爵爵位也坤爲邦國五在艮閽寺闕庭之象故稱好爵五利二變之正應坎故吾與爾靡之矣

【注】處內而居重陰之下而履不失中不徇於外任其眞者也立誠篤志雖在闇昧物亦應焉故曰鳴鶴在陰其子和之也不私權利唯德是與誠之至也故曰我有好爵與物散之

【集解】孟喜曰好小也靡共也干寶曰靡散也【并釋文】

象曰其子和之中心願也

解 虞翻曰坎爲心動得正應五故中心願也

六三得敵或鼓或罷或泣或歌

釋文 或罷如字王肅音皮徐扶彼反

解 荀爽曰三四居陰故敵得也四得位有位故鼓而歌三失位无實故罷而泣之也

注 三居少陰之上四居長陰之下對而不相比敵之謂也以陰居陽欲進者也欲進而閡敵故或鼓也四履正而承五非己所克故或罷也不勝而退懼見侵陵故或泣也四履乎順不與物校退而不見害故或歌也不量其力進退无恒憊可知也

象曰或鼓或罷位不當也

六四月幾望馬匹亡无咎【釋文】幾音機又音祈京作近荀作既

【解】虞翻曰訟坎爲月離爲日兌西震東月在兌二離在震三日月相對故月幾望乾坎兩馬匹初四易位震爲奔走體遁山中乾坤不見故馬匹亡初四易位故无咎矣

【注】居中孚之時處巽之始應說之初居正履順以承於五内毗元首外宣德化者也充乎險德之盛故曰月幾望馬匹亡者棄羣類也若夫居盛德之位而與物校其競爭則失其所盛矣故曰絕類而上履正承尊不與三爭乃得无咎也

象曰馬匹亡絕類上也

【解】虞翻曰訟初之四體與上絕故絕類上也

【注】類謂三俱陰爻故曰類也

九五有孚攣如无咎

解虞翻曰孚信也謂二在坎爲孚巽繩艮手故攣二使化爲邦邦得正應已故无咎也

注攣如者繫其信之辭也處中誠以相交之時居尊位以爲羣物之主信何可舍故有孚攣如乃得无咎也

象曰有孚攣如位正當也

解家以陽居五有信攣二使變已是位正當也

上九翰音登于天貞凶

解虞翻曰巽爲雞應在震震爲音翰高也巽爲高乾爲天故翰音登于天失位故貞凶禮薦牲雞稱翰音也

注 翰高飛也飛音者音飛而實不從之謂也居卦之上處信之終信終則衰忠篤內喪華美外揚故曰翰音登于天也翰音登天正亦滅矣

象曰翰音登于天何可長也

解 侯果曰窮上失位信不由中以此申命有聲无實中實內喪虛華外揚是翰音登天也巽為雞雞曰翰音虛音登天正何可久也

䷽ 艮下震上

小過亨利貞

解 虞翻曰晉上之三當從四陰二陽臨觀之例臨陽未至三而觀四已消也又有飛鳥之象故知從晉來杵臼之利蓋取諸此柔得中而應乾剛故亨五失正故利貞過以利貞

與時行也

【集解】王肅曰過音戈【釋文】褚氏曰謂小人之行小有過差君子爲過厚之行以矯之也如晏子狐裘之比也【疏】周氏等兼以罪過釋卦名【同】

可小事

【解】虞翻曰小謂五晉坤爲事柔得中故可小事也

不可大事

【解】虞翻曰大事四剛失位而不中故不可大事也

飛鳥遺之音不宜上宜下大吉【釋文】不宜上時掌反鄭如字

【解】虞翻曰離爲飛鳥震爲音艮爲止晉上之三離去震在鳥飛而音止故飛鳥遺之音

上陰乘陽故不宜上下陰順陽故宜下大吉俗說或以卦象二陽在內四陰在外有似飛鳥之象妄矣

注 飛鳥遺其音聲哀以求處上愈无所適下則得安愈上則愈窮莫若飛鳥也

集解 鄭康成曰上謂君也 釋文

彖曰小過小者過而亨也

解 荀爽曰陰稱小謂四應初過二而去三應上過五而去五處中見過不見應故曰小者過而亨也

注 小者謂凡諸小事也過於小事而通者也

過以利貞與時行也

注 過而得以利貞應時宜也施過於恭儉利貞者也

柔得中是以小事吉也

解 虞翻曰謂五也陰稱小故小事吉也

剛失位而不中是以不可大事也

注 成大事者必在剛也柔而浸大剝之道也

有飛鳥之象焉飛鳥遺之音

解 宋衷曰二陽在內上下各陰有似飛鳥舒翮之象故曰飛鳥震爲聲音飛而且鳴鳥去而音止故曰遺之音也

注 不宜上宜下卽飛鳥之象

集解 崔希聲曰：中孚柔在内而剛在外，有鳥鳴寶之象，今變爲小過，則剛在内而柔在外，有飛鳥之象。會通

不宜上宜下大吉，上逆而下順也。

解 王肅曰：四五失位，故曰上逆；二三得正，故曰下順也。

注 上則乘剛，逆也；下則承陽，順也。施過於不順，凶莫大焉；施過於順，過更變而爲吉也。

象曰：山上有雷，小過。

解 侯果曰：山大而雷小，山上有雷，小過於大，故曰小過。

君子以行過乎恭，

解 虞翻曰：君子謂三也。上貴三賤，晉上之三，震爲行，故行過乎恭，謂三致恭以順存其

位與謙三同義

喪過乎哀

解 虞翻曰：晉坤爲喪，離爲目，艮爲鼻，坎爲涕洟，震爲出，涕洟出鼻目，體大過遭死，喪過乎哀也。

用過乎儉

解 虞翻曰：坤爲財，用爲吝嗇，艮爲止，兌爲小，小用止，密雲不雨，故用過乎儉也。

初六飛鳥以凶

解 虞翻曰：應四，離爲飛鳥，上六三則四折入大過死，故飛鳥以凶。

注 小過上逆下順，而應在上卦，進而之逆，无所錯足，飛鳥之凶也。

象曰：飛鳥以凶，不可如何也。

解 虞翻曰：四死大過，故不可如何也。

六二：過其祖，遇其妣，

解 虞翻曰：祖謂祖母初也。母死稱妣，謂三。坤爲喪，爲母，折入大過死，故稱祖也。妣，二，二過初，故過其祖。五變三體姤遇，故過遇妣也。

不及其君，遇其臣，无咎。

解 虞翻曰：五動爲君，晉坎爲臣，二之五隔三，艮爲止，故不及其君。止如承三得正，體姤遇象，故遇其臣无咎也。

注 過而得之謂之遇，在小過而當位，過而得之之謂也。祖，始也，謂初也。妣者，居內履中

而正者也過初而履二位故曰過其祖而遇其妣過而不至於僭盡於臣位而已故曰不及其君遇其臣无咎

象曰不及其君臣不可過也

解 虞翻曰體大過不止舍巽下故不可過與隨三同義

九三弗過防之從或戕之凶 釋文 或戕徐在良反

解 虞翻曰防防四也失位從或而欲折之初戕殺也離為戈兵三從離上入坤折四死大過中故從或戕之凶也

注 小過之時大者不立故令小者得過也居下體之上以陽當位而不能先過防之至令小者或過而復應而從焉其從之也則戕之凶至矣故曰弗過防之從或戕之凶也

象曰：從或戕之，凶如何也？

【解】虞翻曰：三來戕四，故凶如何也。

九四，无咎，弗過遇之。

【解】九家易曰：以陽居陰，行過乎恭，今雖失位，進則五過，故无咎也。四體震動，位旣不止，當動上居五，故曰弗過遇之矣。

往厲必戒，勿用永貞。

【解】荀爽曰：四往危五，戒備於三，故曰往厲必戒也。勿長居四，當動上五，故曰勿用永貞。

【注】雖體陽爻而不居其位，不爲責主，故得无咎也。失位在下，不能過者也。以其不能過，故得合於免咎之宜，故曰弗過遇之。夫晏安酖毒，不可懷也，處於小過不寧之時，而以陽

居陰不能有所爲者也以此自守免咎可也以斯攸往危之道也不交於物物亦弗與无援之助故危則必戒而已无所告救也沈沒怯弱自守而已以斯而處於羣小之中未足任者也故曰勿用永貞言不足用之於永貞

象曰弗過遇之位不當也往厲必戒終不可長也

解虞翻曰體否上傾故終不可長矣

六五密雲不雨自我西郊

解虞翻曰密小也晉坎在天爲雲墜地成雨上來之三折坎入兌小爲密坎爲自我兌爲西五動乾爲郊故密雲不雨自我西郊也

公弋取彼在穴

解 虞翻曰：公謂三也。弋，矰繳射也。坎為弓彈，離為鳥，矢弋无矢也。巽繩連為弋，人鳥之象。艮為手，二為穴，手入穴中，故公弋取彼在穴也。

注 故小過，小者過於大也。六得五位，陰之盛也，故密雲不雨至于西郊也。夫雨者，陰在于上而陽薄之，而不得通，則烝而為雨。今艮止於下而不交焉，故不雨也。是故小畜尚往而亨，則不雨也。小過陽不上交，亦不雨也。雖陰盛於上，未能行其施也。公者，臣之極也。五極陰盛，故稱公也。弋，射也。在穴者，陰伏之物也。小過者，小而難未大作，猶在隱伏者也。以陰質治小過，過能獲小過者也，故曰公弋取彼在穴也。除過之道，不在取之，是乃密雲未能雨也。

象曰：密雲不雨，已上也。【釋文】已上也並如字上又時掌反鄭作尚

【解】虞翻曰：謂三坎水已之上六，故已上也。

【注】陽已上，故止也。

【集解】鄭康成曰：尚，庶幾也。【釋文】

上六：弗遇過之，飛鳥離之，凶，是謂災眚。【釋文】弗遇玉付反木多誤故詳之

【解】虞翻曰：謂四已變之坤上，得之三，故弗遇過之。離爲飛鳥，公弋得之，鳥下入艮手而死，故飛鳥離之凶。晉坎爲災眚，故是謂災眚矣。

【注】小人之過，遂至上極，過而不知限，至於亢也。過至於亢，將何所遇？飛而不已，將何所

託災自己致復何告哉

象曰弗遇過之已亢也

【解】虞翻曰飛下稱亢晉上之三故已亢也

䷾ 離下坎上

既濟亨小利貞【釋文】亨小絕句以小連利貞者非

【解】虞翻曰泰五之二小謂二也柔得中故亨小六爻得位各正性命保合大和故利貞矣

【集解】鄭康成曰既已也盡也濟度也【釋文】

初吉

【解】虞翻曰：初，始也。謂泰乾。乾知太始，故稱初。坤五之乾二，得正處中，故初吉，柔得中也。

終亂。

【解】虞翻曰：泰坤稱亂。二上之五，終止於泰，則反成否，子弑其父，臣弑其君，天下无邦，終窮成坤，故亂其道窮。

彖曰：既濟亨，小者亨也。

【解】荀爽曰：天地既交，陽升陰降，故小者亨也。

【注】既濟者，以皆濟爲義者也。小者不遺，乃爲皆濟，故舉小者以明既濟也。

利貞，剛柔正而位當也。

【解】侯果曰：此本泰卦。六五降二，九三升五，是剛柔正當位也。

注　剛柔正而位當則邪不可以行矣故唯正乃利貞也

初吉柔得中也

解　虞翻曰中謂二

終止則亂其道窮也

解　虞翻曰反否終坤故其道窮也　侯果曰剛得正柔得中故初吉也正有終極濟有息止止則窮亂故曰終止則亂其道窮也一曰殷亡周興之卦也成湯應天初吉也商辛毒痡終止也由止故物亂而窮也物不可窮窮則復始周受其未濟而興焉　乾鑿度曰既濟未濟者所以明戒慎全王道

注　柔得中則小者亨也柔不得中則小者未亨小者未亨雖剛得正則爲未既濟也故

既濟之要在柔得中也以既濟爲安者道極无進終唯有亂故曰初吉終亂終亂不爲自亂由止故亂故曰終止則亂也

象曰水在火上既濟君子以思患而豫防之

解 荀爽曰六爻既正必當復亂故君子象之思患而預防之治不妄亂也

注 存不忘亡既濟不忘未濟也

初九曳其輪濡其尾无咎

解 宋衷曰離者兩陽一陰陰方陽圓輿輪之象也其一在坎中以火入水必敗故曰曳其輪也初在後稱尾尾濡曳咎也得正有應於義可以尾而无咎矣

注 最處既濟之初始濟者也始濟未涉於燥故輪曳而尾濡也雖未造易心无顧戀志

稟難者也其於義也无所咎也

象曰曳其輪義无咎也

六二婦喪其茀勿逐七日得【釋文】其茀方拂反首飾也子夏作髴荀作紱董作髢

【解】虞翻曰離爲婦泰坤爲喪茀髮謂鬒髮也一名婦人之首飾坎爲元雲故稱髮詩曰鬒髮如雲乾爲首坎爲美五取乾二之坤爲坎坎爲盜故婦喪其髴泰震故勿逐七日得與睽喪馬勿逐同義髴或作茀俗說以髮爲婦人蔽膝之茀非也

【注】居中履正處文明之盛而應乎五陰之光盛者也然居初三之間而近不相得上不承三下不比初夫以光盛之陰處於二陽之間近而不相得能无見侵乎故曰喪其茀也

稱婦者以明自有夫而它人侵之也茀首飾也夫以中道執乎貞正而見侵者衆之所也也處旣濟之時不容邪道者也時旣明峻衆又助之竊之者逃竄而莫之歸矣量斯勢也不過七日不須已逐而自得也

【集解】馬融曰茀首飾也【釋文】鄭康成曰茀車蔽也　干寶曰茀馬髴也【并同】

象曰七日得以中道也

【解】王肅曰體柔應五履順乘剛婦人之義也髴首飾坎爲盜離爲婦喪其茀鄰於盜也勿逐自得履中道也二五相應故七日得也

九三高宗伐鬼方三年克之小人勿用

【解】虞翻曰高宗殷王武丁鬼方國名乾爲高宗坤爲鬼方乾三之坤五故高宗伐鬼方

坤爲年位在三故三年坤爲小人二上克五故三年克之小人勿用象曰憊也干寶曰高宗殷中興之君鬼北方國也高宗當伐鬼方三年而後克之離爲戈兵故稱伐坎當北方故稱鬼在既濟之家而述先代之功以明周因於殷有所弗革也

注 處既濟之時居文明之終履得其位是居衰未而能濟者高宗伐鬼方三年乃克也君子處之故能興也小人居之遂喪邦也

象曰三年克之憊也 **釋文** 憊 陸作備

解 侯果曰伐鬼方者興衰除闇之征也上六闇極九三征之三舉方及故曰三年克之興役動衆聖猶疲憊則非小人能爲故曰小人勿用 虞翻曰坎爲勞故憊也

集解 鄭康成曰憊劣弱也 **釋文** 陸續曰備當爲憊憊備劣弱也 同

六四繻有衣袽終日戒【釋文】繻而朱反子夏作禱王廙同袽女居反王肅音如說文作絮子夏作茹京作絮【按】繻說文一引作需一引作繻袽說文引作絮

【解】虞翻曰乾爲衣故稱繻茹敗衣也乾二之五衣象裂壞故繻有衣袽離爲日坎爲盜在兩坎間故終日戒謂伐鬼方三年乃克旅人勌勞衣服皆敝鬼方之民猶或寇竊故終日戒也

【注】繻宜曰濡衣袽所以塞舟漏也履得其正而近不與三五相得夫有隙之棄舟而得濟者有衣袽也鄰於不親而得全者終日戒也

【集解】鄭康成曰繻音須王肅同【釋文】薛虞曰禱古文作繻【同】

象曰終日戒有所疑也

解 虞翻曰：繻者布帛端末之識也，袽者殘弊帛可拂拭器物也。繻有爲衣，袽之道也。四處明闇之際，貴賤无恒，猶或爲衣，或爲御也。履多懼之地，上承帝主，故終日戒慎，有所疑懼也。

九五：東鄰殺牛，不如西鄰之禴祭，實受其福。

解 虞翻曰：泰震爲東，兌爲西，坤爲牛，震動五殺坤，故東鄰殺牛。在坎多眚，爲陰所乘，故不如西鄰之禴祭。禴，夏祭也。離爲夏，兌動二體離明，得正承五順三，故實受其福，吉大來也。

注 牛，祭之盛者也；禴，祭之薄者也。居既濟之時，而處尊位，物皆濟矣，將何爲焉？其所務者祭祀而已。祭祀之盛，莫盛脩德，故沼沚之毛、蘋蘩之菜，可羞於鬼神，故黍稷非馨，明德

惟馨是以東鄰殺牛不如西鄰之禴祭實受其福也

集解 鄭康成曰：互體爲坎，又互體爲離，離爲日，坎爲月。日出東方，東鄰象；月出西方，西鄰象。禮記疏 又曰：禴，夏祭之名。王氏

象曰東鄰殺牛不如西鄰之時也

解 崔憬曰：居中當位於既濟之時，則當是周受命之日也。五坎爲月，月出西方，西鄰之謂也。二應在離，離爲日，日出東方，東鄰之謂也。離又爲牛，坎水克離火，東鄰殺牛之象。禴，殷之祭名。案尚書克殷之歲，厥四月哉生明，王來自商，至于豐。丁未，祀于周廟。四月，殷之三月，春也，則明西鄰之禴祭得其時而受祉福也。

注 在於合時，不在於豐也。

實受其福吉大來也

解　盧氏曰明鬼享德不享味也故德厚者吉大來也

上六濡其首厲

解　虞翻曰乾爲首五從二上在坎中故濡其首厲位極乘陽故何可久

注　處既濟之極既濟道窮則之於未濟則首先犯焉過而不已則遇於難故濡其首也將没不久危莫先焉

象曰濡其首厲何可久也

解　荀爽曰居上濡五處高居盛必當復危故何可久也

䷿　坎下離上

未濟亨

【解】虞翻曰：否二之五也。柔得中，天地交，故亨。濟，成也。六爻皆錯，故稱未濟也。

小狐汔濟【釋文】狐，徐音胡。

【解】虞翻曰：否艮爲小狐。汔，幾也。濟，濟渡。狐濟幾度而濡其尾，未出中也。

【集解】鄭康成曰：汔，幾也。【釋文】

濡其尾，无攸利

【解】虞翻曰：艮爲尾，狐獸之長尾者也。尾謂二在坎水中，故濡其尾。失位，故无攸利，不續終也。干寶曰：坎爲狐。說文曰：汔，涸也。彖剛柔失正，故未濟也。五居中應剛，故亨也。小狐力弱，汔乃可濟，水既未涸而乃濟之，故尾濡而无所利也。

彖曰未濟亨柔得中也

【解】荀爽曰柔上居五與陽合同故亨也

【注】以柔處中不違剛也能納剛健故得亨也

小狐汔濟未出中也

【解】虞翻曰謂二未變在坎中也　干寶曰狐野獸之妖者以喻祿父中謂二也困而猶處中故也此以記紂雖亡國祿父猶得封矣

【注】小狐不能涉大川須汔然後乃能濟處未濟之時必剛健拔難然後乃能濟汔乃能濟未能出險之中

濡其尾无攸利不續終也

【解】虞翻曰：否陰消陽，至剥終坤，終止則亂，其道窮也。乾五之二，坤殺不行，故不續終也。干寶曰：言祿父不能敬奉天命，以續既終之禮，謂叛而被誅也。

【注】小狐雖能渡而无餘力，將濟而濡其尾，力竭於斯，不能續終，險難猶未足以濟也。濟未濟者，必有餘力也。

雖不當位，剛柔應也。

【解】荀爽曰：雖剛柔相應，而不以正，由未能濟也。干寶曰：六爻皆相應，故微子更得爲客也。

【注】位不當，故未濟；剛柔應，故可濟。

象曰：火在水上，未濟。

解 侯果曰火性炎上水性潤下雖復同體功不相成所以未濟也故君子慎辨物宜居之以道令其功用相得則物咸濟矣

君子以慎辨物居方

解 虞翻曰君子否乾也艮爲辨慎辨别也物謂乾陽物也地陰也艮爲居坤爲方乾别五以居坤二故以慎辨物居方也

注 辨物居方令物各得其所也

初六濡其尾吝

解 虞翻曰應在四故濡其尾失位故吝

注 處未濟之初最居險下不可以濟者也而欲之其應進則溺身未濟之始始於既濟

之上六也濡其首猶不反至於濡其尾不知紀極者也然以陰處下非爲進亢遂其志者也困而能反故不曰凶事在已量而必困乃反頑亦甚矣故曰吝也

象曰濡其尾亦不知極也

【解】象四在五後故稱尾極中也謂四居坎中以濡其尾是不知極也

九二曳其輪貞吉

【解】姚信曰坎爲曳爲輪兩陰夾陽輪之象也二應于五而隔于四止而據初故曳其輪處中而行故曰貞吉　干寶曰坤爲輪離爲牛牛曳輪上以承五命猶東蕃之諸侯共三監以康周道故曰貞吉也

【注】體剛履中而應於五五體陰柔應與而不自任者也居未濟之時處險難之中體剛

中之質而見任與拯救危難經綸屯蹇者也用健拯難靖難在正而不違中故曳其輪征吉也

象曰九二貞吉中以行正也

解 虞翻曰謂初已正二動成震故行正

注 位雖不正中以行正也

六三未濟征凶利涉大川

解 荀爽曰未濟者未成也女在外男在內婚姻未成征上從四則凶利下從坎故利涉大川矣

注 以陰之質失位居險不能自濟者也以不正之身力不能自濟而求進焉喪其身也

故曰征凶也二能拯難而已比之棄已委二載二而行溺可得乎何憂未濟故曰利涉大川

象曰未濟征凶位不當也

解 干寶曰吉凶者言乎其失得也祿父反叛管蔡與亂兵連三年誅及骨肉故曰未濟征凶平克四國以濟大事故曰利涉大川坎也以六居三不當其位猶周公以臣而君故流言作矣

九四貞吉悔亡

解 虞翻曰動正得位故吉而悔亡矣

震用伐鬼方三年有賞于大國

解虞翻曰：變之震體師，坤爲鬼方，故震用伐鬼方。坤爲年，爲大邦，陽稱賞，四在坤中，體既濟離三，故三年有賞于大國。

注處未濟之時，而出險難之上，居文明之初，體乎剛質，以近至尊，雖履非其位，志在乎正，則吉而悔亡矣。其志得行，靡禁其威，故曰震用伐鬼方也。伐鬼方者，興衰之征也。故每至興衰而取義焉。處文明之初，始出於難，其德未盛，故曰三年也。五居尊以柔，體乎文明之盛，不奪物功者也，故以大國賞之也。

象曰：貞吉悔亡，志行也。

解案：坎爲志，震爲行，四坎變震，故志行也。

六五：貞吉，无悔。

【解】虞翻曰日之正則吉故貞吉无悔

君子之光有孚吉

【解】虞翻曰動之乾離爲光故君子之光也孚謂二三變應已得有之坎有孚吉坎稱孚也　干寶曰以六居五周公攝政之象也故曰貞吉无悔制禮作樂復子明辟天下乃明其道乃信其誠故君子之光有孚吉矣

【注】以柔居尊處文明之盛爲未濟之主故必正然後乃吉吉乃得无悔也夫以柔順文明之質居於尊位付與於能而不自役使武以文御剛以柔斯誠君子之光也付物以能而不疑也物則竭力功斯克矣故曰有孚吉

象曰君子之光其暉吉也【釋文】暉字又作輝

解　虞翻曰：動之正，乾爲大明，故其暉吉也。

上九：有孚于飲酒，无咎。濡其首，有孚失是。

解　虞翻曰：坎爲孚，謂四也。上之三，介四，故有孚于飲酒。流頤中，故有孚于飲酒。終變之正，故无咎。乾爲首，五動首在酒中，失位，故濡其首矣。孚，信；是，正也。六位失政，故有孚失是，謂若殷紂沉湎于酒，失天下也。

注　未濟之極，則反於既濟。既濟之道，所任者當也。所任者當，則可信之无疑，而已逸焉。故曰有孚于飲酒无咎也。以其能信於物，故得逸豫而不憂於事之廢。苟不憂於事之廢，而耽於樂之甚，則至於失節矣。由於有孚失於是矣，故曰濡其首有孚失是也。

象曰：飲酒濡首，亦不知節也。

解虞翻曰節止也艮爲節飲酒濡首故不知節矣

周易集解卷七終

清陽湖孫氏本周易集解

第四册

清　孫星衍撰

清嘉慶三年蘭陵孫氏兖州刻本（《岱南閣叢書》之一）

山東人民出版社·濟南

周易集解卷八

岱南閣叢書

賜進士及第署山東提刑按察使分巡兗沂曹濟黃河兵備道孫星衍撰

繫辭上第八【釋文】繫徐胡詣反本系也又音係續也字從毄若直作毄下系者音口奚反非辭本作詞依字應作詞說也本亦作繫辭上王肅本皆作繫辭上傳訖於雜卦皆有傳字本亦有無上字者

【集解】馬融荀爽姚信等分白茅章後取負且乘更爲別章成十三章【疏】虞翻分爲十一章合大衍之數并知變化之道共爲一章周氏云天尊地卑爲第一章聖人設卦觀象爲第二章彖者言乎象者爲第三章精氣爲物爲第四章顯諸仁藏諸用爲第五章聖人有以見天下之賾爲第六章初六藉用白茅爲第七章大衍之數爲第八章子曰知

變化之道爲第九章天一地二爲第十章是故易有太極爲第十一章子曰書不盡言爲第十二章何氏云上篇明死故曰易有太極太極卽无也又云聖人以此洗心退藏於密是其无也下篇明幾從无入有故云知幾其神乎先儒或以上篇論易之大理下篇論易之小理【并同】

天尊地卑乾坤定矣【釋文】卑如字又音婢本又作埤同

【疏】虞翻曰天貴故尊地賤故卑定謂成列荀爽曰謂否卦也否七月萬物已成乾坤各得其位定矣

卑高已陳貴賤位矣

【注】乾坤其易之門戶先明天尊地卑以定乾坤之體

解 虞翻曰乾高貴五坤卑賤二列貴賤者存乎位也 侯果曰天地卑高義既陳矣萬物貴賤位宜差矣

注 天尊地卑之義既列則涉乎萬物貴賤之位明矣

集解 鄭康成曰君臣尊卑之貴賤如山澤之有高卑也 禮記疏

動靜有常剛柔斷矣

解 虞翻曰斷分也乾剛常動坤柔常靜分陰分陽迭用柔剛

注 剛動而柔止也動止得其常體則剛柔之分著矣

集解 鄭康成曰雷風也陽動陰靜剛柔之斷也 穀梁疏

方以類聚

解九家易曰謂姤卦陽爻聚於子也方道也謂陽道施生萬物各聚其所也

物以羣分

解九家易曰謂復卦陰爻羣於子也陰主成物故曰物也至於萬物一成分散天下也以周人用故曰物以羣分也

集解鄭康成曰謂水火也禮記疏

吉凶生矣

解虞翻曰物三稱羣坤方道靜故以類聚乾物動行故以羣分乾生故吉坤殺故凶則吉凶生矣

注方有類物有羣則有同有異有聚有分也順其所同則吉乖其所趣則凶故吉凶生

矣

在天成象

【集解】鄭康成曰日月星辰也【禮記疏】

在地成形

【集解】馬融曰植物動物也【禮記疏】鄭康成曰謂草木鳥獸也【御覽】王肅曰山川羣物【禮記疏】王廙曰謂山川等【御覽】

變化見矣

【解】虞翻曰謂日月在天成八卦震象出庚兌象見丁乾象盈甲巽象伏辛艮象消丙坤象喪乙坎象流戊離象就已故在天成象也在地成形謂震爲竹巽木坎水離火艮山兌

澤乾金坤土在天爲變在地爲化剛柔相推而生變化矣

注 象況日月星辰形況山川草木也懸象運轉以成昏明山澤通氣而雲行雨施故變化見也

是故剛柔相摩八卦相盪 **釋文** 摩本又作磨盪衆家作蕩王肅音唐黨反

解 虞翻曰旋轉稱摩薄也乾以二五摩坤成震坎艮坤以二五摩乾成巽離兌故剛柔相摩則八卦相盪者也

注 相切摩也言陰陽之交感也相推盪也言運化之推移

京房曰相摩相磑切也 **釋文** 馬融曰

集解 摩切也蕩除也　桓元曰盪動也 **并同**

鼓之以雷霆潤之以風雨【釋文】霆王肅呂忱音庭徐又徒鼎反又音定

【解】虞翻曰鼓動潤坎也雷震艮風巽雨兌也

【集解】【文】京房曰霆者雷之餘氣挺生萬物也【釋】陸績董遇曰鼓鼓動也蜀才曰凝爲電【并同】

日月運行一寒一暑【釋文】運行姚作違行

【解】虞翻曰日離月坎寒乾暑坤也運行往來日月相推而明生焉寒暑相推而歲成焉故一寒一暑也

乾道成男坤道成女

【解】荀爽曰男謂乾初適坤爲震二適坤爲坎三適坤爲艮以成三男也女謂坤初適乾爲巽二適乾爲離三適乾爲兑以成三女也

乾知大始【釋文】大王肅作泰

【解】九家易曰始謂乾稟元氣萬物資始也

坤作成物【釋文】坤作虞姚作坤化

【解】荀爽曰物謂坤任育體萬物資生

【集解】姚信云化當爲作【釋文】

乾以易知坤以簡能【釋文】易知以豉反鄭荀董並音亦

【解】虞翻曰陽見稱易陰藏爲簡簡閱也乾息昭物天下文明故以易知坤閲藏物故以

簡能矣

注 天地之道不爲而善始不勞而善成故曰易簡

集解 姚信云能當爲從 釋文

易則易知簡則易從

解 虞翻曰懸象著明故易知坤陰陽動闢故易從不習无不利地道光也

易知則有親易從則有功

解 虞翻曰陽道成乾爲父震坎艮爲子本乎天者親上故易知則有親以陽從陰至五多功故易從則有功矣蜀才曰以其易知故物親而附之以其易從故物法而有功也

注 順萬物之情故曰有親通天下之志故曰有功

有親則可久有功則可大

解　荀爽曰陰陽相親雜而不厭故可久也萬物生息種類繁滋故可大也

注　有易簡之德則能成可久可大之功

可久則賢人之德可大則賢人之業

解　姚信曰賢人乾坤也言乾以日新爲德坤以富有爲業也

注　天地易簡萬物各載其形聖人不爲㓨方各遂其業德業既成則入於形器故以賢人目其德業

易簡而天下之理得矣

解　虞翻曰易爲乾息簡爲坤消乾坤變通窮理以盡性故天下之理得矣

注 天下之理莫不由於易簡而各得順其分位也

天下之理得而成位乎其中矣 釋文 馬王肅作而易成位乎其中

解 荀爽曰陽位成於五陰位成於二五為上中二為下中故曰成位乎其中也

注 成位至立象也極易簡則能通天下之理通天下之理故能成象並乎天地言其中則並明天地也

聖人設卦觀象

解 案聖人謂伏羲也始作八卦重為六十四卦矣

注 此總言也

繫辭焉而明吉凶【釋文】虞本更有悔吝二字【疏】李鼎祚以聖人設卦絕句觀象繫辭焉絕句

【解】荀爽曰因得明吉凶失明凶也　案文王觀六十四卦三百八十四爻之象而系屬其辭

剛柔相推而生變化

【解】虞翻曰剛推柔生變柔推剛生化也

【注】繫辭所以明吉凶剛柔相推所以明變化也吉凶者存乎人事也變化者存乎運行也

是故吉凶者失得之象也

解　虞翻曰吉則象得凶則象失也

注　由有失得故吉凶生

悔吝者憂虞之象也

解　荀爽曰憂虞小疵故悔吝也　虞翻曰悔則象憂吝則象虞也　干寶曰悔亡則虞有小吝則憂憂虞未至於失得悔吝不入於吉凶事有小大故辭有急緩各象其意也

注　失得之微者足以致憂虞而已故曰悔吝

變化者進退之象也

解　荀爽曰春夏爲變秋冬爲化息卦爲進消卦爲退也

注　往復相推迭進退也

剛柔者晝夜之象也【釋文】虞作晝夜者剛柔之象

【解】荀爽曰剛謂乾柔謂坤乾爲晝坤爲夜晝以喻君夜以喻臣也

【注】晝則陽剛夜則陰柔始總言吉凶變化而下別明悔吝晝夜者悔吝則吉凶之類晝夜亦變化之道吉凶之類則同因繫辭而明變化之道俱由剛柔而著故始總言之下則明失得之輕重辨變化之小大故別序其義也

六爻之動

【解】陸績曰天有陰陽二氣地有剛柔二性人有仁義二行六爻之動法乎此也

【集解】虞翻曰陰陽失位則變得位則否故以陰居陽位陽居陰位則動【林至德禪傳】

爻篇

三極之道也

【解】陸績曰此三才極至之道也初四下極二五中極三上上極也

【注】三極三才也兼三才之道故能見吉凶成變化也

【集解】馬融曰三極三統也【釋文】鄭康成曰三才也　陸績曰極至也　王肅曰陰陽剛柔仁義爲三極【并同】

是故君子所居而安者易之序也【釋文】易之序也虞本作象

【解】虞翻曰君子謂文王象爲乾二五之坤成坎月離日日月爲象君子黃中通理正位居體故居而安者易之象也舊讀象誤作厚或作序非也

【注】序易象之次序

【集解】京房曰序次也陸績曰序象也【釋文】同

所樂而玩者爻之辭也【釋文】所樂虞本作所變玩鄭作翫

【解】虞翻曰爻者言乎變者也謂乾五之坤坤五動則觀其變舊作樂字之誤

【集解】馬融曰玩貪也【釋文】

是故君子居則觀其象而玩其辭

【解】虞翻曰玩弄也謂乾五動成大有以離之日觀天之象兌口玩習所繫之辭故玩其辭

動則觀其變而玩其占

【解】虞翻曰謂觀爻動也以動者尚其變占事知來故玩其占

是以自天祐之吉无不利

【解】虞翻曰謂乾五變之坤成大有有天地日月之象文王則庖犧亦與天地合德日月合明天道助順人道助信履信思順故自天祐之吉无不利也

彖者言乎象者也

【解】虞翻曰在天成象八卦以象告彖說三才故言乎象也

【注】彖總一卦之義也

爻者言乎變者也

【解】虞翻曰爻有六畫所變而玩者爻之之辭也謂九六變化故言乎變者也

【注】爻各言其變也

吉凶者言乎其失得也

解 虞翻曰得正言吉失位言凶也

悔吝者言乎其小疵也 釋文 疵徐才斯反

解 崔憬曰繫辭著悔吝之言則異凶咎有其小病比於凶咎若疾病之與小疵

集解 馬融曰疵瑕也 釋文

无咎者善補過也

解 虞翻曰失位爲咎悔變而之正故善補過孔子曰退思補過者也

是故列貴賤者存乎位

解 侯果曰二五爲功譽位三四爲凶懼位凡爻得位則貴失位則賤故曰列貴賤者存乎位

注 爻之所處曰位六位有貴賤也

齊小大者存乎卦

解 王肅曰齊猶正也陽卦大陰卦小卦列則小大分故曰齊小大者存乎卦也

注 卦有大小也齊猶言辯也卽彖者言乎象也

辯吉凶者存乎辭

注 辭爻辭也卽爻者言乎變也言象所以明小大言變所以明吉凶故小大之義存乎卦吉凶之狀存乎爻至於悔吝无咎其例一也吉凶悔吝小疵无咎皆生乎變事有小大故下歷言五者之差也

集解 京房曰辯明也釋文虞翻董遇姚信顧懽蜀才并云辯別也同

憂悔吝者存乎介

解 虞翻曰介纖也介如有焉斷可識也故存乎介謂識小疵

注 介纖介也王弼曰憂悔吝之時其介不可慢也卽悔吝者言乎小疵也

集解 王肅曰干寶云介纖介也 **釋文**

震无咎者存乎悔

解 虞翻曰震動也有不善未嘗不知之知之未嘗復行无咎者善補過故存乎悔也无

注 无咎者善補過也震動也故動而无咎存乎悔過也

集解 馬融曰震驚也 **釋文** 鄭康成曰震懼也 王肅曰震動也 周氏曰震救也

并同 諸儒以爲五者皆數列貴賤者存乎位是其一也齊小大者存乎卦是其二也辯

吉凶者存乎辭是其三也憂悔吝者存乎介是其四也震无咎者存乎悔是其五也【疏】

是故卦有小大辭有險易辭也者各指其所之

【解】虞翻曰陽易指天險指地聖人之情見乎辭故指所之

【注】其道光明曰大君子道消曰小之泰則其辭易之否則其辭險

易與天地準故能彌綸天地之道【釋文】彌本又作弥天下之道一本作天地

【解】虞翻曰準同也彌大綸絡謂易在天下包絡萬物以言乎天地之間則備矣故與天地準也

【注】作易以準天地

【集解】京房曰準等也彌遍綸知也【釋文】荀爽曰彌終也綸迹也　鄭康成曰準中也平也　王肅曰綸纏裹也【并同】

仰以觀於天文俯以察於地理【釋文】察於一本作觀於

【解】荀爽曰謂陰升之陽則成天之文也陽降之陰則成地之理也

是故知幽明之故

【解】荀爽曰幽謂天上地下不可得覩者也謂否卦變成未濟也明謂天地之間萬物陳列著於耳目者謂泰卦變成既濟也

原始反終故知死生之說【釋文】反終鄭虞作及終之說如字宋衷始鋭反

解九家易曰陰陽交合物之始也陰陽分離物之終也合則生離則死故原始反終故知死生之說矣交合泰時春也分離否時秋也

注幽明者有形无形之象死生者始終之數也

集解朱震曰說舍也釋文

精氣爲物遊魂爲變

解虞翻曰魂陽物謂乾神也變謂坤鬼乾純粹精故主爲物乾流坤體變成萬物故遊魂爲變也

注精氣絪縕聚而成物聚極則散而遊魂爲變也遊魂言其遊散也

是故知鬼神之情狀與天地相似故不違

【解】虞翻曰乾神似天坤鬼似地聖人與天地合德鬼神合吉凶故不違鄭康成曰精氣謂七八也遊魂謂六九也七八木火之數也九六金水之數木火用事而物生故曰精氣爲物金水用事而物變故曰遊魂爲變精氣謂之神遊魂謂之鬼木火生物金水終物二物變化其情與天地相似故无所差違之也

【注】盡聚散之理則能知變化之道无幽而不通也德合天地故曰相似

【集解】鄭康成曰遊魂謂之鬼物終所歸精氣謂之神物生所信也言木火之神生物東南金水之鬼終物西北二者之情其狀與春夏生物秋冬終物相似【禮記疏】

知周乎萬物

【解】荀爽曰二篇之策萬有一千五百二十當萬物之數故曰知周乎萬物也

而道濟天下故不過

解 九家易曰言乾坤道濟成天下而不過也王凱沖曰知周道濟洪纖不遺亦不過差也

注 知周萬物故能以道濟天下也

集解 鄭康成曰道當爲導 釋文

旁行而不流 釋文 流京作留

解 九家易曰旁行周合六十四卦月主五卦爻主一日歲既周而復始也侯果曰應變旁行周被萬物不流淫也

注 應變旁通而不流淫也

樂天知命故不憂【釋文】樂天虞作變天

【解】荀爽曰坤建於亥乾立於巳陰陽孤絶其法宜憂坤下有伏乾爲樂天乾下有伏巽爲知命陰陽合居故不憂

【注】順天之化故曰樂也

安土敦乎仁故能愛

【解】荀爽曰安土謂否卦乾坤相據故安土敦仁謂泰卦天氣下降以生萬物故敦仁生息萬物故謂之愛也

【注】安土敦仁者萬物之情也物順其情則仁功贍矣

範圍天地之化而不過【釋文】範圍馬王肅張作犯違

解 九家易曰：範者，法也。圍者，周也。言乾坤消息，法周天地而不過於十二辰也。辰，日月所會之宿，謂娵訾、降婁、大梁、實沈、鶉首、鶉火、鶉尾、壽星、大火、析木、星紀、元枵之屬是也。

注 範圍者，擬範天地而周備其理也。

集解 費直曰：壽星起軫七度，大火起氐十一度，析木起尾九度，星紀起斗十度，元枵起女六度，娵訾起危十四度，降婁起奎二度，大梁起婁十度，實沈起畢九度，鶉首起井十二度，鶉火起柳五度，鶉尾起張十三度。**晉書天文志** 鄭康成曰：範，法也。**釋文** 張氏云：犯違，猶裁成也。**同**

曲成萬物而不遺

解 荀爽曰：謂二篇之策曲成萬物，不遺微細也。侯果曰：言陰陽二氣委曲成物不遺

微細也

注 曲成者乘變以應物不係一方者也則物宜得矣

通乎晝夜之道而知 釋文 而知如字荀爽荀柔之明僧紹音智

解 荀爽曰晝者謂乾夜者坤也通於乾坤之道无所不知矣

注 通幽明之故則无不知也

故神无方而易无體

解 干寶曰否泰盈虛者神也變而周流者易也言神之鼓萬物无常方易之應變化无定體也

注 自此以上皆言神之所爲也方體者皆係於形器者也神則陰陽不測易則唯變所

適不可以一方一體明

一陰一陽之謂道

注 道者何无之稱也无不通也无不由也況之曰道寂然无體不可爲象必有之用極而无之功顯故至乎神无方而易无體而道可見矣故窮以盡神因神以明道陰陽雖殊无一以待之在陰爲无陰陰以之生在陽爲无陽陽以之成故曰一陰一陽也

繼之者善也成之者性也

解 虞翻曰繼統也謂乾能統天生物坤合乾性養化成之故繼之者善成之者性也

仁者見之謂之仁知者見之謂之知

解 侯果曰仁者見道謂道有仁知者見道謂道有知也

注 仁者資道以見其仁知者資道以見其知各盡其分

百姓日用而不知

解 侯果曰用道以濟然不知其功

故君子之道鮮矣 釋文 鮮鄭作尟

注 君子體道以爲用仁知則滯於所見百姓日用而不知體斯道者不亦鮮矣乎故常无欲以觀妙可以語至而言極矣

集解 馬融王肅云鮮少也 釋文 鄭康成曰尟少也師說云鮮盡也 同

顯諸仁藏諸用 釋文 藏鄭作臧

解 王凱沖曰萬物皆成仁功著也不見所爲藏諸用也

【注】衣被萬物故曰顯諸仁日用而不知故曰藏諸用

【集解】鄭康成曰臧善也【釋文】

鼓萬物而不與聖人同憂

【解】侯果曰聖人成務不能无心故有憂神道鼓物寂然无情故无憂也

【注】萬物由之以化故曰鼓萬物也聖人雖體道以爲用不能全无以爲體故順通天下則有經營之跡也

盛德大業至矣哉

【解】荀爽曰盛德者天大業者地也

【注】夫物之所以通事之所以理莫不由乎道也聖人功用之母體同乎道盛德大業所

以能至

富有之謂大業日新之謂盛德

解 王凱冲曰物无不備故曰富有變化不息故曰日新

注 廣大悉備故曰富有體化合變故曰日新

生生之謂易

解 荀爽曰陰陽相易轉相生也

注 陰陽轉易以成化生

成象之謂乾 **釋文** 成象蜀才作盛象

解 案道生一一生二二生三三才既備以成乾象也

【注】擬乾之象

效法之謂坤【釋文】爻法胡孝反馬韓如字蜀才作效

【解】案爻猶效也效乾三天之法而兩地成坤之象卦也

【注】效坤之法

極數知來之謂占通變之謂事

【集解】馬融曰爻放也【釋文】

【解】虞翻曰事謂變通趨時以盡利天下之民謂之事業也

【注】物窮則變變而通之事之所由生也

陰陽不測之謂神

注　神也者變化之極妙萬物而爲言不可以形詰者也故陰陽不測嘗試論之曰原夫兩儀之運萬物之動豈有使之然哉莫不獨化於太虚欻爾而自造矣造之非我理自元應化之无主數自冥運故不知所以然而況之神矣是以明兩儀以太極爲始言變化而稱乎神也夫唯天之所爲者窮理體化坐忘遺照至虚而善應則以道爲稱不思元覽則以神爲名蓋資道而同乎道由神而冥於神者也

夫易廣矣大矣

解　虞翻曰乾象動直故大坤形動闢故廣也

以言乎遠則不禦

解　虞翻曰禦止也遠謂乾天高不禦也

注 窮幽極深无所止也

以言乎邇則靜而正釋文迩本又作邇音尒

解 虞翻曰地謂坤坤正靜而德方故正也

注 則近而當

以言乎天地之間則備矣

解 虞翻曰謂易廣大悉備有天地人道焉故稱備也

夫乾其靜也專其動也直是以大生焉釋文專陸作塼音同

解 宋衷曰乾靜不用事則清靜專一含養萬物矣而動用事則直道而行導出萬物矣

一專一直動靜有時而物无天瘁是以大生也

注 專專一也直剛正也

夫坤其靜也翕其動也闢是以廣生焉

解 宋衷曰翕猶閉也坤靜不用事閉藏微伏應育萬物矣動而用事則開闢羣蟄敬導沉滯矣一翕一闢動靜不失時而物无災害是以廣生也

注 翕斂也止則翕斂其氣動則闢開以生物也乾統天首物爲變化之元通乎形外者也坤則順以承陽功盡於已用止乎形者也故乾以專直言乎其材坤以翕闢言乎其形

廣大配天地

解 荀爽曰陰廣陽大配天地

變通配四時

【解】虞翻曰：變通趨時，謂十二月消息也。泰大壯夬配春，乾姤遯配夏，否觀剝配秋，坤復臨配冬，謂十二月消息相變通而周於四時也。

陰陽之義配日月

【解】荀爽曰：謂乾舍於離，配日而居；坤舍於坎，配月而居之義是也。

易簡之善配至德

【解】荀爽曰：乾德至健，坤德至順，乾坤易簡，相配於天地，故易簡之善配至德。

【注】易之所載配此四德。

子曰易其至矣乎

解　崔憬曰夫言子曰皆是語之別端此更美易之至極也

夫易聖人之所以崇德而廣業也

解　虞翻曰崇德效乾廣業法坤也

注　窮理入神其德崇也兼濟萬物其業廣也

知崇禮卑崇效天卑法地　釋文　禮蜀才作體卑必彌反本亦作埤徐音婢下同

解　虞翻曰知謂乾效天崇禮謂坤法地卑也

注　知以崇爲貴禮以卑爲用極知之崇象天高而統物備禮之用象地廣而載物也

天地設位而易行乎其中矣

解虞翻曰位謂六畫之位乾坤各三爻故天地設位易出乾入坤上下无常周流六虛故易行乎其中也

注天地者易之門戶而易之爲義兼周萬物故曰行乎其中矣

成性存存道義之門

解虞翻曰知終終之可與存義也乾爲道門坤爲義門成性謂成之者性也陽在道門陰在義門其易之門邪

注物之存成由乎道義也

聖人有以見天下之賾而擬諸其形容釋文賾九家作冊京作嘖按說文與京同

【解】虞翻曰：乾稱聖人，謂庖犧也。賾謂初自上議下。稱擬形容，謂陰在地成形者也。

【注】乾剛坤柔，各有其體，故曰擬諸形容。

【集解】京房曰：賾，精也。【釋文】

象其物宜，是故謂之象。

【解】虞翻曰：物宜謂陽，遠取諸物，在天成象，故象其物宜。象謂三才八卦在天也。庖犧重爲六畫也。

聖人有以見天下之動，

【解】虞翻曰：重言聖人，謂文王也。動謂六爻矣。

而觀其會通，

解荀爽曰謂三百八十四爻陰陽動移各有所會各有所通張璠曰會者陰陽合會若蒙九二也通者乾坤交通既濟是也

以行其典禮繫辭焉以斷其吉凶是故謂之爻釋文典禮京作等禮姚作典禮

注典禮適時之所用

言天下之至賾而不可惡也釋文惡於嫁反荀作亞亞次也又烏路反馬鄭烏洛反亞通

解虞翻曰至賾无情陰陽會通品物流宕以乾開坤易之至也元善之長故不可惡矣

言天下之至動而不可亂也釋文言天下之至動而不可亂也衆

家本並然鄭本作至賾九家亦作冊【按】說文敘云知天下之至嘖而不可亂也與九家鄭本同

【解】虞翻曰以陽動陰萬物以生故不可亂六二之動直以方動舊誤作賾也

【注】易之爲書不可違也惡之則逆於順錯之則乖於理

【集解】鄭康曰賾當爲動【釋文】

擬之而後言議之而後動【釋文】議之陸姚桓元荀柔之作儀之

【解】虞翻曰以陽擬坤而成震震爲言議爲後動故擬之而後言議之而後動安其身而後動謂當時也矣

擬議以成其變化

【解】虞翻曰議天成變擬地成化天施地生其益无方也

注 擬議以動則盡變化之道

鳴鶴在陰其子和之我有好爵吾與爾靡之 釋文 靡之本又作䌕亡池反徐又亡彼反京作劘

注 鶴鳴則子和修誠則物應我有好爵與物散之物亦以善應也明擬議之道繼以斯義者誠以吉凶失得存乎所動同乎道者道亦得之同乎失者失亦違之莫不以同相順以類相應動之斯來綏之斯至鶴鳴于陰氣同則和出言戶庭千里或應出言猶然況其大者乎千里或應況其邇者乎故夫憂悔吝者存乎纖介定失得者慎於樞機是以君子擬議以動慎其微也

子曰君子居其室出其言善

【解】虞翻曰君子謂初也二變五來應之艮爲居初在艮内故居其室震爲出言訟乾爲善故出言善此亦成益卦也

則千里之外應之況其邇者乎

【解】虞翻曰謂二變則五來應之體益卦坤數十震爲百里十之千里也外謂震巽同聲同聲者相應故千里之外應之邇謂坤坤爲順二變順初故況其邇者乎此信及豚魚者也

居其室出其言不善

【解】虞翻曰謂初陽動入陰成坤坤爲不善也

則千里之外違之況其邇者乎

解虞翻曰謂初變體剝弑父弑君二陽肥遁則坤違之而承於五故千里之外違之況其邇者乎

言出乎身加乎民

解虞翻曰震爲出爲言坤爲身爲民也

行發乎邇見乎遠

解虞翻曰震爲行坤爲邇乾爲遠兌爲見謂二發應五則千里之外故行發邇見遠也

言行君子之樞機樞機之發榮辱之主也

解荀爽曰艮爲門故曰樞震爲動故曰機也翟元曰樞主開閉機主發動開閉有明暗發動有中否主爲榮辱也

注 樞機制動之主

集解 鄭康成曰樞戶樞也機弩牙也戶樞之發或明或闇弩牙之發或中或否以譬言語之發有榮有辱春秋疏王廙曰樞戶樞也機弩牙也釋文

言行君子之所以動天地也可不慎乎

解 虞翻曰二已變成益巽四以風動天震初以雷動地中孚十一月雷動地中艮爲慎故可不慎乎

同人先號咷而後笑

解 侯果曰同人九五爻辭也言九五與六二初未好合故先號咷而後得同心故笑也引者愉擬議於事未有不應也

子曰君子之道或出或處或默或語【釋文】默字或作嘿

【解】虞翻曰乾爲道故稱君子也同人反師震爲出爲語坤爲默巽爲處故或出或處或默或語也

【注】同人終獲後笑者以有同心之應也夫所況同者豈係乎一方哉君子出處默語不違其中則其跡雖異道同則應

二人同心其利斷金【釋文】斷丁亂反王肅丁管反

【解】虞翻曰二人謂夫婦師震爲夫巽爲婦坎爲心巽爲同六二震巽俱體師坎故二人同心巽爲利乾爲金以離斷金故其利斷金謂夫出婦處婦默夫語故同心也

同心之言其臭如蘭

解 虞翻曰臭氣也蘭香草震爲言巽爲蘭離曰燥之故其臭如蘭也　案六三互巽巽爲臭也斷金之言良藥苦口故香若蘭矣

初六藉用白茅无咎 釋文 或以此爲別章今不用

子曰苟錯諸地而可矣 釋文 錯本亦作措

解 虞翻曰苟或錯置也頤坤爲地故苟錯諸地其初難知陰又失正故獨舉初六

藉之用茅何咎之有愼之至也

解 虞翻曰頤爲坤爲震故錯諸地今藉以茅故无咎也

夫茅之爲物薄

解 虞翻曰陰道柔賤故薄也

而用可重也

【解】虞翻曰香潔可貴故可重也

愼斯術也以往其无所失矣【釋文】愼時震反鄭于同一本作順師用義

【解】侯果曰言初六柔而在下苟能恭愼誠潔雖置羞於地神亦享矣此章明但能重愼卑退則悔吝无從而生術道也

【集解】鄭康成曰術道【釋文】

勞謙君子有終吉

子曰勞而不伐有功而不德厚之至也【釋文】不德鄭陸

蜀才作置

【解】虞翻曰坎爲勞五多功乾爲德德言不以上之貴下居三賤故勞而不伐有功而不德艮爲厚坤爲至故厚之至也

【集解】鄭康成曰置當爲德【釋文】

語以其功下人者也

【解】虞翻曰震爲語五多功下居三故以其功下人者也

德言盛禮言恭

【解】虞翻曰謙旁通履乾爲盛德坤爲禮天道虧盈而益謙三從上來同之盛德故恭震爲言故德言盛禮言恭也

謙也者致恭以存其位者也

解 虞翻曰坎爲勞故能恭三得位故以存其位者也

亢龍有悔

子曰貴而无位

解 虞翻曰天尊故貴以陽居陰故无位

高而无民

解 虞翻曰在上故高無陰故无民也

賢人在下位

解 虞翻曰乾稱賢人下位謂初也遯世无悶故賢人在下位而不憂也

而无輔是以動而有悔也

解 虞翻曰謂上无民故无輔乾盈動傾故有悔文王居三紂亢極上故以爲誡也

不出戶庭无咎

子曰亂之所生也則言語以爲階 **釋文** 階姚作機

解 虞翻曰節本泰卦坤爲亂震爲生爲言語坤稱階故亂之所生則言語爲之階也

君不密則失臣臣不密則失身

解 虞翻曰泰乾爲君坤爲臣爲閉故稱密乾三之坤五君臣毀賊故君不密則失臣坤五之乾三坤體毀壞故臣不密則失身坤爲身也

幾事不密則害成

解 虞翻曰幾初也謂二已變成坤坤爲事故幾事不密初利居貞不密初動則體剥子弑其父臣弑其君故害成

集解 鄭康成曰幾微也密靜也言不慎於微而以動作則禍變必成 公羊疏

是以君子慎密而不出也

解 虞翻曰君子謂初二動坤爲密故君子慎密體屯盤桓利居貞故不出也

子曰作易者其知盜乎 釋文 爲易者本又云作易者

解 虞翻曰爲易者謂文王否上之二成困三暴慢以陰乘陽二變入宫爲萃五之二奪之成解坎爲盜故爲易者其知盜乎

注 言盜亦乘釁而至也

易曰負且乘致寇至【釋文】寇徐或作戎

【集解】宋衷曰戎誤【釋文】

負也者小人之事也

【解】虞翻曰陰稱小人坤爲事以賤倍貴違禮悖義故小人之事也

乘也者君子之器也【釋文】乘如字一讀繩證反

【解】虞翻曰君子謂五器坤也坤爲大車故乘君子之器

小人而乘君子之器盜思奪之矣

【解】虞翻曰小人謂三既違禮倍五復乘其車五來之二成坎坎爲盜思奪之矣爲易者知盜乎此之謂也

上慢下暴盜思伐之矣

【解】虞翻曰三倍五上慢乾君而乘其器下暴於二二藏於坤五來寇三以離戈兵故稱伐之坎爲暴也

慢藏誨盜冶容誨淫【釋文】誨虞作悔冶鄭虞陸姚王肅作野

【解】虞翻曰坎心爲誨坤爲藏兌爲見藏而見故慢藏三動成乾爲冶坎水爲淫三變藏坤則五來奪之故慢藏誨盜冶容誨淫

【集解】鄭康成曰飾其容而見於外曰野【後漢書注】王肅云作野音也【釋文】劉瓛曰冶妖冶也謂傲雅自得莊飾鮮明之皃也【一切經音義】

易曰負且乘致寇至盜之招也

解　虞翻曰：五來奪三，以離兵伐之，故變寇言戎，以成二惡。二藏坤時，艮手招盜，故盜之招。

大衍之數五十，其用四十有九。

解　干寶曰：衍，合也。崔憬曰：案說卦云「昔者聖人之作易也，幽贊於神明而生蓍，參天兩地而倚數」，既言蓍數，則是說大衍之數也。明倚數之法，當參天兩地。參天者，謂從三始，順數而至五七八，不取於一也。兩地者，謂從二起，逆數而至十八六，不取於四也。此因天地致上，以配八卦，而取其數也。艮為少陽，其數三；坎為中陽，其數五；震為長陽，其數七；乾為老陽，其數九；兌為少陰，其數二；離為中陰，其數十；巽為長陰，其數八；坤為老陰，其數六。八卦之數，總有五十，故云大衍之數五十也。不取天數一、地數四者，此八卦之外，大衍所不管也其用四十有九者法長陽七七之數也六十四卦既法長陰八八之數故四十九蓍則法長陽七七之數焉蓍圓而神象天卦方而智象地陰陽之別也捨一不用者以象太極虛而不用也且天地各得其數以守其位故太一亦爲一數而守其位也王輔嗣云演天地之數所賴者五十其用四十有九其一不用也不用而用以之通非數而數以之成即易之太極也四十有九數之極者但言所賴五十不釋其所從來則是億度而言非有實據其一不用將爲法象太極理縱可通以爲非數而成義則未允何則不可以有對无五稱五十也孔疏釋賴五十以爲萬物之策凡有萬一千五百二十其用此策推演天地之數唯用五十策也又釋其用四十九則有其一不用以爲策中其所揲蓍者唯四十有九其一不用以其虛無非所用也故不數矣又引顧歡同王弼所說而顧歡云立此五

十數以數神神雖非數因數而著故虛其一數以明不可言之義也　案崔氏探元病諸先達及乎自料未免小疵既將八卦陰陽以配五十之數餘其天一地四無所稟承而云八卦之外在衍之所不管者斯乃談何容易哉凡聖人之言連環可解約文申義須窮指歸即此章云天數五地數五五位相得而各有合天數二十有五地之數三十凡天地之數五十有五此所以成變化而行鬼神是結大衍之前義也既云五位相得而各有合即將五合之數配屬五行故云大衍之數五十也其用四十有九者更減一以并五備設六爻之位蓍卦兩兼終極天地五十五之數也自然窮理盡性神妙无方藏往知來以前民用斯之謂矣

注王弼曰演天地之數所賴者五十也其用四十有九則其一不用也不用而用以之

通非數而數以之成斯易之太極也四十有九數之極也夫无不可以无明必因於有故常於有物之極而必明其所由之宗也

【集解】京房曰五十者謂十日十二辰二十八宿也凡五十其一不用者天之生氣將欲以虛來實故用四十九焉【疏】馬融曰易有太極北辰是也太極生兩儀兩儀生日月日月生四時四時生五行五行生十二月十二月生二十四氣北辰居中不動其餘四十九轉運而用也　荀爽曰卦各有六爻六八四十八加乾坤二用凡有五十乾初九潛龍勿用故用四十九也　鄭康成曰天地之數五十有五以五行氣通凡五行減五大衍又減一故四十九也【并同】又曰衍演也【釋文】又曰天一生水於北地二生火於南天三生木於東地四生金於西天五生土於中陽无耦陰无配未得相成地六成水於北與天

一并天七成火於南與地二并地八成木於東與天三并天九成金於西與地四并地十成土於中與天五并大衍之數五十有五五行各氣并氣并而減五惟有五十以五十之數不可以爲七八九六卜筮之占以用之更減其一故四十有九也【禮記疏】姚信董遇曰天地之數五十有五者其六以象六畫之數故減之而用四十九【疏】王廙蜀才曰演廣也【釋文】

分而爲二以象兩

【解】崔憬曰四十九數合而未分是象太極也今分而爲二以象兩儀矣

掛一以象三【釋文】掛卦買反王肅音卦

【集解】張轅曰初揲掛一次兩揲不掛【趙汝楳筮宗】

揲之以四以象四時釋文揲時設反一音思頰反徐音息列反按唐石經揲作揲

解崔憬曰分揲其蓍皆以四爲數一策一時故四策以象四時也

集解鄭康成曰揲取也釋文

歸奇於扐以象閏

解虞翻曰奇所掛一策扐所揲之餘不一則二不三則四也取奇以歸扐扐并合掛左手之小指爲一扐則以閏月定四時成歲故歸奇於扐以象閏者也

注奇况四揲之餘不足復揲者也

集解馬融曰扐指間也釋文荀柔之曰扐别也同張轅曰初揲先扐右手一蓍

於左小指間以俲人第二揲復於左手取一著扐於左手無名指間以象閏**還放揲蓍宗**又曰揲左手不揲右手但以右手之蓍足滿左手之餘初揲餘一餘二足滿五餘三餘四足滿九次兩揲餘一餘二足滿四餘三餘四足滿八爲九爲六者各八爲七爲八者各二十四**同**

五歲再閏故再扐而後掛**釋文**後掛京作卦**按**說文同京氏

解虞翻曰謂已一扐復分掛如初揲之歸奇於初扐并掛左手次小指間爲再扐則再閏也又分扐揲之如初而掛左手第三指間成一變則布卦之一爻謂已二扐又加一爲三并重合前二扐爲五歲故五歲再閏再扐而後掛此參伍以變據此爲三扐不言三閏者閏歲餘十日五歲閏六十日盡矣後扐閏餘分不得言三扐二閏故從言再扐而後掛

者也

【注】分而爲二既揲之餘合掛於一故曰再扐而後掛凡閏十九年七閏爲一章五歲再閏者二故畧舉其凡也

【集解】京房曰再扐而後布卦也【釋文】

天數五地數五

【解】虞翻曰天數五謂一三五七九地數五謂二四六八十也

【注】五奇五耦也

五位相得而各有合

【解】虞翻曰五位謂五行之位甲乾乙坤相得合木謂天地定位也丙艮丁兌相得合火

山澤通氣也戊坎巳離相得合土水火相逮
也庚震辛巽相得合金雷風相薄也天壬地
癸相得合水言陰陽相薄而戰於乾故五位
相得而各有合或以一六合水二七合火三
八合木四九合
金五十合土也

注天地之數各五五數相
配以合成金木水火土

集解鄭康成曰天地之氣各有五五行之次
一曰水天數也二曰火地數也三曰木
天數也四曰金地數也五曰土天數也此五
者陰无匹陽无耦故又合之地六爲天一匹
也天七爲地二耦也地八爲天三匹也天九
爲地四耦也地十爲天五匹也二五陰陽各
有合然後氣相得
施化行也春秋唬

天數二十有五按唐石經二十作廿

解虞翻曰一三五七九故二十五也

注五奇合爲二十五

地數三十按唐石經三十作卅

解虞翻曰二四六八十故三十也

注五耦合爲三十

凡天地之數五十有五

解虞翻曰天二十五地三十故五十有五天地數見於此故大衍之數略其奇五而言五十也

此所以成變化而行鬼神也

【解】荀爽曰：在天爲變，在地爲化；在地爲鬼，在天爲神。姚信曰：此天地之數五十有五，分爲爻者，故能成就乾坤之變化，能知鬼神之所爲也。侯果曰：夫通變化，行鬼神，莫近於數。故老聃謂子曰：汝何求道？對曰：吾求諸數。明數之妙，通於鬼神矣。

【注】變化以此成，鬼神以此行。

【集解】張軾曰：老陽變成少陰，老陰變成少陽。【程迥古占法】

乾之策二百一十有六，【釋文】策字亦作筴。

【解】荀爽曰：陽爻之策三十有六。乾六爻皆陽，三六一百八十，六六三十六，合二百一十有六也。陽爻九，合四時，四九三十六，是其義也。

【注】陽爻六，一爻三十六策，六爻二百一十六策。

坤之策一百四十有四

【解】荀爽曰陰爻之策二十有四坤六爻皆陰二六一百二十四六二十四合一百四十有四也陰爻六合二十四氣四六二百四十也

【注】陰爻六一爻二十四策六爻百四十四策

凡三百有六十當期之日【釋文】期本又作朞音基同

【解】陸績曰日月十二交會積三百五十四日有奇爲一會今云三百六十當期則實十二月六日也十二月爲一期故云當期之日也

【集解】虞翻曰陽爻三十六陰爻二十四三爻一百二十日三百者舉大概也【漢上易】

說

二篇之策萬有一千五百二十當萬物之數也

按 唐石經此二十亦作廿

解 侯果曰二篇謂上下經也共六十四卦合三百八十四爻陰陽各半則陽爻一百九十二每爻三十六策合六千九百一十二策陰爻亦一百九十二每爻二十四策合四千六百八策則二篇之策合萬一千五百二十當萬物之數也

注 二篇三百八十四爻陰陽各半合萬一千五百二十策

是故四營而成易

解 荀爽曰營者謂七八九六也　陸績曰分而爲二以象兩一營也掛一以象三二營也揲之以四以象四時三營也歸奇於扐以象閏四營也謂四度營爲方成易之一爻者

也

注 分而爲二以象兩一營也掛一以象三二營也揲之以四以象四時三營也歸奇於扐四營也

十有八變而成卦

解 荀爽曰二揲策掛左手一指間三指間滿而成一爻又六爻三六十八故十有八變而成卦也

集解 先儒云用蓍三扐而布一爻則十有八變爲六爻也 疏

八卦而小成

解 侯果曰謂三畫成天地雷風日月山澤之象此八卦未盡萬物情理故曰小成也

引而伸之觸類而長之【釋文】伸本又作信音身

【解】虞翻曰引謂庖犧引信三才兼而兩之爲六畫觸動也謂六畫以成六十四卦也故引而信之觸類而長之其取類也大則發揮剛柔而生爻也

【注】伸之六十四卦

天下之能事畢矣

【解】虞翻曰謂乾以簡能能說諸心能研諸侯之慮故能事畢

顯道神德行

【解】虞翻曰顯道神德行乾二五之坤成離日坎月日月在天運行照物故顯道神德行默而成之不言而信存於德行者也

注 顯明也由神以成其用

是故可與酬酢可與祐神矣 **釋文** 酬市由反徐又音疇酢京作醋祐荀作侑

解 九家易曰陽往爲酬陰來爲酢陰陽相配謂之祐神也孔子言大衍以下至乎能事畢矣此足以顯明易道又神德行可與經義相斯酌也故喻以賓主酢之禮所以助前聖發見其神秘矣禮飲酒主人酌賓爲獻賓酢主人爲酢主人飲之又酌賓爲酬也先舉爲酢答報爲酬酬取其報以象陽唱陰和變化相配是助天地明其鬼神者也

注 可以應對萬物之求助成神化之功也酬酢猶應對也

集解 馬融曰祐配也 **釋文**

子曰知變化之道者其知神之所爲乎

解 虞翻曰陽稱變乾五之坤在陰稱化坤二之乾陰陽不測之謂神知變化之道者故知神之所爲諸儒皆上子曰爲章首而荀馬又從之甚非者矣

注 夫變化之道不爲而自然故知變化者則知神之所爲

易有聖人之道四焉 釋文 聖人之道明僧紹作君子之道

解 崔憬曰聖人德合天地智周萬物故能用此易道大畧有四謂尚辭尚變尚象尚占也

以言者尚其辭 釋文 以言者下三句無以字一本四句皆有

解 虞翻曰聖人之情見於辭繫辭焉以盡辭也

以動者尚其變

【解】陸績曰變爲爻之變化當議之而後動矣

以制器者尚其象

【解】荀爽曰結繩爲網罟蓋取諸離此類是也

【集解】鄭康成曰此者存乎器象可得而用一切器物及造立皆是【周禮疏】

以卜筮者尚其占

【解】虞翻曰乾蓍稱筮動離爲龜龜稱卜動則玩其占故尚其占者也

【注】此四者存乎器象可得而用也

是故君子將有爲也將有行也問焉而以言

解虞翻曰有爲謂建侯有行謂行師也乾二五之坤成震有師象震爲行爲言問故有爲有行凡應九筮之法則筮之謂問於蓍龜以言其吉凶爻象動內吉凶見外蓍德圓神卦德方智故史擬神智以斷吉凶也

其受命也如嚮釋文嚮又作響按唐石經作響李氏本同

解虞翻曰言神不疾而速不行而至不言善應乾二五之坤成震巽巽爲命震爲響故受命同聲相應故如響也

无有遠近幽深遂知來物

解虞翻曰遠謂天近謂地深謂陰陰謂幽來物謂乾坤神以知來感而遂通謂幽贊神明而生蓍也

非天下之至精其孰能與於此

【解】虞翻曰至精謂乾純粹精也

參伍以變錯綜其數

【解】虞翻曰逆上稱錯綜理也謂五歲再閏再扐而後掛以成一爻之變而倚六畫之數卦從下升故錯綜其數則三天兩地而倚數者也

【集解】王肅曰錯交也綜理事也【文選注】

通其變遂成天地之文【釋文】天地之文一本作天下虞陸本作之爻

極其數遂定天下之象

【解】虞翻曰變而通之觀變陰陽始立卦乾坤相親故成天地之文物相雜故曰文

解　虞翻曰數六畫之數六爻之動三極之道故定天下吉凶之象也

非天下之至變其孰能與於此

解　虞翻曰謂參五以變故能成六爻之義六爻之義易以貢也

易无思也无爲也

解　虞翻曰天下何思何慮同歸而殊塗一致而百慮故无所爲謂其靜也專

寂然不動

解　虞翻曰謂隱藏坤初幾息矣專故不敢動者也

感而遂通天下之故

解　虞翻曰感動也以陽變陰通天下之故謂發揮剛柔而生爻者也

非天下之至神其孰能與於此

【解】虞翻曰至神謂易隱初入微知幾其神乎

【注】非忘象者則无以制象非遺數者則无以極數至精者无籌策而不可亂至變者體一而无不周至神者寂然而无不應斯蓋功用之母象數所由立故曰非至精至變至神則不能與於此也

夫易聖人之所以極深而研幾也【釋文】研蜀才作揅幾本或作機

【解】荀爽曰謂伏羲畫卦窮極易幽深文王繫辭研盡易幾微者也

【注】極未形之理則曰深適動微之會則曰幾

集解 鄭康成曰研喻思慮 文選注

又曰機當作幾幾微也 釋文

唯深也故能通天下之志

解 虞翻曰深謂幽贊神明无有遠近幽深遂知來物故通天下之志謂蓍也

唯幾也故能成天下之務

解 虞翻曰務事也謂易研幾開物故成天下之務謂卦者也

唯神也故不疾而速不行而至

解 虞翻曰神謂易也謂日月斗在天日行一度月行十三度從天西轉故不疾而速星寂然不動隨天右周感而遂通故不行而至者也

子曰易有聖人之道四焉者此之謂也

解 侯果曰言易唯深唯神蘊此四道因聖人以章故曰聖人之道矣

注 四者由聖道以成故曰聖人之道

天一

解 水甲

地二

解 火乙

天三

解 木丙

地四

解金丁

天五

解土戊

地六

解水己

天七

解火庚

地八

解木辛

天九【解】金王

地十【解】土癸　此則大衍之數五十有五蓍龜所從生聖人以通神明之德以類萬物之情

此上虞翻義也

【注】易以極數通神明之德故明易之道先舉天地之數也

子曰夫易何爲者也【按】李氏本作夫易何爲而作也

【解】虞翻曰問易何爲取天地之數也

夫易開物成務【釋文】開王肅作闓音同一本無夫易二字

解 陸績曰開物謂庖犧引伸八卦重以爲六十四觸長爻策至於萬一千五百二十以當萬物之數故曰開物聖人觀象而制網罟耒耜之屬以成天下之務故曰成務也

冒天下之道如斯而已者也

解 虞翻曰以陽闢坤謂之開物以陰翕乾謂之成務冒觸也觸類而長之如此也

注 冒覆也言易通萬物之志成天下之務其道可以覆冒天下也

是故聖人以通天下之志

解 九家易曰凡言是故者承上之辭也謂以動者尚其變變而通之以通天下之志也

以定天下之業

解 九家易曰謂以制器者尚其象也凡事業之未立以易道決之故言以定天下之業

以斷天下之疑

解 九家易曰謂卜筮者尚其占也占事知來故定天下之疑

是故蓍之德圓而神卦之德方以知 釋文 圓本又作員音同

解 崔憬曰蓍之數七七四十九象陽圓其爲用也變通不定因之以知來物是蓍之德圓而神也卦之數八八六十四象陰方其爲用也爻位以分因之以藏往知事是卦之德方以知也

注 圓者運而不窮方者止而有分言蓍以圓象神卦以方象知也唯變所適无數不周故曰圓卦列爻分各有其體故曰方也

集解 鄭康成曰蓍形圓而可以立變化之數故謂之神儀禮疏

六爻之義易以貢釋文易以豉反韓音亦貢京陸虞作工荀作功

注 貢告也六爻變易以告吉凶

聖人以此洗心釋文洗劉瓛悉殄反盡也王肅韓悉禮反京荀虞董張蜀才作先石經同

注 洗濯萬物之心

退藏於密

解 陸績曰受蓍龜之報應決而藏之於心也

注 言其道深微萬物日用而不能知其原故曰退藏於密猶藏諸用也

吉凶與民同患

【解】虞翻曰聖人謂庖犧以蓍神知來故以洗心陽動入巽巽爲退伏坤爲閉戶故藏密謂齊於巽以神明其德陽吉陰凶坤爲民故吉凶與民同患謂作易者其有憂患也

【注】表吉凶之象以同民所憂患之事故曰吉凶與民同患也

神以知來知以藏往【釋文】藏劉作臧善也

【解】虞翻曰乾神知來坤知藏往來謂出見往謂藏密也

【注】明蓍卦之用同神知也蓍定數於始於卦爲來卦成象於終於蓍爲往往來之用相成猶神知也

其孰能與於此哉

【解】虞翻曰：誰乎能爲此哉？謂古之聰明睿知之君

古之聰明睿知神武而不殺者夫【文】殺，馬、鄭、王肅所戒反，師同，徐所例反，陸、韓如字【按】唐石經睿作叡

【解】虞翻曰：謂大人也。庖犧在乾五，動而之坤，與天地合聰明。在坎則聰，在離則明，神武謂乾，睿知謂坤，乾坤坎離，復不衰，故而不殺者夫也

【注】服萬物而不以威刑也

是以明於天之道而察於民之故

【解】虞翻曰：乾五之坤，以離日照天，故明天之道；以坎月照坤，故察民之故。坤爲民

是興神物以前民用

解 陸績曰神物蓍也聖人興蓍以別吉凶先民而用之民皆從焉故曰以前民用也

注 定吉凶於始也

聖人以此齊戒

注 洗心曰齊防患曰戒

以神明其德夫 釋文 荀虞顧絕句衆皆以夫字爲下句一本無夫字

解 陸績曰聖人以蓍能逆知吉凶除害就利淸潔其身故曰以此齊戒也吉而後行舉不違失其德富盛見稱神明故曰神明其德也

是故闔戶謂之坤

解 虞翻曰闔閉翕也謂從巽之坤坤柔象夜故以閉戶者也

注 坤道包物

闢戶謂之乾 釋文 闢婢亦反王肅甫亦反

解 虞翻曰闢開也謂從震之乾乾剛象晝故以開戶

注 乾道施生

一闔一闢謂之變

解 虞翻曰陽變闔陰陰變闢陽剛柔相推而生變化也

往來不窮謂之通

解 荀爽曰謂一冬一夏陰陽相變易也十二消息陰陽往來無窮已故通也

見乃謂之象形乃謂之器

【解】荀爽曰謂日月星辰光見在天而成象也萬物生長在地成形可以爲器用者也

【注】光見曰象成形曰器

制而用之謂之法

【解】荀爽曰謂觀象於天觀形於地制而用之可以爲法

利用出入民咸用之謂之神

【解】陸績曰聖人制器以周民用用之不遺故曰利用出入也民皆用之而不知所由來故謂之神也

是故易有太極是生兩儀

【解】虞翻曰大極太乙也分爲天地故生兩儀也　干寶曰發初言是故總衆篇之義也

注　夫有必始於无，故太極生兩儀也。太極者无稱之稱，不可得而名，取有之所極，況之太極者也。

集解　馬融曰：太極，北辰也。釋文　鄭康成曰：極中之道，淳和未分之道也。文選注　王肅曰：此章首獨言是故者，總衆章之意。釋文　又曰：兩儀，天地也。文選注

兩儀生四象

解　虞翻曰：四象，四時也。兩儀謂乾坤也。乾二五之坤，成坎離震兌，震春兌秋，坎冬離夏，故兩儀生四象。歸妹卦備，故彖獨稱天地之大義也。

四象生八卦

解　虞翻曰：乾二五之坤，則生震坎艮；坤二五之乾，則生巽離兌，故四象生八卦。乾坤生

春艮兌生夏震巽生秋坎離生冬者也

【注】卦以象之

八卦定吉凶

【解】虞翻曰陽生則吉陰生則凶謂方以類聚物以羣分吉凶生矣巳言於上故不言生而獨言定吉凶也

【注】八卦既立則吉凶可定

吉凶生大業

【解】荀爽曰一消一息萬物豐殖富有之謂大業

【注】既定吉凶則廣大悉備

是故法象莫大乎天地

解　翟元曰見象立法莫過天地也

變通莫大乎四時

解　荀爽曰四時相變終而復始也

縣象著明莫大乎日月

解　虞翻曰謂日月縣天成八卦象三日暮震象出庚八日兌象見丁十五日乾象盈甲十七日旦巽象退辛二十三日艮象消丙三十日坤象滅乙晦夕朔旦坎象流戊日中則離離象就巳戊巳土位象見於中日中相推而明生焉故縣象著明莫大日月者也

崇高莫大乎富貴

解 虞翻曰：謂乾正位於五，五貴坤富，以乾通坤，故高大富貴也。

注 位以一天下之動而濟萬物。

備物致用，立成器以爲天下利，莫大乎聖人。

解 虞翻曰：神農、黃帝、堯、舜也。民多否閉，取乾之坤，謂之備物；以坤之乾，謂之致用。乾爲物，坤爲器用，否四之正，耕稼之利；否五之初，市井之利；否二之四，舟楫之利；否上之初，牛馬之利。謂十三蓋取以利天下，通其變，使民不倦，神而化之，使民宜之，聖人作而萬物覩，故莫大乎聖人者也。

探賾索隱，鉤深致遠，以定天下之吉凶，成天下之亹亹者，莫大乎蓍龜。釋文 賾，九家作冊。莫善乎蓍龜，本亦作莫大。按

說文叙作探嘖與京氏同

【集解】虞翻曰：探，取；嘖，初也。初隱未見，故探嘖索隱。則幽贊神明而生蓍，初深，故曰鉤深致遠。謂乾。乾爲蓍，乾五之坤，大有離爲龜。乾生知吉，坤殺知凶，故定天下之吉凶，莫大於蓍龜也。侯果曰：亹，勉也。夫幽隱深遠之情，吉凶未兆之事，物皆勉勉然願知之，然不能也。及蓍成卦，龜成兆也，雖神道之幽密，未然之吉凶，坐可觀也。是蓍龜成天下勉勉之聖也。

【集解】劉向曰：蓍之言耆，龜之言久。龜千歲而靈，蓍百年而神，以其長久，故能辨吉凶也。【禮記疏】鄭康成曰：凡天下之善惡，沒沒之欲事，皆成定之言，其廣大無不包也。【公羊疏】

是故天生神物，聖人則之。

解孔穎達曰謂生蓍龜聖人法則之以爲卜筮者也

天地變化聖人效之

解陸績曰天有晝夜四時變化之道聖人設三百八十四爻以效之矣

天垂象見吉凶聖人象之

解荀爽曰謂在旋璣玉衡以齊七政也宋衷曰天垂陰陽之象以見吉凶謂日月薄蝕五星亂行聖人象之亦著九六爻位得失示人所以有吉凶之占也

河出圖洛出書聖人則之緯文出如字又尺遂反下同洛王肅作雒漢家以火德王故從各隹

解鄭康成曰春秋緯云河以通乾出天苞洛以流坤吐地符河龍圖發洛龜書成河圖

有九篇洛書有六篇也　侯果曰聖人法河圖洛書制歷象以示天下也

易有四象所以示也

解　侯果曰四象謂上文神物也變化也垂象也圖書也四者治人之洪範易有此象以示人也

集解　鄭康成曰布六於北方以象水布八於東方以象木布九於西方以象金布七於南方以象火　漢上叢說　諸儒有以四象爲七八九六　疏　莊氏曰四象謂六十四卦之中有實象有假象有義象有用象爲四象也　何氏云四象謂天生神物聖人則之一也天地變化聖人效之二也天垂象見吉凶聖人象之三也河出圖洛出書聖人則之四也　并同

繫辭焉所以告也

解虞翻曰謂繫彖象之辭八卦以象告也

定之以吉凶所以斷也

解繫辭焉以斷其吉凶八卦定吉凶以斷天下之疑也

易曰自天祐之吉无不利

解侯果曰此引大有上九辭以證之義也大有上九履信思順自天祐之言人能依四象所示繫辭所告又能思順則天及人皆共祐之吉无不利者也

子曰祐者助也

解虞翻曰大有兌爲口口助稱祐

天之所助者順也

解 虞翻曰大有五以陰順上故爲天所助者順也

人之所助者信也

解 虞翻曰信爲二也乾爲人爲信庸言之信也

履信思乎順又以尚賢也 釋文 又以尚賢也鄭本作有以

解 虞翻曰大有五應二而順上故履信思順比坤爲順坎爲思乾爲賢人坤伏乾下故有以尚賢者也

是以自天祐之吉无不利也

解 崔憬曰言上九履五厥孚履人事以信也比五而不應三思天道之順也崇四匪彭

明辨於五爻以尚賢也以自天祐之吉无不利重引易文以證成其義

子曰書不盡言言不盡意【釋文】盡如字又津忍反

【解】虞翻曰謂書易之動九六之變不足以盡易之所言言之則不足以盡庖犧之意也

然則聖人之意其不可見乎

【解】侯果曰設疑而問也欲明立象可以盡聖人言意也

子曰聖人立象以盡意

【解】崔憬曰言伏羲仰觀俯察而立八卦之象以盡其意

設卦以盡情僞

【解】崔憬曰設卦謂因而重之爲六十四卦之情僞盡在其中矣

繫辭焉以盡其言

解 崔憬曰文王作卦爻之辭以繫伏羲立卦之象象既盡意故辭亦盡言也

變而通之以盡利

解 陸績曰變三百八十四爻使相交通以盡天下之利

注 極變通之數則盡利也故易窮則變變則通通則久

鼓之舞之以盡神

解 虞翻曰神易也陽息震爲鼓陰消巽爲舞故鼓之舞之以盡神 荀爽曰鼓者動也舞者行也謂三百八十四爻動行相反其卦所以盡易之神也

乾坤其易之緼邪 釋文 緼紆粉反徐於憤反王肅又於問反

解 虞翻曰韞藏也易麗乾藏坤故爲易之緼也

注 緼淵奥也

乾坤成列而易立乎其中矣

解 侯果曰緼淵藪也六子因之而生故云立乎其中矣

乾坤毁則无以見易

解 荀爽曰毁乾坤之體則无以見陰陽之交易也

易不可見則乾坤或幾乎息矣

解 侯果曰乾坤者動用之物也物既動用則不能无毁息矣夫動極復靜靜極復動雖天地至此不違變化也

是故形而上者謂之道形而下者謂之器

解 崔憬曰此結上文兼明易之形器變通之事業也凡天地萬物皆有形質就形質之中有體有用體者即形質也用者即形質上之妙用也言有妙理之用以扶其體則是道也其體比用若器之於物則是體爲形之下謂之爲器也假令天地圓蓋方軫爲體爲器以萬物資始資生爲用爲道動物以形軀爲體爲器以靈識爲用爲道植物以枝幹爲器爲體以生性爲道爲用

化而裁之謂之變

解 翟元曰化變剛柔而則之故謂之變也

注 因而制其會通適變之道也

推而行之謂之通

解 翟元曰推行陰陽故謂之通也

注 乘變而往者无不通也

舉而錯之天下之民謂之事業 釋文 錯本又作措

解 九家易曰謂聖人畫卦爲萬民事業之象故天下之民尊之得爲事業矣 陸績曰變通盡利觀象制器舉而錯之於天下民咸用之以爲事業

注 事業所以濟物故舉而錯之於民

是故夫象聖人有以見天下之賾 釋文 之賾本亦作之至賾

解 崔憬曰此重明易之緼更引易象及辭以釋之言伏羲見天下之深賾即易之緼者

也

而擬諸其形容象其物宜是故謂之象

解 陸績曰此明說立象盡意設卦盡情僞之意也

聖人有以見天下之動而觀其會通以行其典禮

解 侯果曰典禮有時而用有時而去故云觀其會通也

繫辭焉以斷其吉凶是故謂之爻

解 崔憬曰言文王見天下之動所以繫象而爲其辭謂之爲爻

極天下之賾者存乎卦

解　陸績曰言卦象極盡天下之深情也

鼓天下之動者存乎辭

解　宋衷曰欲知天下之動者在於六爻之辭也

注　辭爻辭也爻以鼓動效天下之動也

化而裁之存乎變推而行之存乎通　釋文　裁本又作財

解　崔憬曰言易道陳陰陽變化之事而裁成之存乎其變推理達本而行之在乎其通

神而明之存乎其人

解　荀爽曰苟非其人道不虛行也　崔憬曰言易神无不通明无不照能達此理者存乎其人謂文王述易之聖人

注 體神而明之不假於象故存乎其人

默而成之不言而信存乎德行 釋文 默而成本或作默而成之

解 九家易曰默而成謂陰陽相處也不言而信謂陰陽相應也德者有實行者相應也

崔憬曰言伏羲成六十四卦不有言述而以卦象明之而人信之在乎合天地之德聖人之行也

注 德行賢人之德行也順足於內故默而成之也體與理會故不言而信也

周易集解卷八終

周易集解卷九　　岱南閣叢書

賜進士及第署山東提刑按察使分巡兗沂曹濟黃河兵備道孫星衍撰

繫辭下第九

集解 劉瓛爲十二章　周氏莊氏并爲九章 **并疏**

八卦成列象在其中矣

解 虞翻曰象謂三才成八卦之象乾坤列東艮兌列南震巽列西坎離在中故八卦成列則象在其中天垂象見吉凶聖人象之是也

注 備天下之象也

因而重之爻在其中矣

解虞翻曰：謂參重三才爲六爻，發揮剛柔，則爻在其中。六畫稱爻，六爻之動，三極之道也。

注夫八卦備天下之理而未極其變，故因而重之以象其動用，擬諸形容，以明治亂之宜，觀其所應，以著適時之功，則爻卦之義所存各異，故爻在其中矣。

剛柔相推，變在其中矣。

解虞翻曰：謂十二消息，九六相變，剛柔相推而生變化，故變在其中矣。

繫辭焉而命之，動在其中矣。釋文繫音係。命孟作明。

解虞翻曰：謂繫彖象九六之辭，故動在其中。鼓天下之動者存乎辭者也。

注剛柔相推，況八卦相盪，或否或泰。繫辭焉而斷其吉凶，況之六爻，動以適時者也。立

卦之義則見於彖象適時之功見存之爻辭王氏之釰詳矣

吉凶悔吝者生乎動者也

解虞翻曰動謂爻也爻者效天下之動者也爻象動内吉凶見外吉凶生而悔吝著故生乎動也

注有變動而後有吉凶

剛柔者立本者也

解虞翻曰乾剛坤柔爲六子父母乾天稱父坤地稱母本天親上本地親下故立本者也

變通者趣時者也

【解】虞翻曰：變通配四時，故趣時者也。

【注】六本況卦，趣時況爻。

吉凶者，貞勝者也。【釋文】貞勝，姚本作貞稱。

【解】虞翻曰：貞，正也。勝，滅也。陽生則吉，陰消則凶者也。

【注】貞者，正也，一也。夫有動則未免乎累，殉吉則未離乎凶。盡會通之變而不累於吉凶者，其唯貞者乎！老子曰：王侯得一以爲天下貞。萬變雖殊，可以執一御也。

天地之道，貞觀者也。【釋文】觀，官喚反，又音官。

【解】陸績曰：言天地正，可以觀瞻爲道也。

【注】明夫天地萬物莫不保其貞以全其用也。

日月之道貞明者也

解 荀爽曰離爲日日中之時正當離位然後明也月者坎也坎正位衝離衝爲十五日月當日衝正值坎位亦大圓明故曰日月之道貞明者也言日月正當其位乃大明也 陸績曰言日月正以明照爲道矣

天下之動貞夫一者也

解 虞翻曰一謂乾元萬物之動各資天一陽氣以生故天之動貞夫一者也

夫乾確然示人易矣 校 說文作隺然

解 虞翻曰陽在初弗用確然无爲潛龍時也不易世不成名故示人易者也

夫坤隤然示人簡矣 釋文 隤孟作退陸董姚作妥

解 虞翻曰隤安簡閱也坤以簡能閱內萬物故示人簡者也

注 確剛貌也隤柔貌也乾坤皆恒一其德物由以成故簡易也

集解 馬融曰確剛貌隤柔貌 釋文

爻也者效此者也

解 虞翻曰效法之謂坤謂效三才以爲六畫

象也者像此者也

解 虞翻曰成象之謂乾謂聖人則天之象分爲三材也

爻象動乎內吉凶見乎外

解 虞翻曰內初外上也陽象動內則吉見外陰爻動內則凶見外也

注 兆數見於卦失得驗於事也

功業見乎變

解 荀爽曰陰陽相變功業乃成者也

注 功業由變以興故見乎變也

聖人之情見乎辭

解 崔憬曰言文王作卦爻之辭所以明聖人之情陳於易象

注 辭也者各指其所之故曰情也

天地之大德曰生

注 施生而不爲故能常生故曰大德也

聖人之大寶曰位【釋文】寶孟作保

【解】崔憬曰言聖人行易之道當須法天地之大德寶萬乘之天位謂以道濟天下爲寶而不有位是其大寶也

【注】夫无用則无所寶有用則有所寶也无用而常足者莫玅乎道有用而宏道者莫大乎位故曰聖人之大寶曰位

何以守位曰仁【釋文】曰人王肅卞伯玉桓元明僧紹作仁

【解】宋衷曰守位當得士大夫公侯有其人賢兼濟天下

【集解】鄭康成曰持一不惑曰守【詩疏】

何以聚人曰財

解 陸績曰人非財不聚故聖人觀象制器備物盡利以業萬民而聚之也蓋取聚人之本矣 注 財所以資物生也

理財正辭禁民爲非曰義 釋文 禁音金又金鴆反

解 荀爽曰尊卑貴賤衣食有差謂之理財名實相應萬事得正謂之正辭咸得其宜故謂之義也 崔憬曰夫財貨人所貪愛不以義理之則必有敗也言辭人之樞要不以義正之則必有辱也百姓有非不以義禁之則必不改也此三者皆資於義以此行之得其宜也故知仁義與財聖人寶位之所要也

古者庖犧氏之王天下也 釋文 包本又作庖孟京作伏犧字又作羲

孟京作戲【按】說文兩引作虙羲氏其說文敘又引作庖犧者後人改之

【解】虞翻曰庖犧太昊氏以木得王天下位乎乾五五動見離離生木故知火化炮啖犧牲號庖犧氏也

【集解】孟喜京房曰伏服也戲化也鄭康成曰包取也鳥獸全具曰犧【并釋文】

仰則觀象於天

【解】荀爽曰震巽爲雷風離坎爲日月也

俯則觀法於地

【解】九家易曰艮兌爲山澤也地五水火五行八卦之形者也

觀鳥獸之文

解 荀爽曰乾爲馬坤爲牛震爲龍巽爲雞之屬是也 陸績曰謂朱鳥白虎蒼龍元武四方二十八宿經緯之文

與地之宜

解 九家易曰謂四方四維八卦之位山澤高卑五土之宜也

注 聖人之作易无大不極无微不究大則取象天地細則觀鳥獸之文與地之宜也

近取諸身

解 荀爽曰乾爲首坤爲腹震爲足巽爲股也

遠取諸物

解 荀爽曰乾爲金玉坤爲布釜之類是也

於是始作八卦

解 虞翻曰謂庖犧觀鳥獸之文則天八卦效之易有太極是生兩儀兩儀生四象四象生八卦八卦乃四象之所生非庖犧所造也故曰象者像此者也則大人造爻象以象天卦可知也而讀易者咸以爲庖犧之時天未有八卦恐失之矣天垂象示吉凶聖人象之則天已有八卦之象

集解 鄭康成曰虙羲作十言之教曰乾坤震巽坎離艮兌消息無文字謂之易 **漢上叢說** 又曰作十言之教以厚君民之别 **路史注**

以通神明之德

解 荀爽曰乾坤爲天地離坎爲日月巽震爲雷風艮兌爲山澤此皆神明之德也

以類萬物之情

【解】九家易曰：六十四卦凡有萬一千五百二十策，策類一物，故曰類萬物之情。以此知庖犧重爲六十四卦明矣。

作結繩而爲網罟，以佃以漁，蓋取諸離。【釋文】罟，黃本爲作爲网罟。佃本亦作田。漁音魚，本亦作魚，又言庶反。

【解】虞翻曰：離爲目，巽爲繩，目之重者唯罟，故結繩爲罟。坤二五之乾成離，巽爲魚，坤二稱田，以罟取獸曰畋，取魚曰漁，故取諸離也。

【注】離，麗也。罔罟之用，必審物之所麗也。魚麗於水，獸麗於山也。

【集解】【釋文】馬融曰：罟猶罔也。取獸曰佃，取魚曰漁。姚信曰：罟猶罔也。黃穎曰：取

獸曰罔取魚曰罟【并同】諸儒以爲象卦制器皆取卦之爻象之體【疏】

庖犧氏沒神農氏作

【解】虞翻曰沒終作起也神農以火德繼庖犧火生土故知土則利民播種號神農氏也

斲木爲耜揉木爲耒耒耨之利以教天下蓋取諸益【釋文】爲耒力對反字林力佳反徐力猥反本或作揉木爲之耒耨非

【解】虞翻曰否四之初也巽爲木爲入艮爲手乾爲金手持金以入木故斲木爲耜耜止所踰因名曰耜艮爲小木手以撓之故揉木爲耒耒耜耨器也巽爲號令乾爲天故以教天下坤爲田巽爲股進退震足動耜艮手持耒進退田中耕之象也益萬物者莫若雷風故法風雷而作耒耜

注 制器致豐以益萬物

集解 孟喜曰耨耘除草也 **釋文** 京房曰耜耒下耜也耒耜上句木也 馬融曰耨鉏也 陸績曰耜廣五寸 **并同上**

日中爲市致天下之民聚天下之貨交易而退各得其所蓋取諸噬嗑

解 翟元曰否五之初也離象正上故稱日中艮爲徑路震爲足又爲大塗否乾爲天故致天下之民象也坎水艮山羣珍所出聚天下貨之象也震升坎降交易而退各得其所噬嗑食也市井交易飲食之道故取諸此

注 噬嗑合也市人之所聚異方之所合設法以合物噬嗑之義也

【集解】宋衷曰：祝融爲市，顓頊臣也。【釋文】

神農氏沒，黄帝堯舜氏作，通其變，使民不倦。

【解】虞翻曰：變而通之以盡利，謂作舟檝服牛乘馬之類，故使民不倦也。

【注】通物之變，故樂其器用，不解倦也。

神而化之，使民宜之。

【解】虞翻曰：神謂乾。乾動之坤，化成萬物以利天下。坤爲民也。象其物宜，故使民宜之也。

易窮則變，變則通，通則久，是以自天祐之，吉无不利。【釋文】一本作易窮則變通則久。祐，本亦作佑。

【解】陸績曰：陰窮則變爲陽，陽窮則變爲陰，天之道也。庖犧作罔罟，教民取禽獸以充民

食民衆獸少其道窮則神農教播殖以便之此窮變之大要也窮則變變乃通與天終始故可以民得其用故无所不利也

注 通變則无窮故可久也

集解 衛元嵩曰夫尚質則人淳人淳則俗樸樸之失其弊也惷尚文則人和人和則俗順順之失其弊也諂諂則變之以質惷則變之以文亦猶寬以濟猛猛以濟寬此聖人之用心也豈徒苟相反背而妄有述作焉斯文質相化之理也 李江元包經傳注

黃帝堯舜垂衣裳而天下治蓋取諸乾坤

解 九家易曰黃帝以上羽皮革木以禦寒暑至乎黃帝始制衣裳垂示天下衣取象乾居上覆物裳取象坤在下含物也 虞翻曰乾爲治在上爲衣坤下爲裳乾坤萬物之縕

故以象衣裳乾爲明君坤爲順臣百官以治萬民以察故天下治蓋取諸此也【注】垂衣裳以辨貴賤乾尊坤卑之義也【集解】鄭康成曰金天高陽高辛遵黄帝之道無所改作故不逝【周禮疏】又曰始去羽毛【公羊疏】又曰其服皆元上纁下土托位南方南方色赤黄而兼赤故爲纁也【禮記疏】[redacted]又曰乾爲天其色元坤爲地其色黄【同】故元以爲衣黄以爲裳象天在上地在下【詩疏】

刳木爲舟剡木爲檝舟檝之利以濟不通致遠以利天下蓋取諸渙【釋文】挎本又作刳口孤反徐又口溝反掞本亦作剡揖本又作檝將輒反徐音集又子入反致遠以利天下一本無此句【按】說文亦作舟檝【解】九家易曰木在水上流行若風舟檝之象也此本否卦九四之二刳除也巽爲長爲

木艮爲手乾爲金艮手持金故刳木爲舟剡木木爲檝也乾爲遠天故濟不通致遠以利天下矣法渙而作舟檝蓋取斯義也

注 渙者乘理以散通也

服牛乘馬引重致遠以利天下蓋取諸隨 釋文 一本無以利天下一句 按 說文引作犕牛乘馬

解 虞翻曰否上之初也否乾爲馬爲遠坤爲牛爲重坤初之上爲引重乾上之初爲致遠艮爲背巽爲股在馬上故乘馬巽爲繩繩束縛物在牛背上故服牛出否之隨引重致遠以利天下故取諸隨

注 隨隨宜也服牛乘馬隨物所之各得其宜也

重門擊柝以待暴客**釋文**柝他洛反說文作㯞字林他各反同暴鄭作虣**按**說文一引作㯞是又引作㯞後人附益也

解干寶曰卒暴之客爲奸宄也

集解馬融曰柝兩木相擊以行夜**釋文**

蓋取諸豫

解九家易曰下有艮象從外示之震復爲艮兩艮對合重門之象也柝者兩木相擊以行夜也艮爲手爲小木爲土持震爲足又爲木爲行坤爲夜即手持柝木夜行擊門之象也坎爲盜暴水暴長无常故以待暴客旣有不虞之備故蓋取諸豫也

注取其豫備

【集解】鄭康成曰：豫坤下震上，九四體震，又互體有艮，艮爲門，震日所出，亦爲門，重門象。艮又爲手，巽爻也，應在四，皆木也。手持二木也，手持二木以相敲，是爲擊柝，擊柝爲守備警戒也。四又互體爲坎，坎爲盜，五離爻爲甲胄戈兵，盜爲持兵，是暴客也。又以其卦爲豫，有守備則不可自佚。【周禮疏】

斷木爲杵，掘地爲臼，臼杵之利，萬民以濟，蓋取諸小過。【釋文】斷，丁緩反，又徒緩反。掘，其月反，又其勿反。

【集解】虞翻曰：晉上之三也。艮爲小木，上來之三斷艮，故斷木爲杵。坤爲地，艮手持木以掘坤三，故掘地爲臼。艮止於下，臼之象也。震動而上，杵之象也。震出巽入，艮手持杵出入臼中，舂之象也，故取諸小過。本无乾象，故不言以利天下也。

注　以小用而濟物也

弦木爲弧，剡木爲矢，弧矢之利，以威天下，蓋取諸睽。

釋文　剡以冉反，字林因冉反。睽苦圭反，又音圭。

解　虞翻曰：无妄五之二也。巽爲繩，爲木；坎爲弧，離爲矢，故弦木爲弧。艮爲小木，五之二，以金剡艮，故剡木爲矢。乾爲威，五之二，故以威天下。弓發矢應，而坎雨集，故取諸睽也。

注　睽，乖也。物乖則爭興，弧矢之用，所以威乖爭也。

上古穴居而野處，後世聖人易之以宮室，上棟下宇，以待風雨，蓋取諸大壯。

解　虞翻曰：无妄兩象易也。无妄乾在上，故稱上古。艮爲穴居，乾爲野，巽爲處。无妄乾人在路故穴居野處震爲後世乾爲聖人後世聖人謂黃帝也艮爲宮室變成大壯乾人入宮故易以宮室艮爲行巽爲風兌爲雨乾爲高巽爲長木反在上爲棟動起故上棟下宇謂屋邊也兌澤動下爲下宇无妄之大壯巽風不見兌雨隔震與乾絕體故上棟下宇以待風雨蓋取諸大壯者也

注 宮室壯大於穴居故制爲宮室取諸大壯也

古之葬者厚衣之以薪葬之中野不封不樹喪期无數後世聖人易之以棺椁蓋取諸大過

校 唐石經椁作槨

解 虞翻曰中孚上下象易也本无乾象故不言上古大過乾在中故但言古者巽爲薪

艮爲厚乾爲衣爲野乾象在中故厚衣之以薪葬之中野穿土稱封封古窆字也聚土爲樹中孚无坤坎象故不封不樹坤爲喪期謂從斬縗至緦麻日月之期數无坎離日月坤象故喪期无數巽爲木爲入處兌爲口乾爲人木而有口乾人入處棺斂之象中孚艮爲山丘巽木在裏棺藏山陵椁之象也故取諸大過也

注 取其過厚

集解 鄭康成曰大過者巽下兌上之卦初六在巽體巽爲木上六位在巳巳當巽位巽又爲木二木在外以夾四陽四陽互體爲二乾乾爲君爲父二木夾君父棺椁之象 **禮記疏** 甘容曰諸侯在千里內皆奔喪千里外不奔喪若同姓千里外猶奔喪親親也 **同**

上古結繩而治後世聖人易之以書契百官以

治萬民以察蓋取諸夬

【解】九家易曰古者无文字其有約誓之事事大大其繩事小小其繩結之多少隨物衆寡各執以相考亦足以相治也夬本坤世下有伏坤書之象也上又見乾契之象也以乾照坤察之象也夬決也取百官以書治職萬民以契明其事契刻也大壯進而成夬金決竹木爲書契象故法夬而作書契矣　虞翻曰履上下象易也乾象在上故復言上古巽爲繩離爲罔罟乾爲治故結繩以治後世聖人謂黃帝堯舜也夬旁通剝剝坤爲書兌爲契故易之以書契乾爲百剝艮爲官坤爲衆臣爲萬民爲迷暗乾爲治夬反剝以乾照坤故百官以治萬民以察故取諸夬大壯大過夬此三蓋取直兩象上下相易故俱言易之大壯本无妄夬本履卦乾象俱在上故言上古中孚本无乾象大過乾不在上故但言古

者大過亦言後世聖人易之明上古時也【注】夬決也書契所以決斷萬事也【集解】鄭康成曰結繩者事大大結其繩事小小結其繩【疏】又曰以書書木邊言其事刻其木謂之書契【書釋文】書之於木刻其側爲契各持其一後以相考合【書疏】

是故易者象也

【解】干寶曰言是故又因總結上義也　虞翻曰易謂日月在天成八卦象懸象著明莫大日月是也

象也者像也【釋文】象也者像也衆本並云像像擬也孟京虞董姚還作象

【解】崔憬曰上明取象以制器之義故以此重釋於象言易者象象於萬物象者形像之象

也

彖者材也

【解】虞翻曰彖說三才則三分天象以爲三才謂天地人之道也

【注】材才德也彖言成卦之材以統卦義也

爻也者效天下之動者也

【解】虞翻曰動發也謂兩三材爲六畫則發揮剛柔而生爻也

是故吉凶生而悔吝著也

【解】虞翻曰爻象動內則吉凶見外吉凶悔吝者生乎動者也故曰著

陽卦多陰陰卦多陽其故何也

【解】崔憬曰此明卦象陰陽與德行也陽卦多陰謂震坎艮一陽而二陰陰卦多陽謂巽離兌一陰而二陽者也

陽卦奇陰卦耦

【注】夫少者多之所宗一者衆之所歸陽卦二陰故奇爲之君陰卦二陽故耦爲之主

其德行何也

【解】虞翻曰陽卦一陽故奇陰卦一陰故耦謂德行何可者也

【注】辨陰陽二卦之德行也

陽一君而二民君子之道也陰二君而一民小人之道也

注 陽君道也，陰臣道也。君以无爲統衆，无爲則一也；臣以有事代終，有事則二也。故陽爻畫一，以明君道必一；陰爻畫兩，以明臣體必二。斯陰陽之數，君臣之辨也。以一爲君，君之德也；二居君位，非其道也。故陽卦曰君子之道也，陰卦曰小人之道也。

集解 鄭康成曰：一君二民，謂黄帝、堯、舜地方萬里，爲方千里者百，中國之民居七千里，七七四十九，方千里者四十九，四裔之民居千里者五十一，是中國四，四裔二，民共事一君。二君一民，謂三代之末，以地方五千里，一君有五千里之土，五五二十五，更足以一君二十五，始滿千里之方五十，乃當堯舜一民之地，故云二君一民。禮記疏

易曰：憧憧往來，朋從爾思。釋文 憧憧本又作憧，昌容反。

翟元曰：北咸之九四辭也。咸之爲卦，

解 三君三民，四獨遠陰，思慮之爻也。

注 天下之動必歸於一思以求朋未能一也一以感物不思而至也

子曰天下何思何慮天下同歸而殊塗一致而百慮

注 夫少則得多則惑塗雖殊其歸則同慮雖百其致不二苟識其要不在博求一以貫之不慮而盡矣

天下何思何慮

解 虞翻曰易无思也既濟定六位得正故何思何慮

日往則月來

解 虞翻曰謂咸初往之四與五成離故日往與二成坎故月來在外日往在內月來此

號爻之正者也

月往則日來

【解】虞翻曰初變之四與上成坎故月往四變之初與三成離故日來者也

日月相推而明生焉

【解】虞翻曰既濟體兩離坎象故明生焉

寒往則暑來

【解】虞翻曰乾爲寒坤爲暑謂陰息陽消從姤至否故寒往暑來也

暑往則寒來

【解】虞翻曰陰詘陽信從復至泰故暑往寒來也

寒暑相推而歲成焉

解 崔憬曰言日月寒暑往來雖多而明生歲成相推則一何思何慮於其間哉

往者屈也

解 荀爽曰陰氣往則萬物屈者也

來者信也 釋文 信本又作伸同音申韋昭漢書音義云古伸字

解 荀爽曰陽氣來則萬物信者也

屈信相感而利生焉

解 虞翻曰感咸象故相感天地感而萬物化生聖人感人心而天下和平故利害生利害生謂陽出震陰伏藏

尺蠖之屈以求信也【釋文】蠖紆縛反又烏郭反

【解】荀爽曰以喻陰陽氣屈以求信也

龍蛇之蟄以存身也【釋文】蛇本又作虵同全身本亦亦作存身

【解】虞翻曰潛藏也龍潛而蛇藏陰息初巽爲蛇陽息初震爲龍十月坤成十一月復生姤巽在下龍蛇俱蟄初坤爲身故龍蛇之蟄以存身侯果曰不屈則不信不蟄則无存則屈蟄相感而後利生矣以況无思得一則萬物歸思之矣莊子曰古之畜天下者其治一也記曰通於一萬事畢无心得鬼神服此之謂矣蠖屈行蟲郭璞云蝍蝛也

精義入神以致用也

【解】姚信曰陽稱精陰爲義入在初也陰陽在初深不可測故謂之神變爲姤復故曰致

用也干寶曰能精義理之微以得未然之事是以涉於神道而逆禍福也

注 精義物理之微者也神寂然不動感而遂通者也理入寂一則精義斯得乃用无極也

利用安身以崇德也

解 九家易曰利用陰道用也謂姤時也陰升上究則乾伏坤中屈以求信陽當復升安身嘿處也時既潛藏故利安身以崇其德崇德體卑而德高

注 利用之道皆安其身而後動也精義由於入神以致其用利用由於安身以崇其德理必由乎其宗事各本乎其根歸根則寧天下之理得也若役其思慮以求動用忘其安身以殉功義則爲彌多而理愈失矣名彌美而累愈彰矣

過此以往未之或知也

解 荀爽曰出乾之外无有知之

窮神知化德之盛也

解 虞翻曰以坤變乾謂之窮神以乾通坤謂之知化乾爲盛德故德之盛　侯果曰夫精義入神利用崇德亦一致之道極矣過斯以往則未之能知也若窮於神理通於變化則德之盛者能矣

易曰困于石據于蒺蔾入于其宮不見其妻凶

解 孔穎達曰上章先言利用安身可以崇德若身自危辱何崇之有此章引困之六三履非其位欲上于四四自應初不納於已是困於九二之蒺蔾也又有入于其宮不見其

妻凶之象

子曰：非所困而困焉，名必辱。

解 虞翻曰：困本咸，咸三入宫，以陽之陰，則二制坤，故以泱咸爲四所困。四失位惡人，故非所困焉。陽稱名，陰爲辱，以陽之陰下，故名必辱也。

非所據而據焉，身必危。

解 虞翻曰：謂據二，二失位，故非所據而據焉。二變時坤爲身，二折坤體，故身必危。

既辱且危，死期將至，妻其可得見邪？釋文 死其亦作期

解 陸績曰：六三從困辱之象，變之大過，爲棺槨死喪之象，故曰死期將至，妻不可得見也。

易曰公用射隼于高墉之上獲之无不利

解孔穎達曰前章先須安身可以崇德故此明藏器於身待時而動是有利也故引解之上六以證之矣

子曰隼者禽也

解虞翻曰離爲隼故稱禽言其行野容如禽獸焉

弓矢者器也

解虞翻曰離爲矢坎爲弓坤爲器

射之者人也

解虞翻曰人賢人也謂乾三伏陽出而成乾故曰射之者人人則公三應上故上令三

出而射隼焉

君子藏器於身，待時而動，何不利之有

解 虞翻曰：三伏陽爲君子，二變時坤爲身，爲藏器，謂藏弓矢以待射隼，艮爲待，爲時，三待五來之二，弓張矢發，動出成乾，貫隼入大過，死兩坎象壞，故何不利之有，象曰以解悖，三陰小人乘君子器，故上觀三出射去隼也

動而不括，是以出而有獲，語成器而動者也

解 虞翻曰：括，作也，震爲語，乾五之坤二成坎弓離矢，動以貫隼，故語成器而動者也

注 括，結也，君子待時而動，動則无結閡之患也

子曰：小人不恥不仁，不畏不義

解虞翻曰謂否也以坤滅乾爲不仁不義坤爲耻爲義乾爲仁爲畏者也

不見利不勸不威不懲

解虞翻曰否乾爲威爲利巽爲近利謂否五之初成噬嗑市離日見乾爲見利坎爲動故不見利不動五之初以乾威坤故不威不懲震爲懲也

小懲而大誡此小人之福也

解虞翻曰艮爲小乾爲大五下威初坤殺不行震懼虩虩故小懲大誡坤爲小人乾爲福以陽下陰民說无彊故小人之福也

易曰屨校滅趾无咎此之謂也釋文止本亦作趾

解九家易曰噬嗑六五本先在初處非其位小人者也故歷說小人所以爲罪終以致

害雖欲爲惡能止不行則无咎　侯果曰噬嗑初九爻辭也校者以木夾足止行也此明小人因小行而大誡乃福也

善不積不足以成名

解虞翻曰乾爲積善陽稱名

惡不積不足以滅身

解虞翻曰坤爲積惡爲身以乾滅坤故滅身者也

小人以小善爲无益而弗爲也

解虞翻曰小善謂復初

以小惡爲无傷而弗去也

解 虞翻曰小惡謂姤初

故惡積而不可掩 按唐石經掩作揜

解 虞翻曰謂陰息姤至遯子弑其父故惡積而不可掩也

罪大而不可解

解 虞翻曰陰息遯成否以臣弑君故罪大而不可解也

易曰何校滅耳凶 釋文 何河可反又音河

解 九家易曰噬嗑上九爻辭也陰自初生五所在失正積惡而罪大故爲上所滅善不積斥五陰爻也聰不明者聞善不聽聞戒不改故凶

子曰危者安其位者也

解　崔憬曰言有危之慮則能安其位不失也

亡者保其存者也

解　崔憬曰言有亡之慮則能保其長存也

亂者有其治者也

解　崔憬曰言有防亂之慮則能有其治也

是故君子安而不忘危

解　虞翻曰君子大人謂否五也否坤爲安危謂上也　翟元曰在安而慮危

存而不忘亡

解　荀爽曰謂除戎器戒不虞也　翟元曰在存而慮亡

治而不忘亂

解 荀爽曰謂思患而逆防之 翟元曰在治而慮亂

是以身安而國家可保也

解 虞翻曰坤爲身謂否反成泰君位定於內而臣忠於外故身安而國家可保也

易曰其亡其亡

解 荀爽曰存不忘亡也

繫于包桑

解 荀爽曰桑者上元下黃乾坤相包以正故不可忘也 陸績曰自此以上皆謂否陰滅陽之卦五在否家雖得中正常自懼以危亡之事者也

子曰德薄而位尊

解 虞翻曰鼎四也則離九四凶惡小人故德薄四在乾位故位尊

知小而謀大

解 虞翻曰兌爲小知乾爲大謀四在乾體故謀大

力小而任重

解 虞翻曰五至初體大過本不弱故力少也乾爲仁故任重以爲己任不亦重乎

鮮不及矣釋文 尟本亦作鮮

解 虞翻曰鮮少也及於刑矣

易曰鼎折足覆公餗其形渥凶言不勝其任也

釋文餗馬作粥

解孔穎達曰言不能安身智小謀大而遇禍也故引鼎九四以證之矣

子曰知幾其神乎

解虞翻曰幾謂陽也陽在復初稱幾此謂豫四也惡鼎四折足故以此次言豫四知幾而反復初也

君子上交不諂下交不瀆

解虞翻曰豫上謂四也四失位諂瀆上謂交五五貴震爲笑言笑言且諂也故上交不諂下謂交三坎爲瀆故下交不瀆欲其復初得正元吉故其知幾乎

其知幾乎

解 侯果曰上謂王侯下謂凡庶君子上交不至諂媚下交不至瀆慢悔吝无從而生豈非知微者乎

注 形而上者況之道形而下者況之器於道不冥而有求焉未離乎諂也於器不絕而有交焉未免乎瀆也能无諂瀆窮理者乎

幾者動之微吉之先見者也 按 孔疏云諸本吉下或有凶字定本无

解 虞翻曰陽吉見初成震故動之微復初元吉吉之先見者也

注 幾者去无入有理而未形不可以名尋不可以形覩者也唯神也不疾而速感而遂通故能朗然元照鑒於未形也合抱之木起於毫末吉凶之彰始乎微兆故言吉之先見

君子見幾而作不俟終日易曰介于石不終日貞吉介如石焉寧用終日斷可識矣【釋文】介徐音戒衆家作介徐云王廙古黠反

【解】孔穎達曰前章言精義入神此明知幾入神之事故引豫之六二以證之　崔憬曰此爻得位居中於豫之時能順以動而防於豫如石之耿介守志不移雖暫豫樂以其見微而不終日則能貞吉斷可知矣

【注】定之於始故不待終日也

君子知微知彰知柔知剛

【解】姚信曰此謂豫卦也二下交初故曰知微上交於三故曰知彰體坤處和故曰知柔

與四同功
故曰知剛
【集解】鄭康成曰知微謂幽昧
知章謂明顯也【文選注】

萬夫之望

【解】荀爽曰聖人作而萬物覩　干寶曰言君子苟達於此則萬夫之望矣周公聞齊魯之政知後世彊弱之勢辛有見披髮而祭則知爲戎狄之居凡若此類可謂知幾也皆稱君子君子則以得幾不必聖者也

【注】此知幾其神乎

子曰顏氏之子其殆庶幾乎

【解】虞翻曰幾者神妙也顏子知微故殆庶幾孔子曰回也其庶幾乎

有不善未嘗不知

【解】虞翻曰復以自知老子曰自知者明

知之未嘗復行也

【解】虞翻曰謂顏回不遷怒不貳過克己復禮天下歸仁

【注】在理則昧造形而悟顏子之分也失之於幾故有不善得之於二不遠而復故知之未嘗復行也

易曰不遠復无祇悔元吉【釋文】祇韓音祁支反王廙輔嗣音支

【解】侯果曰復初九爻辭殆近也庶幾也此明知微之難則知微者唯聖人耳顏子亞聖但冀近於知微而未得也在微則昧理彰而悟失在未形故有不善知則速改故无大過

注　吉凶者失得之象也得一者於理不盡未至成形故得不遠而復舍凶之吉免夫祗悔而終獲元吉祗大也

天地絪縕萬物化醇　釋文　絪本又作氤縕本又作氳　校　說文作壹壺

解　虞翻曰謂泰上也先說否否反成泰故不說泰天地交萬物通故化醇　孔穎達曰以前章利用安身以崇德也安身之道在於得一若已能得一則可以安身故此章明得一之事也氤氳氣附著之義言天地无心自然得一唯二氣氤氳共相和會感應變化而有精醇之生萬物自化若天地有心為一則不能使萬物化醇者也

男女構精萬物化生

解　虞翻曰謂泰初之上成損艮為男兌為女故男女構精乾為精損反成益萬物出震

故萬物化生也　干寶曰男女猶陰陽也故萬物化生不言陰陽而言男女者以指釋損卦六三之辭主於人事也

集解 鄭康成曰覯合也男女以陰陽合其精氣 **詩疏**

易曰三人行則損一人一人行則得其友言致一也

解 侯果曰損六三爻辭也象云一人行三則疑是衆不如寡三不及一此明物情相感當上法絪緼化醇致一之道則无患累者也

注 致一而後化成也

子曰君子安其身而後動

【解】虞翻曰謂反損成益君子益初也坤爲安身震爲後動　崔憬曰君子將動有所爲必自揣安危之理在於己身然後動也

易其心而後語

【解】虞翻曰乾爲易益初體復心震爲後語　崔憬曰君子恕己及物若於事心難不可出語必和易其心而後言

定其交而後求

【解】虞翻曰震專爲定爲後交謂剛柔始交艮爲求也　崔憬曰先定其交知其才行若好施與吝然後可以事求之

君子脩此三者故全也

解虞翻曰謂否上之初損上益下其道大光自上下下民説无疆故全也

危以動則民不與也

解虞翻曰謂否上九高而无位故危坤民否閉故弗與也

懼以語則民不應也

解虞翻曰否上窮災故懼來下之初成益故民不應坤爲民震爲應也

无交而求則民不與也

解虞翻曰上來之初故交坤民否閉故不與震爲交

莫之與則傷之者至矣

解虞翻曰上不之初否消滅乾則體剝傷臣弑君子弑父故傷之者至矣

易曰莫益之或擊之立心勿恒凶

解 侯果曰益上九爻辭也此明先安身易心則羣善自應若亢動懼語則物所不與故凶也

注 夫虛己存誠則衆之所不迕也躁以相求則物之所不欲也

子曰乾坤其易之門邪 釋文 其易之門邪本又作門戶邪

解 荀爽曰陰陽相易出於乾坤故曰門

乾陽物也坤陰物也

解 荀爽曰陽物天陰物地也

陰陽合德而剛柔有體

解虞翻曰合德謂天地雜保太和曰月戰乾剛以體天坤柔以體地也

以體天地之撰釋文撰仕勉反三蒼士眷反

解九家易曰撰數也萬物形體皆受天地之數也謂九天數六地數也剛柔得以為體矣

注撰數也

以通神明之德

解九家易曰隱藏謂之神著見謂之明陰陽交通乃謂之德

其稱名也雜而不越按說文作雜而不越

解九家易曰陰陽雜也名謂卦名陰陽雜錯而卦象各有次序不相踰越

注　備物極變，故其名雜也。各得其序，不相踰越，況爻卦之辭也。

於稽其類，其衰世之意邪？

解　虞翻曰：稽，考也。三稱盛德，上稱末世。乾終上九，動則入坤，坤弑其君父，故爲亂世。陽出復震，入坤出坤，故衰世之意邪。侯果曰：於，嗟也。稽，考也。易象考其事類，但以吉凶得失爲主，則非淳古之時也，故云衰世之意邪。言邪，示疑不欲切指也。

注　有憂患而後作易，世衰則得失彌彰，爻繇之辭所以明失得，故知衰世之意邪。稽猶考也。

夫易彰往而察來，而微顯闡幽，

解　虞翻曰：神以知來，智以藏往，微者顯之，謂從復成乾，是察來也。闡者幽之，謂從姤之

坤是彰往也陽息出初故開而當名

注 易无往不彰无來不察而微以之顯幽以之闡闡明也

開而當名辯物正言斷辭則備矣 釋文 辯如字 徐扶勉反

解 干寶曰辯物類也正言言正義也斷辭斷吉凶也如此則備於經矣

注 開釋爻卦使各當其名也理類辨明故曰斷辭也

其稱名也小

解 虞翻曰謂乾坤與六子俱名八卦而小成故小復小而辯於物者矣

其取類也大

解 虞翻曰謂乾陽也爲天爲父觸類而長之故大也

注 託象以明義因小以喻大

其旨遠其辭文 釋文 文如字一音問

解 虞翻曰遠謂乾文謂坤也

其言曲而中

注 變化无恒不可爲典要故其言曲而中也

其事肆而隱

解 虞翻曰曲詘肆直也陽詘初震爲言故其言曲而中坤爲事隱未見故肆而隱也

注 事顯而理微也

因貳以濟民行以明失得之報

解虞翻曰二謂乾與坤也坤爲民乾爲行行得則乾報以吉行失則坤報以凶也注貳則失得也因失得以通濟民行故明失得之報也失得之報者得其會則吉乖其理則凶

易之興也其於中古乎

集解鄭康成曰貳當爲式釋文

解虞翻曰興易者謂庖犧也文王書經系庖犧於乾五乾爲古五在乾中故興於中古繫以黃帝堯舜爲後世聖人庖犧爲中古則庖犧以前爲上古

作易者其有憂患乎

解虞翻曰謂憂患百姓未知興利遠害不行禮義茹毛飲血衣食不足庖犧則天八卦

通爲六十四以德化之吉凶與民同患故有憂患

注　无憂患則不爲而足也

是故履德之基也

解　虞翻曰乾爲德履與謙旁通坤柔履剛故德之基坤爲基　侯果曰履禮蹈禮不倦德之基也自下九卦是復道之最故特言矣

注　基所蹈也

謙德之柄也

解　虞翻曰坤爲柄柄本也凡言德皆陽爻也　干寶曰柄所以持物謙所以持禮者也

復德之本也

【解】虞翻曰復初乾之元故德之本也【注】夫動本於靜語始於默復者各反其所始故爲德之本也

恒德之固也【解】虞翻曰立不易方守德之堅固【注】固不傾移也

損德之脩也【釋文】脩馬作循【解】荀爽曰懲忿窒慾所以脩德【集解】鄭康成曰脩治也【釋文】

益德之裕也

【解】荀爽曰見善則遷有過則改德之優裕也

【注】能益物者其德寬大也

困德之辯也【釋文】辯如字王肅卜免反

【解】鄭康成曰辯別也遭困之時君子固窮小人窮則濫德于是別也

【注】困而益明

井德之地也

【解】姚信曰井養而不窮德居地也

【注】所處不移象居得其所也

巽德之制也

解虞翻曰巽風爲號令所以制下故曰德之制也　孔穎達曰此上九卦各以德爲用也

注巽所以申命明制也

履和而至

解虞翻曰謙以禮通謙坤柔和故履和而至禮之用和爲貴者也

注和而不至從物者也和而能至故可履也

謙尊而光

解荀爽曰自上下下其道大光也

復小而辯於物

解虞翻曰：陽始見，故小。乾陽物，坤陰物也。以乾居坤，故稱別物。

注微而辨之，不遠復也。

恒雜而不厭

解荀爽曰：夫婦雖錯居，不厭之道也。

注雜而不厭，是以能恒。

損先難而後易

解虞翻曰：損初之上，失正，故先難。終反成益，得位於初，故後易。易其心而後語。

注刻損以脩身，故先難也。身脩而无患，故後易也。

益長裕而不設

解 虞翻曰謂天施地生其益无方凡益之道與時偕行故不設也

注 有所興爲以益於物故曰長裕因物興務不虛設也

集解 鄭康成曰設大也周禮攷工曰中其莖設其後 **周禮疏**

困窮而通

解 虞翻曰陽窮否上變之坤二成坎坎爲通故困窮而通也

注 處窮而不屈其道也

井居其所而遷

注 改邑不改井井所居不移而能遷其施也

巽稱而隱 **釋文** 稱尺證反又尺升反

【解】崔憬曰：言巽申命行事，是稱揚也；陰助德化，是微隱也。自此以上，明九卦德之體者也。

【注】稱揚命令而百姓不知其由也。

履以和行。

【解】虞翻曰：禮之用，和爲貴。謙震爲行，故以和行也。

謙以制禮。

【解】虞翻曰：陰稱禮。謙三以一陽制五陰，萬民服，故以制禮也。

復以自知。

【解】虞翻曰：有不善未嘗不知，故自知也。

注 求諸己也

恒以一德

解 虞翻曰恒德之固立不易方從一而終故一德者也

注 以一爲德也

損以遠害

解 虞翻曰坤爲害泰以初止坤上故遠害乾爲遠

注 止於脩身故可以遠害而已

益以興利

解 荀爽曰天施地生其益无方故興利也

困以寡怨

【解】虞翻曰坤爲怨不弑父與君乾上來折坤二故寡怨坎水性通故不怨也

【注】困而不濫无怨於物

井以辯義

【解】虞翻曰坤爲義以乾別坤故辯義也

【注】施而无私義之方也

巽以行權

【解】九家易曰巽象號令又爲近利人君政教進退釋利而爲權也春秋傳曰權者反於經然後有善者也此所以說九卦者聖人履憂濟民之所急行也故先陳其德中言其性

後敘其用以詳之也西伯勞謙殷紂驕暴臣子之禮有常故創易道以輔濟君父者也然其意義廣遠幽微孔子指撮爲此九卦之德合三復之道明西伯之於紂不失上下

【注】權反經而合道必合乎巽順而後可以行權也

易之爲書也不可遠【釋文】遠馬王肅韓袁万反師讀如字

【解】侯果曰居則觀象動則玩占故不可遠也

【注】擬議而動不可遠也

爲道也屢遷

【解】虞翻曰遷徙也日月周流上下无常故屢遷也

變動不居周流六虛

解虞翻曰變亦動行六虛六位也日月周流終則復始故周流六虛謂甲子之旬辰爲虛坎戊爲月離巳爲日入在宮中其處空虛故稱六虛五甲如次者也

注六虛六位也

上下无常剛柔相易

解虞翻曰剛柔者晝夜之象也在天稱上入地爲下故上下无常也

不可爲典要唯變所適

解虞翻曰典常要道也上下无常故不可爲典要適乾爲晝適坤爲夜　侯果曰謂六爻剛柔相易遠近恒唯變所適非有典要

注不可立定準也變動貴於適時趣舍存乎會也

其出入以度，外內使知懼。

解 虞翻曰：出乾爲外，入坤爲內，日行一度，故出入以度。出陽知生，入陰懼死，使知懼也。

注 明出入之度，使物知外內之戒也。出入猶行藏，外內猶隱顯。遯以遠時爲吉，豐以幽隱致凶，漸以高顯爲美，明夷以處昧利貞，此外內之戒也。

又明於憂患與故，

解 虞翻曰：神以知來，故明憂患；智以藏往，故知事故。作易者其有憂患乎！

注 故，事故也。

无有師保，如臨父母。

解 虞翻曰：臨，見也。言陰陽施行以生萬物，无有師保生成之者，萬物出生，皆如父母。孔子曰父子之道天地乾爲父坤爲母　干寶曰言易道戒懼爲本所謂懼以終始歸无咎也外謂丈夫之從王事則夕惕若厲內謂婦人之居室則无攸遂也雖无師保切磋之訓其心敬戒常如父母之臨已者也

注安而不忘危存而不忘亡終日乾乾不可以怠也

初率其辭而揆其方

解虞翻曰初始下也率正也謂脩辭立誠方謂坤也以乾通坤故初率其辭而揆其方　侯果曰率脩方道也言脩易初首之辭而度其終末之道盡有典常非虛設也

集解馬融曰方道也**釋文**

既有典常苟非其人道不虛行

解 虞翻曰其出入以度故有典常苟誠也其人謂乾爲賢人神而明之存乎其人不言而信謂之德行故不虛行也 崔憬曰言易道深遠若非聖人則不能明其道故知易道不虛而自行必文王然後能宏也

注 能循其辭以度其義原其初以要其終則唯變所適是其常典也明其變者存其要也故曰苟非其人道不虛行

易之爲書也

解 干寶曰重發易者別殊旨也

原始要終以爲質也

解 虞翻曰質本也以乾原始以坤要終謂原始反終以知死生之說 崔憬曰質體也

言易之書原窮其事之初若初九潛龍勿用是原始也又要會其事之末若上九亢龍有悔是要終也易原始潛龍之勿用要終亢龍之有悔復相明以爲體也諸卦亦然若大畜而後通之類是也

注 質體也卦兼終始之義也

六爻相雜唯其時物也

解 虞翻曰陰陽錯居稱雜時陽則陽時陰則陰故唯其時物乾陽物坤陰物　干寶曰一卦六爻則皆雜有八卦之氣若初九爲震爻九二爲坎爻也或若見辰戌言艮巳亥言兌也或若以甲壬名乾以乙癸名坤也或若以午位名離以子位名坎或若得來爲惡物王相爲興休廢爲衰

【注】爻各存乎其時，物事也。

其初難知，其上易知，本末也。

【解】侯果曰：本末，初上也。初則事微，故難知；上則事彰，故易知。

初辭擬之，卒成之終。

【解】干寶曰：初擬議之，故難知；卒終成之，故易知。本末勢然也。侯果曰：失在初微，猶可擬議而之福；過在卒成，事之終極，非擬議所及，故曰卒成之終。假如乾之九三、噬嗑初九，猶可擬議而知善；至上九，則凶災不移，是事之卒成之終，極凶不變也。

【注】夫事始於微而後至於著，初者數之始，擬議其端，故難知也；上者卦之終，事皆成著，故易知也。

若夫雜物撰德辯是與非則非其中爻不備【釋文】撰鄭作算

【解】虞翻曰撰德謂乾辯別也是謂陽非謂陰也中正乾六爻二四上非正坤六爻初三五非正故雜物因而重之爻在其中故非其中則爻辭不備道有變動故曰爻也崔憬曰上既具論初上二爻次又以明其四爻也言中四爻雜合所主之事撰集所陳之德能辯其是非備在卦中四爻也

【集解】鄭康成曰算數也【釋文】

噫亦要存亡吉凶則居可知矣【釋文】噫於其反王肅於力反辭也要一妙反絕句又一遙反則句至吉凶居馬如字處也師音同鄭王肅音基

【疏】虞翻曰謂知存知亡要終者也居乾吉則存居坤凶則亡故曰居可知也　崔憬曰噫歎聲也言中四爻亦能要定卦中存亡吉凶之事居然可知也孔疏扶王弼義以此中爻爲二五之爻居中无偏能統一卦之義事必不然矣何則上文云六爻相雜唯其時物言雜錯雜而各獨會於時獨主於物豈可以二五之爻而兼其雜物撰德是非存亡吉凶之事乎且二五之撰德與是要存與吉則可矣若主物與非要亡與凶則非其所象故知其不可也且上論初上二爻則此中總言四爻矣下論二四三五則是重述其功位者也

【集解】馬融曰噫辭也【釋文】

知者觀其彖辭則思過半矣

【注】夫彖舉立象之統論中爻之義約以存博簡以兼衆雜物撰德而一以貫之者也形

之所宗者道衆之所歸者一其事彌繁則愈滯乎形其理彌約則轉近乎道彖之爲義存乎一也一之爲用同乎道矣形而上者可以觀道過半之益不亦宜乎

集解 馬融曰彖辭卦辭也鄭康成曰爻辭也周氏同王肅曰彖舉象之要也

并釋文 師說通謂卦爻之辭也一云即夫子彖辭同

二與四同功

解 崔憬曰此重釋中四爻功位所宜也二主士大夫位佐於一國四主三孤三公牧伯之位佐於天子皆同有助理之功也、

注 同陰功也

而異位

解 崔憬曰二士大夫位卑四孤公牧伯位尊故有異也

注 有内外也

其善不同二多譽四多懼近也

注 二處中和故多譽也四逼於君故多懼也

柔之爲道不利遠者

解 崔憬曰此言二四皆陰位陰之爲道近比承陽故不利遠矣

其要无咎其用柔中也

解 崔憬曰言二是陰遠陽雖則不利其要或有无咎者以二柔居中異於四也

注 四之多懼以近君也柔之爲道須援而濟故有不利遠者二之能无咎柔而處中也

三與五同功【注】同陽功也而異位【解】崔憬曰：三諸侯之位，五天子之位，同有理人之功，而君臣之位異者也。【注】有貴賤也

三多凶，五多功，貴賤之等也。【解】崔憬曰：三處下卦之極，居上卦之下，爲一國之君，有威權之重，而上承天子，若无含章之美，則必致凶。五既居中不偏，貴乘天位，以道濟物，廣被寰中，故多功也。

其柔危，其剛勝邪？【釋文】勝，升證反，一音升。

解 侯果曰三五陽位陰柔處之則多凶危剛正居之則勝其任言邪者不定之辭也或有柔居而吉者得其時也剛居而凶私其應也

注 三五陽位柔非其位處之則危居以剛健勝其任也夫所貴剛閑邪存誠動而不違其節者也所貴柔者含宏居中順而不失其貞者也若剛以犯物則非剛之道柔以卑佞則非柔之義也

易之爲書也廣大悉備

解 荀爽曰以陰易陽謂之廣以陽易陰謂之大易與天地準固悉備也

有天道焉有人道焉有地道焉

解 崔憬曰言易之爲書明三才廣无不被大无不包悉備有萬物之象也

兼三才而兩之故六六者非他也三才之道也

按唐石經三才字原作才改爲材

解崔憬曰言重卦六爻亦兼天地人道兩爻爲一才六爻爲三才則是兼三才而兩之故六六者卽三才之道也

道有變動故曰爻

注說卦備矣

解陸績曰天道有晝夜日月之變地道有剛柔燥溼之變人道有行止動靜吉凶善惡之變聖人設爻以效三者之變動故謂之爻者也

爻有等故曰物

解 干寶曰等羣也爻中之義羣物交集五星四氣六親九族福德刑殺衆形萬類皆來發於爻故總謂之物也象頤中有物曰噬嗑是其義也

注 等類也乾陽物也坤陰物也爻有陰陽之類而後有剛柔之用故曰爻有等故曰物

物相雜故曰文

解 虞翻曰乾陽物坤陰物純乾純坤之時未有文章陽物入坤陰物入乾更相雜成六十四卦乃有文章故曰文

注 剛柔交錯元黃錯雜

文不當故吉凶生焉

解 干寶曰其辭爲文也動作云爲必考其事令與爻義相稱也事不稱義雖有吉凶則

非今日之吉凶也故元亨利貞而穆姜以死黃裳元吉南蒯以敗是所謂文不當也故於經則有君子吉小人否於占則王相之氣君子以遷官小人以遇罪也

易之興也其當殷之末世周之盛德邪當文王與紂之事邪

【解】虞翻曰謂文王書易六爻之辭也末世乾上盛德乾三也文王三分天下而有其二以服事殷周德其可謂至德矣故周之盛德紂窮否上上知存而不知亡知得而不知喪終以焚死故殷之末世也而馬荀鄭君從俗以文王爲中古失之遠矣

【注】文王以盛德蒙難而能亨其道故稱文王之德以明易之道也

【集解】鄭康成曰據此言以易文王所作斷可知矣【春秋疏】

是故其辭危

解 虞翻曰危謂乾三夕惕若厲故辭危也

注 文王與紂之事危其辭也

集解 周氏曰謂當紂時不敢指斥紂惡故其辭微危而不正也 **疏**

危者使平

解 陸績曰文王在紂世有危亡之患故於易辭多趨危亡本自免濟建成王業故易爻辭危者使平以象其事否卦九五其亡其亡繫于包桑之屬是也

易者使傾

解 陸績曰易平易也紂安其位自謂平易而反傾覆故易爻辭易者使傾以象其事明

夷上六初登于天後入于地之屬是也

【注】易慢易也

其道甚大百物不廢

【解】虞翻曰大謂乾道乾三爻三十六物故百物不廢略其奇八與大衍之五十同義

懼以終始其要无咎此之謂易之道也

【解】虞翻曰乾稱易道終日乾乾故无咎危者使平易者使傾惡盈福謙故易之道者也

【注】夫爻不當而吉凶生則保其存者亡不忘亡者存有其治者亂不忘危者安懼以終始歸於无咎安危之所由爻象之大體也

夫乾天下之至健也德行恒易以知險

解 虞翻曰：險謂坎也。謂乾二五之坤成坎離，日月麗天，天險不可升，故知險也。

夫坤，天下之至順也，德行恒簡以知阻。

解 虞翻曰：阻，險阻也。謂坤二五之乾，艮爲山陵，坎爲水，巽高兌下，地阻山川邱陵，故知阻也。

能說諸心，

解 虞翻曰：乾五之坤，坎爲心，兌爲說，故能說諸心。謂說諸心物之有心者也。

能研諸侯之慮。

解 虞翻曰：坎爲心慮，乾初之坤爲震，震爲諸侯，故能研諸侯之慮。

注 諸侯，物主有爲者也。能說萬物之心，能精爲者之務。

定天下之吉凶成天下之亹亹者

【解】荀爽曰亹亹者陰陽之微可成可敗也順時者成逆時者敗也　虞翻曰謂乾二五之坤成離日坎月則八卦象具八卦定吉凶故能定天下之吉凶亹亹進也離爲龜乾爲蓍月生震初故成天下之亹亹者謂莫善蓍龜也

【集解】鄭康成曰亹亹沒沒也○王肅曰亹亹勉也【并釋文】

是故變化云爲吉事有祥

【解】虞翻曰祥幾祥也吉之先見者也陽出變化云爲吉事爲祥謂復初乾元者也

象事知器占事知來

【解】虞翻曰象事謂坤坤爲器位五之坤成象故象事知器也占事謂乾以知來乾五動

成離則玩其占故知來　侯果曰易之云爲唯變所適爲善則吉事必應觀象則用器可爲求吉則未形可觀者也

注　夫變化云爲者行其吉事則獲祥之應觀其象事則知制器之方玩其占事則覩方來之驗也

天地設位聖人成能

解　虞翻曰天尊五地卑二故設位乾爲聖人成能謂能說諸心能研諸侯之慮故成能也　崔憬曰言易擬天地設乾坤二位以明重卦之義所以成聖人伏羲文王之能事者也

注　聖人乘天地之正萬物各成其能

人謀鬼謀百姓與能

【解】虞翻曰乾爲人坎爲鬼乾二五之坤坎爲謀乾爲百坤爲姓故人謀鬼謀百姓與能朱仰之曰人謀謀及卿士鬼謀謀及卜筮也人謀及庶民故曰百姓與能也

【注】人謀凡議於衆以定得失也鬼謀凡寄卜筮以考吉凶也不役思慮而失得自明不勞探討而吉凶自著類萬物之情通幽深之故故百姓與能樂推而不厭也

【集解】鄭康成曰鬼謀謂謀卜筮于廟門是也【儀禮疏】

八卦以象告

【解】虞翻曰在天成象乾二五之坤則八卦象成兑口震言故以象告也

【注】以象告人

爻彖以情言

解 崔憬曰伏羲始畫八卦因而重之以備萬物而告於人也爻謂爻下辭彖謂卦下辭皆是聖人之情見乎繫辭而假爻彖以言故爻彖以情言也

注 辭有險易而各得其情也

剛柔雜居而吉凶可見矣

解 虞翻曰乾二之坤成坎坤五之乾成離故剛柔雜居艮爲居離有巽兑坎有震艮八卦體備故吉凶可見也　崔憬曰言文王以六爻剛柔相推而物雜居得理則吉失理則凶故吉凶可見也

變動以利言

解 虞翻曰乾變之坤成震震爲言故變動以利言

注 變而通之以盡利也

吉凶以情遷

解 虞翻曰乾吉坤凶六爻發揮旁通情也故以情遷

注 吉凶无定惟人所動情順乘理以之吉情逆違道以陷凶故曰吉凶以情遷也

是故愛惡相攻而吉凶生 釋文 惡烏路反鄭烏洛反

解 虞翻曰攻摩也乾爲愛坤爲惡謂剛柔相摩以愛攻惡生吉以惡攻愛生凶故吉凶生也

注 泯然同順何吉何凶愛惡相攻然後逆順者殊故吉凶生

遠近相取而悔吝生

【解】虞翻曰遠陽謂乾近陰謂坤陽取陰生悔陰取陽生吝悔吝言小疵　崔憬曰遠謂應與不應近謂比與不比或取遠應而捨近比或取近比而捨遠應由此遠近相取所以生悔吝於繫辭矣

【注】相取猶相資也遠近之爻互相資取而後有悔吝也

情僞相感而利害生

【解】虞翻曰情陽僞陰也情感僞生利僞感情生害乾爲利坤爲害

【注】情以感物則得利僞以感物則致害也

凡易之情近而不相得則凶

注 近況比爻也易之情剛柔相摩變動相適者也近而不相得必有乖違之患也或有相違而无患者得其應也相順而皆凶乖于時也隨事以考之義可見矣

或害之悔且吝

解 虞翻曰坤爲害以陰居陽以陽居陰爲悔且吝 荀爽曰謂屯六三往吝之屬也

注 夫无對於物而後盡全順之道豈可有物害之者乎雖能免濟必有悔吝也或欲害之辭也

將叛者其辭慙

解 虞翻曰坎人之辭也近而不相得故叛坎爲隱伏將叛坎爲心故慙也 侯果曰此心不相得將懷叛逆者辭必慙恧

中心疑者其辭枝

解 荀爽曰或從王事无成之屬也 虞翻曰離人之辭也火性枝分故枝疑也 侯果曰中心疑二則失得无從故枝分不一也

吉人之辭寡

解 虞翻曰艮人之辭也

躁人之辭多

解 荀爽曰謂睽上九之屬也 虞翻曰震人之辭也虞爲決躁恐懼虩虩笑言啞啞故多辭也 侯果曰躁人煩急故辭多

誣善之人其辭游

解　荀爽曰游豫之屬也　虞翻曰兌人之辭也兌爲口舌誣乾乾爲善人也　崔憬曰妄稱有善故自敘其美而辭必浮游不實

失其守者其辭屈

解　荀爽曰謂泰上六城復于隍之屬也　侯果曰失守則沮辱而不申故其辭屈也　爻有此象故占辭亦從矣　虞翻曰巽人之辭也巽詰詘陽在初守巽初陽入伏陰下故其辭詘此六子也離上坎下震起艮止兌見巽伏上經終坎離則下經終既濟未濟上系終乾坤則下系終六子此易之大義者也

周易集解卷九終

周易集解卷十　　岱南閣叢書

賜進士及第授奉直大夫署山東按察使分巡兗沂曹濟黃河兵備道孫星衍撰

說卦第十

集解先儒以孔子十翼之次乾坤文言在二繫之後說卦之前以彖象附上下二經爲六卷則上繫第七下繫第八文言第九說卦第十**疏**

昔者聖人之作易也

集解鄭康成曰易者陰陽之象天地之所變化政教之所生自人皇初起**路史注**

又曰謂伏犧文王也**書疏**

幽贊於神明而生蓍**釋文**贊本或作讚

集解荀爽曰：幽，隱也；贊，見也。神者在天，明者在地。神以夜光，明以晝照。蓍者，策也，謂陽爻之策三十有六，陰爻之策二十有四，二篇之策萬有一千五百二十，上配列宿，下副物數。生蓍者，謂蓍從爻中生也。干寶曰：幽，昧，人所未見也。贊，求也。言伏羲用明于昧冥之中，以求萬物之性，爾乃得自然之神物，能通天地之精，而管御百靈者，始爲天下生用蓍之法者也。

注幽，深也。贊，明也。蓍受命如嚮，不知所以然而然也。

參天兩地而倚數釋文參，七南反，又如字，音三。天或作夫，衍者非。倚，於綺反，王肅其綺反，蜀才作奇，通。按說文作𠫭天兩地。

集解虞翻曰：倚，立；參，三也。謂分天象爲三才，以地兩之，立六畫之數，故倚數也。崔憬曰參三也謂於天數五地數五中以八卦配天地之數起天三配艮而立三數天五配坎而立五數此從三順配陽四卦也地從二起以地兩配兌而立二數以地十配離而立十數以地八配巽而立八數以地六配坤而立六數此從兩逆配陰四卦也其天一地四之數无卦可配故虛而不用此聖人取八卦配天地之數總五十而爲大衍案此說不盡已釋在大衍章中詳之明矣

【注】參奇也兩耦也七九陽數也六八陰數

【集解】馬融王肅曰五位相合以陰從陽天得三合謂一三與五也地得兩合謂二與四也【疏】馬融又曰倚依也【釋文】鄭康成曰天地之數備於十乃三之以天兩之以地而倚托大衍之數五十也必三以天兩之以地者天三覆地二載欲極於數庶得吉凶

之審也【疏】王肅曰倚立也【釋文】張氏曰以三中含兩有一以包兩之義明天有包地之德陽有包陰之道故天舉其多地言其少也【疏】

觀變於陰陽而立卦【釋文】觀變一本作觀變化

【解】虞翻曰謂立天之道曰陰與陽乾坤剛柔立本者卦謂六爻陽變成震坎艮陰變成巽離兌故立卦六爻三變三六十八則有十八變而成卦八卦而小成是也繫曰陽一君二民陰二君一民不道乾坤者也

【注】卦象也蓍數也卦則雷風相薄山澤通氣擬象陰陽變化之體蓍則錯綜天地參兩之數蓍極數以定象卦備象以盡數故蓍曰參天兩地而倚數卦曰觀變於陰陽也

發揮於剛柔而生爻

解虞翻曰謂立地之道曰柔與剛發動揮變
變剛生柔爻變柔生剛爻以三爲六也因
而重之爻在
其中故生爻

注剛柔發散
變動相和

集解鄭康成曰揮揚也王
廙曰揮散也補釋文

和順於道而理於義

解虞翻曰謂立人之道曰仁與義和順謂
坤道德謂乾以乾通坤謂之理義也

窮理盡性以至於命

解虞翻曰以乾推坤謂之窮理以坤變乾謂
之盡性性盡理窮故至於命巽爲命也

注命者生之極窮
理則盡其極也

集解鄭康成曰言窮其義盡人之情性以至於命吉凶所定文選注

昔者聖人之作易也

解虞翻曰重言昔者明謂庖犧也

將以順性命之理

解虞翻曰謂乾道變化各正性命以陽順性以陰順命

是以立天之道曰陰與陽立地之道曰柔與剛

立人之道曰仁與義

解崔憬曰此明一卦立爻有三才二體之義故先明天道既立陰陽地道又立剛柔人道亦立仁義以明之也何則在天雖剛亦有柔德在地雖柔亦有剛德故書曰沉潛剛克

高明柔克人稟天地豈可不兼仁義乎所以易道兼之矣

注在天成象在地成形陰陽者言其氣剛柔者言其形變化始於氣象而後成形萬物資始乎天成形乎地故天曰陰陽地曰柔剛也或有在形而言陰陽者本其始也在氣而言柔剛者要其終也

兼三才而兩之故易六畫而成卦

解虞翻曰謂參天兩地乾坤各三爻而成六畫之數也

注設六爻以效三才之動故六畫而成卦也

集解鄭康成曰三才天地人之道六畫畫六爻儀禮疏

分陰分陽迭用柔剛

【解】虞翻曰：迭，遞也。分陰爲柔以象夜，分陽爲剛以象晝。剛柔者，晝夜之象。晝夜更用，故遞用剛柔矣。

故易六位而成章【釋文】六位而成章，本又作六畫。

【解】章謂文理。乾三畫成天文，坤三畫成地理。

【注】六位，爻所處之位也。二四爲陰，三五爲陽，故曰分陰分陽。六爻升降，或柔或剛，故曰迭用柔剛也。

【集解】王弼曰：初上无陰陽定位【疏】

天地定位

【解】謂乾坤五貴二賤，故定位也。

山澤通氣

【解】謂艮兌同氣相求故通氣

雷風相薄

【解】謂震巽同聲相應故相薄

【集解】馬融鄭康成顧懽云薄入也陸績曰相薄相附薄也【釋文】

水火不相射【釋文】射食亦反虞陸董姚王肅音亦

【解】謂坎離射厭也水火相通坎戊離己月三十日一會於壬故不相射也

【集解】陸績董遇姚信并云射厭也【釋文】

八卦相錯

解 錯摩則剛柔相摩八卦相盪也

數往者順釋文數色具反乂色主反

解 謂乾消從午至亥上下故順也

知來者逆

解 謂乾息從子至巳下上故逆也

注 易八卦相錯變化理備於往則順而知之於來則逆而數之

是故易逆數也

解 易謂乾易故逆數此上虞義

注 作易以逆觀來事以前民用

雷以動之

解 荀爽曰謂建卯之月震卦用事天地和合萬物萌動也

風以散之

解 謂建巳之月萬物上達布散田野

雨以潤之

解 謂建子之月含育萌芽也

日以烜之 **釋文** 烜况晩反本又作暅徐古鄧反又一音香元反

解 休遠反謂建午之月大陽欲長者也

集解 京房曰暅乾也 **釋文**

艮以止之

解謂建丑之月消息畢止也

兌以説之

解謂建酉之月萬物成熟也

乾以君之

解謂建亥之月乾坤合居君臣位得也此上荀義

坤以藏之

解九家易曰謂建申之月坤在乾下包藏萬物也乾坤交索既生六子各任其才往生物也又雷與風雨變化不常而日月相推迭有來往是以四卦以義言之天地山澤恒在

者也故直言名矣

集解王肅曰互相備也

疏

帝出乎震

解崔憬曰帝者天之王氣也至春分則震王而萬物出生

齊乎巽

解立夏則巽王而萬物絜齊

相見乎離

解夏至則離王而萬物皆相見也

致役乎坤

解 立秋則坤王而萬物致養也

說言乎兌

解 秋分則兌王而萬物所說

戰乎乾

解 立冬則乾王而陰陽相薄

勞乎坎

解 冬至則坎王而萬物之所歸也

成言乎艮

解 立春則艮王而萬物之所成終成始也以其周王天下故謂之帝此崔新義也

萬物出乎震震東方也

解 虞翻曰出生也震初不見東故不稱東方卦也

集解 鄭康成曰雷發聲以生之也 漢上易

齊乎巽巽東南也齊也者言萬物之絜齊也

解 巽陽隱初又不見東南亦不稱東南卦與震同義巽陽藏室故絜齊

集解 鄭康成曰風搖動以齊之也絜猶新也 漢上易

離也者明也萬物皆相見南方之卦也

解 離爲日爲火故明日出照物以日相見離象三爻皆正日中正南方之卦也

集解 鄭康成曰日照之使光大 漢上易

聖人南面而聽天下嚮明而治蓋取諸此也

【解】離南方故南面乾爲治乾五之坤坎爲耳離爲明故以聽天下嚮明而治也

坤也者地也萬物皆致養焉故曰致役乎坤

【解】坤陰无陽故道廣布不主一方含宏光大養成萬物

【集解】【易】鄭康成曰地氣含養使有秀實也【漢上】又曰坤不言方者所言地之養物不專一也【疏】

兌正秋也萬物之所說也故曰說言乎兌

【解】說三失位不正故言正秋兌象不見西故不言西方之卦與坤同義兌爲雨澤故說萬物震爲言震二動成兌言從口出故說言也

集解鄭康成曰草木皆老猶以澤氣說成之漢上易

戰乎乾乾西北之卦也言陰陽相薄也

解乾剛正五月十五日晨象西北故西北之卦薄入也坤十月卦乾消剝入坤故陰陽相薄也

集解鄭康成曰戰言陰陽相薄西北陰也而乾以純陽臨之猶君臣對合也漢上易

坎者水也正北方之卦也勞卦也萬物之所歸也故曰勞乎坎

解歸藏也坎二失位不正故曰正北方之卦與兌正秋同義坎月夜中故正北方此上虞義　崔憬曰以坎是正北方之卦立冬已後萬物歸藏於坎又陽氣伏於子潛藏地中

未能浸長勞局衆陰之中也

集解 鄭康成曰坎勞卦也水性勞而不倦萬物之所歸也 漢上易

艮東北之卦也萬物之所成終而所成始也故

曰成言乎艮

解 虞翻曰三名艮得正故復稱卦萬物成始乾甲成終坤癸艮東北是甲癸之間故萬物之所成終而成始者也

集解 鄭康成曰萬物自春出生於地冬氣閉藏還皆入地萬物之所成終而所成始言萬物陰氣終陽氣始皆艮之用事也 漢上易

神也者妙萬物而爲言者也

注於此言神者明八卦運動變化推移莫有使之然者神則无物妙萬物而爲言也明則雷疾風行火炎水潤莫不自然相與而爲變化故能萬物既成

集解鄭康成曰共成萬物不可得而分故合謂之神漢上易　董遇曰眇成也釋文

動萬物者莫疾乎雷

解崔憬曰謂春分之時雷動則草木滋生蟄蟲發起所動萬物莫急於此也

橈萬物者莫疾乎風釋文橈徐乃飽反王肅乃教反呼乎勞反

解言風能鼓橈萬物春則發散草木枝葉秋則摧殘草木枝條莫急於風者也

燥萬物者莫熯乎火釋文熯王肅呼但反徐本作暵音漢說文同按說文云燥萬物者莫暵于離

解 言火能乾燥萬物不至潤溼於陽物之中莫過乎火熯亦燥也 集解 王肅曰熯火氣也 釋文 徐氏曰暵熱暵也 同

說萬物者莫說乎澤

解 言光悅萬物莫過以澤而成悅之也

潤萬物者莫潤乎水

解 言滋潤萬物莫過以水而潤之

終萬物始萬物者莫盛乎艮 釋文 盛是政反鄭音成

解 言大寒立春之際艮之方位萬物以之始而爲今歲首以之終而爲去歲末此則叶夏正之義莫盛於艮也此言六卦之神用而不言乾坤者以乾坤而法天地无爲而无不

爲能成風雷等有爲之神妙也艮不言山獨舉卦名者以動撓燥潤功是風雷水火至於終始萬物於山義則不然故言卦而餘皆稱物各取便而論也此崔新義也

集解 鄭康成曰盛裹也**釋文**

故水火相逮

釋文 水火不相逮音代一音大計反鄭宋陸王肅王廙無不字

解 孔穎達曰上章言水火不相入此言水火相逮者既不相入又不相及則无成物之功明性雖不相入而氣相逮及

雷風不相悖

解 孔穎達曰上言雷風相薄此言不相悖者二象俱動若相薄而相悖逆則相傷害亦无成物之功明雖相薄而不相逆者也

山澤通氣

解　崔憬曰言山澤雖相懸遠而氣交通

然後能變化既成萬物也

解　虞翻曰謂乾變而坤化乾道變化各正性命成既濟定故既成萬物矣

乾健也

解　虞翻曰精剛自勝動行不休故健也

𥘵順也

解　純柔承天時行故順

震動也

解 陽出動行

巽入也 解 乾初入陰

坎陷也 解 陽陷陰中

離麗也 解 日麗乾剛

艮止也 解 陽位在上故止

兌說也

解 震爲大笑陽息震成兌震言出口故說此上虞義也

乾爲馬

解 孔穎達曰乾象天行健故爲馬

坤爲牛

解 坤象地任重而順故爲牛

震爲龍

解 震象龍動故爲龍此上孔正義

巽爲雞

解　九家易曰應入風也風應節而變變不失時雞時至而鳴與風相應也二九十八主風精爲雞故雞十八日剖而成雛二九順陽歷故雞知時而鳴也

坎爲豕　釋文　豕京作彘

解　九家易曰汚辱卑下也六九五十四主時精爲豕故豕懷胎四月而生宣時理節是其義也

離爲雉

解　孔穎達曰離爲文明雉有文章故離爲雉

艮爲狗

解　九家易曰艮止主守禦也艮數三七九六十三三主斗斗爲犬故犬懷胎三月而生

斗運行十三時日出故犬十三日而開目斗屈故犬臥屈也斗運行四帀犬亦夜繞室也犬之精畏水不敢飲但舌䑛水耳犬鬬以水灌之則解也犬近奎星故犬淫當路不避人者也

兌爲羊

【解】孔穎達曰兌爲說羊者順從之畜故爲羊

【集解】鄭康成曰其畜好剛鹵【周禮疏】王廙曰羊者順之畜故爲羊也【疏】

乾爲首

【解】乾尊而在上故爲首

坤爲腹

解 坤能包藏含容故爲腹也

震爲足

解 震動用故爲足

巽爲股

解 巽爲順股順隨於足故巽爲股

坎爲耳

解 坎北方主聽故爲耳

離爲目

解 離南方主視故爲目

艮爲手

解 艮爲止手亦止持於物使不動故艮爲手

兌爲口

解 兌爲說口所以說言故兌爲口此上孔正義

集解 鄭康成曰上開似口 **漢上易**

乾天也故稱乎父坤地也故稱乎母

解 崔憬曰欲明六子故先說乾稱天父坤稱地母

集解 陸績曰稱乎母取含養也 **御纂**

震一索而得男故謂之長男巽一索而得女故

謂之長女坎再索而得男故謂之中男離再索而得女故謂之中女艮三索而得男故謂之少男兑三索而得女故謂之少女

解 孔穎達曰索求也以求乾坤爲父母而求其子也得父氣者爲男得母氣者爲女坤初求得乾氣爲震故曰長男坤二得乾氣爲坎故曰中男坤三得乾氣爲艮故曰少男乾初得坤氣爲巽故曰長女乾二得坤氣爲離故曰中女乾三得坤氣爲兑故曰少女此言所以生六子者也

集解 馬融曰索數也 **釋文** 王肅曰索求也

同 又曰以乾坤爲父母而求其子也得父氣者爲男得母氣者爲女 **疏**

乾為天

解 宋衷曰乾動作不解天亦轉運

集解 鄭康成曰天清明无形 漢上易

為圜

解 宋衷曰動作轉運非圜不能故為圜

為君

解 虞翻曰貴而嚴也

為父

解 虞翻曰成三男取其類大故為父也

爲玉爲金

解崔憬曰天體清明而剛故爲玉爲金

爲寒爲氷

解孔穎達曰取其西北氷寒之地　崔憬曰乾主立冬已後冬至已前故爲寒爲氷也

爲大赤

解虞翻曰太陽爲赤月望出入時也　崔憬曰乾四月純陽之卦故取盛陽色爲大赤

爲良馬

解虞翻曰乾善故良也

爲老馬

【解】九家易曰言氣衰也息至巳必當復消故爲老馬也

爲瘠馬【釋文】瘠京、荀作柴【解】崔憬曰骨爲陽肉爲陰乾純陽爻骨多故爲瘠馬也【集解】京房荀爽曰多節幹也【釋文】鄭康成曰凡骨爲陽肉爲陰【漢上易】王廙曰健之甚者爲多骨也【釋文】

爲駁馬【解】宋衷曰天有五行之色故爲駁馬也【集解】王廙曰駁馬能食虎豹取其至健也【疏】

爲木果

解宋衷曰羣星著天似果實著木故爲木果

坤爲地

解虞翻曰柔道靜

爲母

解虞翻曰成三女能致養故爲母

爲布

解崔憬曰徧布萬物於致養故坤爲布

爲釜

解孔穎達曰取其化生成熟故爲釜也

爲吝嗇【釋文】吝，京作遴。

【解】孔穎達曰：取地生物而不轉移，故爲吝嗇也。

爲均

【解】崔憬曰：取地生萬物，不擇善惡，故爲均也。

爲子母牛

【解】九家易曰：土能生育，牛亦含養，故爲子母牛也。

爲大輿

【解】孔穎達曰：取其能載，故爲大輿也。

爲文

爲叙 解 九家易曰萬物相雜故爲文也

解 虞翻曰物三稱羣陰爲民三陰相隨故爲叙也

爲柄 解 崔憬曰萬物依之爲本故爲柄

其於地也爲黑 解 崔憬曰坤十月卦極陰之色故其於色也爲黑矣

震爲雷 解 虞翻曰太陽火得水有聲故爲雷也

爲龍【釋文】龍，虞、干作駹。【按】李氏本同。

【解】駹蒼色震東方故爲駹舊讀作龍上已爲龍非

【集解】鄭康成曰龍讀爲尨取日出時色雜也【漢上易】干寶曰駹雜色【釋文】

爲玄黃

【解】天元地黃震天地之雜物故爲元黃

爲旉【釋文】旉王肅音孚本又作專如字虞同鄭市戀反

【解】陽在初隱靜未出觸坤故專則乾靜也專延叔堅說以專爲旉大布非也此上虞義

也

【集解】姚信曰專一也【釋文】干寶曰花之通名鋪爲花貌謂之藪【同】

爲大塗

解 崔憬曰萬物所出在春故爲大塗取其通生性

集解 鄭康成曰國中三道曰塗震上值房心塗而大者取房有三塗焉 漢上傳 王

虞曰大塗萬物所出 御覽

爲長子

解 虞翻曰乾一索故爲長子

爲決燥

解 崔憬曰取其剛動在下故爲決燥也

爲蒼筤竹 釋文 筤或作琅通

解九家易曰蒼筤青也震陽在下根長堅剛陰爻在中使外蒼筤也

爲萑葦 按唐石作萑葦

解九家易曰萑葦蒹葭也根莖叢生蔓衍相連有似雷行也 集解鄭康成曰萑葦竹類 漢上易

其於馬也爲善鳴

解虞翻曰爲雷故善鳴也

爲馵足 釋文馵京作朱荀同陽在下 按唐石經馵作馵

爲作足

解馬白後左足爲馵震爲左足爲有初陽白故爲馵足

爲的顙 釋文的說文作馰 按今說文一引作馰是又一引作的者後人附益也

【解】的白顙，顙，額也。震體頭在口上，白，故的顙。詩云：有馬白顛，是也。此上虞義也。

其於稼也，為反生。【釋文】虞作阪反。

【解】宋衷曰：陰在上，陽在下，故為反生。謂枲豆之類，戴甲而生。

【集解】鄭康成曰：生而反出也。【漢上易】虞翻曰：阪，陵阪也。【釋文】陸績曰：阪當為反。同

其究為健，為蕃鮮。

【解】虞翻曰：震巽相薄，變而至三，則下象究，與四成乾，故其究為健，為蕃鮮。巽究為躁卦，躁卦則震雷巽風，无形，故卦特變耳。

巽為木，

【解】宋衷曰陽動陰靜二陽動於上一陰安靜於下有似於木也

為風

【解】陸績曰風土氣也巽坤之所生故為風亦取靜於本而動於末也

為長女

【解】荀爽曰柔在初

為繩直

【解】翟元曰上二陽共正一陰使不得邪僻如繩之直 孔穎達曰取其號令齊物如繩直也

為工

解　荀爽曰以繩木故爲工　虞翻曰爲近利市三倍故爲工子夏曰工居肆

爲白

解　虞翻曰乾陽在上故白　孔穎達曰取其風吹去塵故絜白也

爲長

解　崔憬曰取風行之遠故爲長

爲高

解　虞翻曰乾陽在上長故高　孔穎達曰取木生而高上

爲進退

解　虞翻曰陽初退故進退　荀爽曰風行无常故進退

爲不果

解 荀爽曰風行或東或西故不果

爲臭 **釋文** 爲臭于肅作爲香臭

解 虞翻曰嗅氣也風至知氣巽二入艮鼻故爲嗅繫曰其嗅如蘭

其於人也爲寡髮 **釋文** 寡本又作宣

解 虞翻曰爲白故宣髮馬君以宣爲寡髮非也

集解 鄭康成曰宣髮取四月靡草死髮在人體猶靡草在地 **周禮疏**

爲廣顙 **釋文** 廣鄭作黄

解 變至三坤爲廣四動成乾爲顙在頭口上故爲廣顙與震的顙同義震一陽故的顙

巽變乾二陽故廣顙

爲多白眼

【解】爲白離目上向則白眼見故多白眼

爲近利市三倍

【解】變至三成坤坤爲近四動乾乾爲利至五成噬嗑故稱市乾三爻爲三倍故爲近利市三倍動上成震故其究爲躁卦八卦諸爻唯震巽變耳

其究爲躁卦

【解】變至五成噬嗑爲市動上成震故其究爲躁卦明震內體爲專外體爲躁此上虞義

坎爲水

解　宋衷曰坎陽在中內光明有似於水

為溝瀆

解　虞翻曰以陽闢坤水性流通故為溝瀆也

為隱伏

解　虞翻曰陽藏陰中故為隱伏也

為矯輮　釋文　矯一本作撟同輮如九反王肅奴又反又女九反又如又反馬鄭陸王肅本作此宋衷王廙作揉京作柔荀作橈

解　宋衷曰曲者更直為矯直者更曲為輮水流有曲直故為矯輮

集解　宋衷曰使曲者直直者曲為揉　釋文

爲弓輪【釋文】輪姚作倫

【解】虞翻曰可矯輮故爲弓輪坎爲月月在於庚爲弓在甲象輪故弓輪也

其於人也爲加憂

【解】兩陰失心爲多眚故加憂

爲心病

【解】爲勞而加憂故心病亦以坤爲心坎二折坤爲心病此上虞義也

爲耳痛

【解】孔穎達曰坎勞卦也又主聽聽勞則耳痛

爲血卦爲赤

解 孔穎達曰人之有血猶地之有水赤血色案十一月一陽爻生在坎陽氣初生於黃泉其色赤也

其於馬也爲美脊

解 宋衷曰陽在中央馬脊之象也

爲亟心 釋文 亟紀力反王肅去記反荀作極

解 崔憬曰取其內陽剛動故爲亟心也

集解 荀爽曰極中也 釋文

爲下首

解 荀爽曰水之流首卑下也

爲薄蹄

解 九家易曰：薄蹄者，在下水又趨下，趨下則流散，流散則薄，故爲薄蹄也。

爲曳

解 宋衷曰：水摩地而行，故曳。

其於輿也爲多眚

解 虞翻曰：眚，敗也。坤爲大車，坎折坤體，故爲車多眚也。

集解 王廙曰：眚，病也。釋文

爲通

解 水流瀆，故通。

爲月

解　坤爲夜以坎陽光坤故爲月也

集解　鄭康成曰臣象也（文選注）

爲盜

解　水流潛竊故爲盜也

其於木也爲堅多心

解　陽剛在中故堅多心棘棗屬也此上虞義也　孔穎達曰乾震坎皆以馬喻乾至健震至動坎至行故皆可以馬爲喻坤則順艮則止巽亦順離文明而柔順兌柔説皆无健故不以馬爲喻也唯坤卦彖利牝馬取其行不取其健故曰牝馬也坎亦取其行不取其

健其外柔故爲下首薄蹄曳也

離爲火

解 崔憬曰取卦陽在外象火之外照也

爲日

解 荀爽曰陽外光也

爲電

解 鄭康成曰取火明也久明似日暫明似電也

爲中女

解 荀爽曰柔在中也

爲甲冑

【解】虞翻曰外剛故爲甲乾爲首巽繩貫甲而在首上故爲冑冑兜鍪也

爲戈兵

【解】乾爲金離火斷乾燥而煉之故爲戈兵也

其於人也爲大腹

【解】象日常滿如姙身婦故爲大腹乾爲大也

爲乾卦【釋文】乾董作幹

【解】火日熯燥物故爲乾卦

【集解】鄭康成曰乾當爲幹陽在外能幹正也【釋文】

爲鱉爲蟹爲蠃爲蚌爲龜 釋文 鱉本又作鼈同蠃京作螺姚作蠡蚌本又作蜯同

解 此五者皆取外剛內柔也

集解 鄭康成曰皆骨在外 周禮疏

其於木也爲科上槁 釋文 科虞作折槁鄭作槀干作熇

解 巽木在離中體大過死巽蟲食心則折也蠹蟲食口木故上槁或以離火燒巽故於折槁此上虞義 宋衷曰陰在內則空中木中空則上科槁也

集解 鄭康成曰科上者陰在內爲疾 漢上易

艮爲山

解　宋衷曰二陰在下一陽在上陰爲土陽爲木土積於下木生其上山之象也

爲徑路

解　虞翻曰艮爲山中徑路震陽在初則爲大塗艮陽小故爲徑路

集解　鄭康成曰田間之道曰徑路艮爲之者取山間兎鹿之蹊　初學記　王廙曰物始故爲徑路　御覽

爲小石

解　陸績曰艮剛卦之小故爲小石者也

爲門闕

解　虞翻曰艮爲門艮陽在門外故爲門闕兩小山闕之象也

爲果蓏釋文果蓏京本作果墮之字

解宋衷曰木實謂之果草實謂之蓏桃李瓜瓞之屬也皆出山谷也

集解馬融曰果桃李之屬蓏瓜瓠之屬釋文

爲閽寺釋文寺如字徐音侍亦作閽字

解宋衷曰閽人主門寺人主巷艮爲止此職皆掌禁止者也

爲指按晁氏云鄭本作爲小指

解虞翻曰艮手多節故爲指

爲狗按李氏本作爲拘

解虞翻曰指屈伸制物故爲拘拘舊作狗上已爲狗字之誤

爲鼠

解 虞翻曰似狗而小在坎穴中故鼠晉九四是也

爲黔喙之屬 釋文 黔其廉反徐音禽王肅其嚴反鄭作黚喙況廢反徐丁遘反

解 馬融曰黔喙肉食之獸謂豺狼之屬黔黑也陽元在前也

集解 鄭康成曰謂虎豹之屬貪冒之類取其爲山獸 漢上易

其於木也爲堅多節 釋文 爲堅多節一本無堅字

解 虞翻曰陽剛在外故多節松栢之屬

兌爲澤

解 虞翻曰坎水半見故爲澤 宋衷曰陰在上令下溼故爲澤也

爲少女

【解】虞翻曰坤三索位在末故少也

爲巫

【解】乾爲神兌爲通與神通氣女故爲巫

爲口舌

【解】兌爲震聲故爲口舌

爲毁折

【解】二折震足故爲毁折

爲附決【釋文】決如字徐音穴

【解】乾體未圜故附決也

其於地也爲剛鹵

【解】乾二陽在下故剛澤水潤下故鹹此上虞義朱仰之曰取金之剛不生也剛鹵之地不生物故爲剛鹵者也

爲妾

【解】三少女位賤故爲妾

爲羊

【釋文】虞作羔此六子依求索而爲次第也本亦有以三男居前三女後從荀爽九家集解本乾後更有四爲龍爲直爲衣爲言巛後有八爲牝爲迷爲方爲囊爲裳爲黄爲帛爲漿震後有三爲王爲鵠爲鼓巽後有二爲楊爲鸛坎後有八爲宮爲律爲可爲棟爲叢棘爲狐爲

蒺蔾為桎梏離後有一為牝牛艮後有三為鼻為虎為狐兌後有二為常為輔頰不同故記之於此**按**李氏本與虞翻同

解羔女使皆取位賤故為羔舊讀以震駹為龍艮拘為狗兌羔為羊皆已見上此為再出非孔子意也震已為長男又言長子謂以當繼世守宗廟主祭祀故詳舉之三女皆言長中少明女子各當外成故別見之此其大例者也此上虞義

集解鄭康成曰羊女使陽謂為養无家女行賃炊爨今時有之賤於妾也**漢上易**九家易曰常西方神也**釋文**

周易玩辭又曰此

序卦第十一

集解周氏曰序卦第一天道門第二人事門第三相因門第四相反門第五相須門

第六相病門如乾之次坤泰之與否等第是天道運數門也如訟必有師師必有比等是人事門也如因小畜生履因利故通等是相因門也如遯極反壯動竟歸止等是相反門也如大有須謙豫稚待養等是相須門也如賁盡致剝進極致傷等是相病門也疏

有天地然後萬物生焉

解干寶曰物有先天地而生者矣今正取始於天地天地之先聖人弗之論也故其所法象必自天地而還老子曰有物混成先天地生吾不知其名彊字之曰道上繫曰法象莫大乎天地莊子曰六合之外聖人存而不論春秋穀梁傳曰不求知所不可知者智也而今後世浮華之學彊支離道義之門求入虛誕之域以傷政害民豈非讒說殄行大舜之所疾者乎

盈天地之間者唯萬物故受之以屯屯者盈也

【解】荀爽曰謂陽動在下造生萬物於冥昧之中也

屯者物之始生也

【解】崔憬曰此仲尼序文王次卦之意不序乾坤之次者以一生二二生三三生萬物則天地次序可知而萬物之先後宜序也萬物之始生者言剛柔始交故萬物資始於乾資生於坤也

【注】屯剛柔始交故爲物之始生也

【集解】王肅曰屯剛柔始交而難生故爲物始生也【疏】盧氏曰物之使生故屯難【同】

物生必蒙故受之以蒙蒙者蒙也物之穉也【釋文】

稺本或作稚

【解】崔憬曰：萬物始生之後，漸以長稺，故言物生必蒙。鄭康成曰：蒙，幼小之貌，齊人謂胡爲蒙也。

物稺不可不養也，故受之以需。需者，飲食之道也。

【解】荀爽曰：坎在乾上，中有離象，水火交和，故爲飲食之道也。鄭康成曰：言孩稺不養則不長也。

飲食必有訟，故受之以訟。

【解】鄭康成曰：訟猶爭也。言飲食之會恒多爭也。

【注】夫有生則有資，有資則爭興也。

集解 僧一行曰孟喜序卦曰陰陽養萬物必
迥古占法 訟而成之君臣養萬民亦訟而成之程

訟必有衆起故受之以師師者衆也

解 九家易曰坤爲衆物坎爲衆水上下皆衆故曰師也凡制軍萬有二千五百人爲軍天子六軍大國三軍次國二軍小國一軍軍有將皆命卿也二千五百人爲師師帥皆中大夫五百人爲旅旅帥下大夫也 崔憬曰因爭必起相攻故受之以師也

衆必有所比故受之以比

注 衆起而不比則爭无息必相親比而後得寧也

比者比也比必有所畜故受之以小畜 釋文畜本又作

蓄下及雜卦同

注 比非大通之道則各有所畜以相濟也由此而畜故曰小畜而不能大也

物畜然後有禮故受之以履

注 履禮也禮所以通時用也故既畜則須用有用則須禮也

履而泰然後安故受之以泰泰者通也 按 晁氏云鄭本履然後安故受之以泰

解 荀爽曰謂乾來下降以陽通陰也 姚信曰安上治民莫過於禮有禮然後泰泰然後安也

物不可以終通故受之以否

解 崔憬曰物極則反故不終泰通而否矣所謂城復于隍

物不可以終否故受之以同人

注 否則思通人人同志故可出門同人不謀而合

與人同者物必歸焉故受之以大有

解 崔憬曰以欲從人人必歸己所以成大有

有大者不可以盈故受之以謙 按 晁氏云鄭本有大有不可以盈

解 崔憬曰富貴而自遺其咎故有大者不可盈當須謙退天之道也

有大而能謙必豫故受之以豫

解 鄭康成曰言國既大而有謙德則於政事恬逸雷出地奮逸豫行出而喜樂之意

豫必有隨故受之以隨

注 順以動者衆之所隨也

集解 鄭康成曰喜樂而出人則隨從孟子曰吾君不休吾何以休吾君不豫吾何以助此之謂也 疏 王肅曰歡豫人必有隨 同

以喜隨人者必有事故受之以蠱蠱者事也

解 九家易曰子行父事備物致用而天下治也備物致用立成器以爲天下利莫大於聖人子脩聖道行父之事以臨天下无爲而治

有事然後可大故受之以臨臨者大也

解 荀爽曰陽稱大謂一陽動升故曰大也 宋衷曰事立成功可推而大也

注 可大之業由事而生

物大然後可觀故受之以觀

解 虞翻曰臨反成觀二陽在上故可觀也 崔憬曰言德業大者可以觀政於人也

可觀而後有所合故受之以噬嗑嗑者合也

解 虞翻曰頤中有物食故曰合也

注 可觀則異方合會也

集解 鄭康成曰易乾鑿度曰陽起於子陰起於午天數大分以陽出離以陰入坎坎爲中男離爲中女太乙之行出從中男入從中女因陰陽男女之偶爲終始也 王氏

物不可以苟合而已故受之以賁賁者飾也

【解】虞翻曰分剛上文柔故飾

【注】物相合則須飾以脩外也

致飾然後亨則盡矣故受之以剝剝者剝也

【釋文】亨許庚反鄭許兩反徐音向同

【解】荀爽曰極飾反素文章敗故爲剝也

【注】極飾則賁喪也

物不可以終盡剝窮上反下

【解】虞翻曰陽四月窮上消遘至坤者也

故受之以復

解 崔憬曰夫易窮則有變物極則反於初故剥之爲道不可終盡而使之於復也

復則不妄矣故受之以无妄

解 崔憬曰物復其本則爲誠實故言復則无妄也

有无妄然後可畜故受以大畜 按 晁氏云鄭本作有无妄物然後可畜

解 荀爽曰物不妄者畜之大也畜積不敗故大畜

物畜然後可養故受之以頤頤者養也

解 虞翻曰天地養萬物聖人養賢以及萬民崔憬曰大畜剛健煇光日新則可觀其所

養故言物畜然後可養也

不養則不可動故受之以大過

解 虞翻曰人頤不動則死故受之以大過大過否卦棺槨之象也

注 不養則不可動養過則厚

集解 鄭康成曰以養賢者宜過於厚 疏 王肅曰過莫大於不養 周氏曰過過失也 同

物不可以終過故受之以坎坎者陷也

注 過而不已則陷沒也

陷必有所麗故受之以離離者麗也

【注】物極則變極陷則反所麗

有天地

【解】虞翻曰謂天地否也

然後有萬物

【解】謂否反成泰天地氤氳萬物化醇故有萬物也

有萬物然後有男女

【解】謂泰已有否否三上反正成咸艮爲男兑爲女故有男女也

有男女然後有夫婦

【解】咸反成恒震爲夫巽爲婦故有夫婦也

有夫婦然後有父子

解謂咸上復乾成遯乾爲父艮爲子故有父子

有父子然後有君臣

解謂遯三復坤成否乾爲君坤爲臣故有君臣也

有君臣然後有上下

解否乾君尊上坤臣卑下天尊地卑故有上下也

有上下然後禮義有所錯**釋文**錯七各反徐七路反

解錯置也謂天君父夫象尊錯上地婦臣子禮卑錯下坤地道妻道臣道故禮義有所錯者也此上虞義　干寶曰錯施也此詳言人道三綱六紀有自來也人有男女陰陽之

先則自然有夫婦配合之道有夫婦配合之道則自然有剛柔尊卑之義陰陽化生血體相傳則自然有父子之親以父立君以子資臣則必有君臣之位故有上下之序有上下之序則必禮以定其體義以制其宜明先王制作蓋取之於情者也上經始於乾坤有生之本也下經始於咸恒人道之首也易之興也當殷之末世有妲己之禍當周之盛德有三母之功以言天不地則不生夫不婦不成相須之至王教之端故詩以關雎為國風之始而易於咸恒備論禮義所由生也

言咸卦之義也凡序卦所言非易之縕也

注 蓋因卦之次託以明義咸柔上而剛下感應以相與夫婦之象莫美乎斯人倫之道莫大乎夫婦故夫子殷勤深述其義以崇人倫之始而不係之於離也先儒以乾至離為上經天道也咸至未濟為下經人事也夫易六

畫成卦三才必備錯綜天人以効變化豈有天道人事偏於上下哉斯蓋守文而不求義失之遠矣

夫婦之道不可以不久也故受之以恒恒者久也

解 鄭康成曰言夫婦當有終身之義夫婦之道謂咸恒也

物不可以久居其所故受之以遯遯者退也 **按** 晁氏云鄭本物不可終久於其所

注 夫婦之道以恒爲貴而物之所居不可以恒宜與時升降有時而遯者也

物不可以終遯故受之以大壯

注 遯君子以遠小人遯而後通何可終邪陽盛陰消君子道勝也

物不可以終壯故受之以晉晉者進也

解 崔憬曰不可以終壯於陽盛自取觸藩宜柔進而上行受茲錫馬

注 晉以柔而進也雖以柔而進要是進也

進必有所傷故受之以明夷夷者傷也

解 九家易曰日在坤下其明傷也言進極當降復入于地故曰明夷也

注 日中則昃月盈則食

傷於外者必反其家故受之以家人 按 李氏本作反於家

解 虞翻曰晉時在外家人在內故反家人

【注】傷於外必反脩諸內

家道窮必乖，故受之以睽。睽者，乖也。

【注】室家至親，過在失節，故家人之義，唯嚴與敬。樂勝則流，禮勝則離。家人尚嚴，其弊必乖者也。

乖必有難，故受之以蹇。蹇者，難也。

【解】崔憬曰：二女同居，其志乖而難生，故曰乖必有難。

物不可以終難，故受之以解。解者，緩也。

【解】崔憬曰：蹇終則來碩，吉，利見大人，故言不可終難，故受之以解者也。

緩必有所失，故受之以損

解崔憬曰有罪緩死失之則僥倖有損於政刑故言緩必有所失受之以損

損而不已必益故受之以益

解崔憬曰損終則弗損益之故言損而不已必益

益而不已必決故受之以夬夬者決也

注益而不已則盈故必決也

決必有遇故受之以姤姤者遇也按唐石經亦作決必有遇今本有所字

注以正決邪必有喜遇

物相遇而後聚故受之以萃萃者聚也

解 崔憬曰天地相遇品物咸章故曰物相遇而後聚也

聚而上者謂之升故受之以升

解 崔憬曰用大牲而致孝享故順天命而升爲王矣故言聚而上者謂之升

升而不已必困故受之以困

解 崔憬曰冥升在上以消不富則窮故言升而不已必困也

困乎上者必反下故受之以井

解 崔憬曰困極於臲卼則反下以求安故言困乎上必反下

井道不可不革故受之以革

注 井久則濁穢宜革易其故

革物者莫若鼎故受之以鼎

注 革去故鼎取新既以去故則宜制器立法以治新也鼎所以和齊生物成新之器也故取象焉

主器者莫若長子故受之以震震者動也

解 崔憬曰鼎所亨飪享于上帝主此器者莫若冢嫡以爲其祭主也故言主器者莫若長子

集解 鄭康成曰謂父退居田里不能備祭宗廟長子當親視滌濯鼎俎 禮記疏

物不可以終動止之故受之以艮艮者止也

解 崔憬曰震極則征凶婚媾有言當須止之故言物不可以終動故止之也

物不可以終止，故受之以漸。漸者，進也。

解 虞翻曰：否三進之四，巽爲進也。

進必有所歸，故受之以歸妹。

解 虞翻曰：震嫁兑，兑爲妹，嫁，歸也。

得其所歸者必大，故受之以豐。豐者，大也。

解 崔憬曰：歸妹者，姪娣媵國三人九女，爲大援，故言得其所歸者必大也。

窮大者必失其居，故受之以旅。

解 崔憬曰：諺云作者不居，況窮大甚而能處乎？故必獲罪去邦，羈旅於外也。

旅而无所容，故受之以巽。巽者，入也。

注 旅而无所容以巽則得所入也

入而後說之故受之以兌兌者說也

解 虞翻曰兌爲講習故學而習之不亦說乎

說而後散之故受之以渙渙者離也

解 虞翻曰風以散物故離也

注 說不可偏係故宜散也

物不可以終離故受之以節

注 夫事有其節則物之所同守而不散越也

節而信之故受之以中孚

注　孚信也既已有節則宜信以守之

有其信者必行之故受之以小過

注　守其信者則失貞而不諒之道而以信爲過也故曰小過

有過物者必濟故受之以既濟

注　行過乎恭禮過乎儉可以矯世厲俗有所濟也

物不可窮也故受之以未濟終焉

注　有爲而能濟者以已窮物物窮則乖功極則亂其可濟乎故受之以未濟

雜卦第十二

注　雜卦者雜糅衆卦錯綜其義或以同相類或以異相明也

集解虞翻曰雜卦者雜六十四卦以爲義其於序卦之外别言也

乾剛坤柔

解虞翻曰乾剛金堅故剛坤陰和順故柔也

比樂師憂

解虞翻曰比五得位建萬國故樂師三失位輿尸故憂

注親比則樂動衆則憂

臨觀之義或與或求

解荀爽曰臨者教思無窮故爲與觀者觀民設教故爲求也

注以我臨物故曰與物來觀我故曰求

屯見而不失其居蒙雜而著【釋文】見賢遍反鄭如字

【解】虞翻曰陰出初震故見盤桓利居貞故不失其居蒙二陽在陰位故雜初雜爲交故著

【注】屯利建侯君子經綸之時雖見而磐桓利貞不失其居也雜而未知所定也求發其蒙則終得所定著定也

震起也艮止也

【解】震陽動行故起艮陽終止故止

損益盛衰之始也【按】晁氏云鄭本損益衰盛之始也

【解】損泰初益上衰之始損否上益初盛之始

注 極損則益極益則損

大畜時也无妄災也

解 大畜五之復二成臨時捨坤二故時也无妄上之遯初子弑父故災眚也

注 因時而畜故能大也无妄之世妄則災也

萃聚而升不來也

解 坤衆在內故聚升五不來之二故不來之內曰來也

注 來還也方在上升故不還也

謙輕而豫怠也 釋文 怠如字姚同京作治虞作怡

解 謙位三賤故輕豫薦樂祖考故怡怡或言怠也

注　謙者不自重大

噬嗑食者賁无色也

解　必中有物故食賁離日在上五動巽白故无色

注　飾貴合衆无定色也

兌見而巽伏也　按晁氏云鄭本兌見作兌說

解　兌陽息二故見則見龍在田巽乾初入陰故伏

注　兌貴顯說巽貴卑退

隨无故也蠱則飭也　釋文飭鄭本王肅作飾　按唐石經亦作飾

解　否上之初君子弗用故无故也蠱泰初上飾坤故則飾也

注 隨時之宜不繫於故也隨則有事受之以蠱飭整治也蠱所以整治其事也

剝爛也復反也

解 剝生於薄陽得陰熟故爛復剛反初

注 物熟則剝落也

晉晝也明夷誅也

解 誅傷也離日在上故晝也明入地中故誅也此上並虞義　干寶曰日上中君道明也明君在上罪惡必刑也

注 誅傷也

井通而困相遇也

【解】虞翻曰：泰初之五爲井，故通也；困三遇四，故相遇也。

【注】井物所通用而不吝也；困安於所遇而不濫也。

咸，速也；恒，久也。

【解】相感者不行而至，故速也。日月久照，四時久成，故久也。

【注】物之相應，莫速乎咸。

渙，離也；節，止也。

【解】渙散故離，節制數度故止。

解，緩也；蹇，難也。

【解】雷動出物故緩，蹇險在前故難。

睽外也家人內也

解 離女在上故外也家人女正位乎內故內者也

注 相疏外也

否泰反其類也

解 否反成泰泰反成否故反其類終日乾乾反覆之道

大壯則止遯則退也

解 大壯止陽陽故止遁陰息陽故退巽爲退者也

注 大正則小人止小人亨則君子退

大有衆也同人親也 釋文 衆荀作終

解 五陽並應故衆也夫婦同心故親也

革去故也鼎取新也

解 革更故去鼎烹飪故取新也

小過過也中孚信也

解 五以陰過陽故過信及豚魚故信也

豐多故也親寡旅也 釋文 豐多故衆家以此絕句荀本豐多故親絕句寡旅也別爲句

解 豐大故多旅无容故親寡六十四象皆先言卦及道其指至旅體離四焚棄之行又在旅家故獨先言親寡而後言旅此上虞義也

注 高者懼危滿者戒盈豐大者多憂故也親寡故旅也

離上而坎下也

注 火炎上水潤下也

小畜寡也履不處也

解 虞翻曰乾四之坤初成震一陽在下故寡也乾三之坤上成剥剥窮上失位故不處

注 不足以兼濟也王弼云履卦陽爻皆以不處其位爲吉也

需不進也訟不親也

解 險在前故不進天水違行故不親也

注 艮險而止也

大過顛也

【解】顛殞也頂載澤中故顛也

【注】本末弱也

【集解】鄭康成曰自此以下卦音不協以錯亂失正弗敢改耳【晁氏】

姤遇也柔遇剛也【按】唐石經姤作遘

【解】坤遇乾也

漸女歸待男行也

【解】兌爲女艮爲男反成歸妹巽成兌故女歸待艮成震乃行故待男行也

【注】女從男也

頤養正也

【解】謂養三五五之正爲功三出坎爲聖故曰頤養正與蒙以養正聖功同義也

既濟定也

【解】濟成六爻得位定也

歸妹女之終也

【解】歸妹人之終始女終於嫁從一而終故女之終也

【注】女終於出嫁也

未濟男之窮也

【解】否艮爲男位否五之二六爻失正而來下陰未濟主月晦乾道消滅故男之窮也

【注】剛柔失位其道未濟故曰窮也

夬決也剛決柔也君子道長小人道憂也【按】晁氏云鄭本作小人道消也

【解】以乾決坤故剛決柔也乾爲君子坤爲小人乾息故君子道長坤體消滅故小人道憂喻武王伐紂自大過至此八卦不復兩卦對說大過死象兩體姤決故次以姤而終於夬言君子之決小人故君子道長小人道憂此上虞義　干寶曰凡易既分爲六十四卦以爲上下經天人之事各有始終夫子又爲序卦以明其相承受之義然則文王周公所遭遇之運武王成王所先後之政蒼精受命短長之期備於此矣而夫子又重爲雜卦以易其次第雜卦之末又改其例不以兩卦反覆相酬者以示來聖後王明道非常道事非

常事也化而裁之者存乎變是以終之以決言能決斷其中唯陽德之主也故曰易窮則變變通則久總而觀之伏羲黃帝皆繫世象賢欲使天下世世有常君也而堯舜禪代非黃農之化朱均頑也湯武逆取非唐虞之迹桀紂不君也伊尹廢立非從順之節使太甲思愆也周公攝政非湯武之典成王幼年也此皆聖賢所遭遇異時者也夏政尚忠忠之弊野故殷自野以教敬　之弊鬼故周自鬼以教文文弊薄故春秋閱　諸三代而損益之顏淵問爲邦子曰行夏之時乘殷之輅服周之冕弟子問政者數也而夫子不與言三代損益以非其任也回則備王者之佐伊尹之人也故夫子及之焉是故聖人之於天下也同不是異不非百世以俟聖人而不惑一以貫之矣

周易集解卷十終